江苏省教育厅高校哲学社会科学基金项目成果

政府合同研究

王克稳　著

苏州大学出版社

图书在版编目(CIP)数据

政府合同研究/王克稳著. —苏州：苏州大学出版社，2007.9
江苏省教育厅高校哲学社会科学基金项目成果
ISBN 978-7-81090-928-0

Ⅰ.政… Ⅱ.王… Ⅲ.行政－合同－研究－中国 Ⅳ.D923.64

中国版本图书馆 CIP 数据核字(2007)第 140526 号

政府合同研究
王克稳 著
责任编辑 康敬奎

苏州大学出版社出版发行
(地址：苏州市干将东路 200 号 邮编：215021)
丹阳市教育印刷厂印装
(地址：丹阳市西门外 邮编：212300)

开本 850mm×1 168mm 1/32 印张 10 字数 250 千
2007 年 9 月第 1 版 2007 年 9 月第 1 次印刷
ISBN 978-7-81090-928-0 定价:20.00 元

前　言

本书是江苏省教育厅高校哲学社会科学基金项目《政府合同研究》的成果。

在当今社会，合同不仅广泛使用于社会生活中，成为公民和组织进行经济联系和社会联系的重要方式和手段，而且也越来越广泛地使用于政府活动中，成为政府行为的重要方式与手段。政府合同，顾名思义在形式上就是政府作为合同一方或双方当事人而订立和履行的合同，凡所有经由政府参与或授权签订的合同都可以被称为政府合同；但在实质上，由于政府既可以行政主体的身份行使行政权进行行政管理，并在行政管理中通过与相对人缔结合同完成行政法上的目的和任务，又可以民事主体的身份参与民事法律关系，与相对人缔结民事性质的合同，还可以私法的手段完成公法上的目的，因此，政府合同的法律含义和法律性质实际上是不甚清晰的。在大陆法系国家，政府可以以私法主体的身份通过与相对人签订合同而参与民事活动，也可以以行政主体的身份通过与相对人签订和履行合同实现行政法上的目的和任务，大陆法系国家通常将那些依据行政法签订的、以实现行政法上的目的和任务为宗旨的合同称之为行政合同或公法合同，这种行政合同区别于私法合同（民事合同）而构成一个独立的合同制度；在英美法系国家，由于没有公私法划分，因而没有独立的行政合同制度，但是，同样存在着政府合同，而且，当政府基于公共利益的目的而与相对人签订合同时，因虑及政府合同的特殊性而使用有别于普通私法的特别的法律（如《政府采购法》等）去调整它，因而，政府合同制度也逐渐构成有别于普通的民事合同的特别的合同制度。在我国，虽然立法上至今未明确使用行政合同的概念，理论上对于是否存在行政合同亦有争议，但是，在行政实践和政府活动中政府使用合同实现行政法上的目的和任务的情形确实大量存在着，合同已经成为政府行政活动的重要方式和手段，除了在直接的行政管理活动中使用合同手段外，政府还经常以私法合同的形式实现公法上的目的和任务。譬如，在开放的市场上采购公共产品、公共服务，转让自然资源或公共资源，对公民或组织提供经济帮助等。因此，我国政府通常在下列三种情形下使用合同：一是为实现行政法上的目的和任务而使用合同；二是为了公共利益的需要特别是为了满足公共产品的供给和需求而使用合同；三是为直接从事民事活动而使用合同。上述三种情形下的政府合同在法律性质、法律依据、法律适用等方面都不完全相同，第一类合同具有完全的行政法性质，我们使用多数学者的观点称之为“行政合同”，第二类合同兼具民事及行政的双重特性，我们将这类合同称之为行政私法合同，第三类合同则为纯粹的民事合同。

在我国，行政法是完全独立的法律制度，以设立、变更、终止行政法律关系为内容的行政合同应适用行政法进行规范和调整，行政合同制度独立于民事合同制度，在理论上需要独立进行研究；行政私法合同虽然在形式上具有民事合同的基本特征，但实质上服务的对象又是公共利益，因而，它在基本适用合同法的同时又受到公法规范的约束，但在具体适用时如何处理公法与私法的关系是这类合同在理论及立法上必须解决的基本问题。本书以政府的行政合同及行政私法合同作为研究对象，至于上述第三类以政府的名义签订的民事合同，因这类合同与普通的民事合同没有本质区别，本书不作讨论。

本书以行政合同和行政私法合同的基本理论和基本制度为讨论的主要内容，共分为三部分：第一部分是政府合同的基本理论概述，着重阐述政府合同、行政合同及行政私法合同的基本理论问题;第二部分是行政合同基本制度研究,着重阐述行政合同的订立及效力、行政主体在行政合同中的特权以及行政主体的法律责任;第三部分主要是行政私法合同研究,本书撷取了政府采购合同、土地使用权出让合同及政府贷款合同等三个最具代表性的行政私法合同进行了理论联系实际的阐述。

邹焕聪、吴珏、周春华作为主要撰稿人参加了本书的写作,其中邹焕聪撰写了第三章、第七章,吴珏撰写了第四章、第五章,周春华撰写了第八章、第九章,其余部分由王克稳撰写,全书由王克稳负责修改及统稿。

乔宁宁、吴敏、郭蕾、周兢同学参与了本课题的研究,这里一并表示感谢!

王克稳

2007 年 3 月 5 日

目 录

第一部分 政府合同基本理论研究

第二部分 行政合同基本制度研究

第四章 行政合同的订立与效力

第五章 行政主体在行政合同中的特权

第六章 行政主体的合同责任

第三部分 主要行政私法合同制度研究

第七章 政府采购合同

第一部分　政府合同基本理论研究

第一章　政府合同

一、从政府合同在实践中的广泛应用说起

社会主义市场经济体制的逐步建立,有力地推动着政府管理方式的变革,一系列平等的、民主的管理方式被逐步引入到政府活动尤其是政府的管理活动中,其中最为引人注目的就是合同手段的使用,政府合同不仅在政府的管理活动中扮演着越来越重要的角色,而且成为不同政府机关之间协调管理职能、进行分工合作的重要方式,甚至成为解决政府与相对人之间争议纠纷、化解社会矛盾的重要手段。兹择几例如下:

例一,河北省拟决定在三河市创建一微电子及软件出口基地,经过招商与安博科技有限责任公司达成了投资意向,围绕这一投资项目河北省相关政府部门为此与安博科技有限责任公司及三河市安博软件园开发建设有限公司签订了多份协议。

协议一、关于安博集团与河北省共同创建安博微电子及软件出口基地的协议

甲方:安博科技有限责任公司

乙方:河北省信息产业厅

在当前大力发展信息产业的国际大形势下,双方本着优势互补、共同推动整个河北省信息产业发展的原则,经友好协商,达成协议如下:

(一)甲方:

1. 在河北省燕郊经济技术开发区,购买500亩土地作为软件园建设用地。

2. 投资1000万元人民币作为开展河北省城域网及远程教育项目和其他高新技术产品的研发资金。

（二）乙方：

1. 欢迎安博科技在河北省创建软件出口基地，并给予安博科技最优惠的政策，鼓励和扶持安博公司在河北省的发展。

2. 投入3000万人民币风险资金作为安博科技股本金，主要用于安博软件园前期基本建设。

3. 将安博软件园纳入省重点项目管理，安博公司软件产品在同等条件下优先安排政府采购。

（三）甲乙双方共同组建安博软件园，甲方以500亩土地及1000万元人民币现金入股；乙方投入3000万元人民币风险资金入股。甲方实际投入另加安博科技知识产权及其他无形资产占总股比的70%，乙方实际投入之风险资金占总股比的30%。

（四）乙方协助甲方在条件成熟的情况下，借壳上市，进行有效资产重组。乙方承诺甲方有权在3年内，以约定条件回购乙方的风险资金投入。

（五）本协议的其他未尽事宜由甲乙双方另行协议解决。

（六）本协议一式两份，甲乙双方各执一份。双方签字盖章后生效。

甲方：安博科技有限责任公司　　　乙方：河北省信息产业厅

2001年2月27日

协议签订后，出让人三河市土地管理局与受让人安博信息技术有限责任公司于2001年11月8日签订了国有土地使用权出让合同。

协议二、国有土地使用权出让合同

出让人：三河市土地管理局

受让人：安博信息技术有限责任公司

……

第三条：出让人出让给受让人的宗地位于燕顺路西侧、规划路北侧，宗地面积叁十叁万叁千叁百叁十叁平方米（333 333 平方米），其中出让土地面积为叁拾壹万捌仟贰佰零柒平方米（318 207 平方米）。宗地四至及界址点座标见附件《出让宗地界址图》。

第四条：本合同项下出让宗地的用途为工业用地。

……

第七条：本合同项下宗地的土地使用权出让金为每平方米人民币玖拾肆元贰角捌分（94.28 元）；总额为人民币叁千万元整（30 000 000元）。

……

第十五条：在出让期限内，受让人必须按照本合同规定的土地用途和土地使用权条件利用土地，需要改变本合同规定的土地用途和土地使用权条件的，必须依法办理有关批准手续，并向出让人申请，取得出让人同意，签订土地使用权出让合同变更协议或者重新签订土地使用权出让合同，相应调整土地使用权出让金，办理土地变更登记。

第十六条：政府保留对本合同项下宗地的城市规划调整权，原土地期限内盖宗地建筑物、附着物改建、翻建、重建或期限届满申请续期时，必须按届时有效的规划执行。

第三十一条：受让人应当按照合同约定进行开发建设，超过合同约定的动工开发日期未动工开发的，出让人可以向受让人征收相当于土地使用权出让金20%以下的土地闲置费；连续 2 年未动工开发的，出让人可以无偿收回土地使用权；但因不可抗力或者政府、政府有关部门的行为或者动工开发必需的前期工作造成动工开发迟延的除外。

……

出让人：三河市土地管理局　受让人：安博信息技术有限责任公司

2001 年 11 月 8 日

土地出让合同签订后,安博信息技术有限责任公司投资设立三河市安博软件园开发建设有限公司从事该项目的建设开发并决定将原定为微电子及软件出口基地的部分用地改为住宅用地,2002年11月22日,三河市安博软件园开发建设有限公司就改变原部分土地的用途与三河市燕郊经济技术开发区管理委员会签订协议。

协议三、协议书

甲方:燕郊经济技术开发区管理委员会

乙方:三河市安博软件园开发建设有限公司

2002年8月经省政府批准,乙方在燕郊开发区受让土地477.31亩,做为软件研发基地。近期,乙方提出申请将土地分做两种用途进行开发建设,96.86亩土地继续用做软件研发,380.45亩土地改变用途用于商品住宅的开发建设。双方经协商就商品住宅用地的开发签订如下协议:

(一)乙方同意对改变用途后的土地向甲方补缴土地出让金450万元,于本协议签订后2日内一次付清给甲方。

(二)乙方对改变用途后的土地进行规划设计开发,并报经甲方批准后施工建设。

(三)乙方对改变用途后的土地应按照土地管理法规的有关规定,备齐相关资料,报有权政府批准。

(四)乙方保证在2003年3月1日前全面进场开工建设,逾期甲方将收回土地,届时损失自负。

(五)本协议未尽事宜,可由双方另行协商解决。

(六)本协议一式两份,双方各执一份。

(七)本协议于2002年11月22日签订。

(八)本协议经双方代表签字盖章后生效。

甲方:燕郊经济技术开发区管理委员会　乙方:三河市安博软件园开发建设有限公司

2002年11月22日

2003年1月6日三河市安博软件园开发建设有限公司就软件园开发再次与三河市政府签订协议。

协议四、安博软件园开发建设协议书

甲方：三河市人民政府

乙方：三河市安博软件园开发建设有限公司

为了更快地推进燕郊开发区安博软件园的建设，带动燕郊开发区软件产业的发展，从而推动"京东硅谷"建设进程，提高燕郊开发区在国内高科技园区中的位置，甲乙双方根据以往所达成的有关安博软件园建设的协议，就相关事宜补充如下：

（一）甲方继续全力支持乙方对安博软件园（包括：软件学院、软件研发中心、演示中心、培训中心及配套住宅设施）的建设，并积极提供必要的便利。

（二）乙方在总体规划设计完成的前提下，软件学院、软件研发中心、演示中心、培训中心先行开工建设，待完成主体建筑后，方可进行配套住宅设施的建设。

（三）乙方在配套住宅设施建设上按照国际最先进的"科技物业"理念来满足中小型软件企业及高科技人才的需求，并吸引他们入驻园区。配套住宅设施行销的对象为软件科技企业及高科技人才。策划方案亦将针对此类人群制定。

（四）乙方保证于2003年3月1日前按照批准的总体规划设计全面开工建设，力争在2年时间内完成全部建设。逾期造成土地闲置的，甲方将收回闲置土地，届时乙方损失自负。

（五）本协议经双方代表签字盖章后生效。

（六）本协议一式两份，双方各执一份。

甲方：三河市人民政府　乙方：三河市安博软件园开发建设有限公司

2003年1月6日

利用外来资金发展本地经济是我国改革开放及经济发展的重

要特点，而各地方政府在利用外资方面往往扮演着重要的角色，政府的招商引资活动一直热情不减。由于政府的招商引资活动涉及政策支持、土地使用、税费减免、环境保护等很多方面，而政府在这些方面又享有比较大的自由裁量权，即政府可以根据本地经济发展的需要对不同的项目采取不同的政策措施，对那些能够拉动本地区经济发展的或者为本地区经济发展所必需的投资项目政府往往给予重点扶持，所给予的优惠政策和措施也比较多。这些不同的政策及措施往往都是在双方协商的基础上以合同的形式去体现。因此，政府合同成为各地方政府在经济活动中特别是招商引资活动中使用最频繁的工具和手段。

例二，为了加快青岛港外贸进出口货物的疏运速度，确保口岸开放便捷畅通，同时进一步加强海关对海运进出口货物的监督管理，落实《海关法》赋予海关的监管职能，青岛海关与青岛港务管理局经过协商，签署了一份备忘录，内容如下。

备 忘 录

为适应青岛向国际化港口城市发展的需要，加快青岛港外贸进出口货物的疏运速度，方便港口作业生产，树立青岛港口的对外信誉和良好形象，确保口岸开放便捷畅通，同时进一步加强海关对海运进出口货物的监督管理，打击走私违法活动，维护正常的进出口秩序，中华人民共和国青岛海关与青岛港务管理局在相互信任、相互谅解的基础上经过双方共同协商，就如下有关问题以及各自承担的责任和义务达成一致，并签署本备忘录：

（一）为保证及时疏港，化肥等大宗散货进口时，青岛港务管理局可以为货主提供担保，并在货主办理报关、放行手续的同时，先行发运部分货物；

港口先行发运货物时，应以留有足够的货物抵缴海关税费及罚款为原则，在海关正式放行前，每票货物最多发运三分之二；

青岛港务管理局应积极配合青岛海关，督促货主办理报关、纳税手续，协助海关执行有关的处罚规定；

青岛港务管理局对其提供担保后出现的报关、纳税、放行过程中的违反海关规定的行为，承担由此而产生的法律责任。

（二）为减轻港口压力，便于海关及时清查处理超期未报关货物及其他放弃、没收和正在立案调查处理的进出口货物，青岛海关可凭正式公函暂免缴港口费用提取上述货物，待实际货物处理完毕后按下列原则缴纳港口费用：

1. 对于超期未报关货物，当海关提取变卖处理时，变卖价款高于该货物港口费用的，海关将先用于缴纳港口费用，剩余部分缴纳关税和其他费用；

2. 变卖价款低于该货物港口费用的，全部价款抵缴港口费用；

3. 对于无法变卖出价款以及腐烂变质无经济价值的货物，由青岛海关出具证明，青岛港务管理局凭此免收港口费用。

（三）青岛海关承诺对青岛港务管理局开展的集装箱国际中转、国内中转、海铁联运以及疏港速通给予积极的支持和配合，并根据实际情况，遵循加强联系、简化手续、加速验放、便捷通关、确保口岸畅通的原则制定实施有关的监管措施，促进青岛港向国际化港口发展。

（四）青岛港务管理局承诺积极支持青岛海关加强对海运进出口货物的监督管理工作，严格内部管理，港务局所属各公司、场站严格凭海关放行单缴付、发运进出口货物，坚决杜绝擅自发运海关未放行货物的违法、违规情事；

青岛港务管理局有义务对在港口环节发现的走私违法情事和可疑行为及时向青岛海关通报有关情况，并对青岛海关在港口的执法行为给予积极的配合和协助，共同打击海运进出口货物中的走私违法行为；

青岛海关对青岛港务管理局举报、协助查发的走私、违规案件按照有关规定给予奖励。

(五)为加强联系,及时沟通信息,青岛海关和青岛港务管理局决定建立双方主要负责人的定期会晤制度,按季度相互通报情况。青岛海关办公室主任和青岛港务管理局办公室主任为双方的联系人。

本备忘录未尽事宜,由双方另行协商解决。双方协商达成一致的意见,可作为本备忘录的补充或附件。

本备忘录经双方签署后生效。

青岛海关(印章)　　青岛港务管理局(印章)

1995年9月15日

在政府的管理活动中,常存在有些职能活动需要其他行政机关的支持、协调与配合的情形。在存在隶属关系的行政机关之间,这种协作可以通过行政命令去完成;或者两者之间虽然没有隶属关系,但同时隶属一个行政主管部门时,这种协作可以通过其共同的上级主管部门的协调去完成;但是,当两者之间既不隶属又没有共同的主管部门时,它们之间的协作就只能依据相互之间的平等协商去解决了,当彼此之间通过协商达成了一致的意向时通常会以一种书面的协议形式将协商的内容体现出来以作为双方协作的基础和依据。因此,政府合同也常作为行政机关之间进行协作的工具和手段。

例三,1995年,吴县交通经济发展总公司与世运森昶(中国)有限公司合作成立中外合作企业苏州市苏新公路建设发展有限公司(以下简称"苏新公司"),建设发展苏州南大外环线公路。1995年12月8日,江苏省交通厅根据苏州市交通厅的请示作出《关于苏州南大外环路利用外资有关问题的批复》,同意利用外资建设苏州南大外环路,并通过尹山收费站收取车辆通行费以回收投资,收费性质为行政事业性收费。此后,苏新公司多次通过吴县交通局、吴县人民政府请求将行政事业性收费转为企业经营性收费，2004年12月23日上午，江苏省政府办公厅、省交通厅、省财政厅、省物价局、苏州市交通局及苏新公司，共同就苏州南大外环尹山收费站转变收费性质有关问题进行协商后签订了如下协议。

研究尹山收费站转变收费性质有关问题的协议

2004年12月23日上午，省政府办公厅、省交通厅、省财政厅、省物价局、苏州市交通局及苏州苏新公路建设发展有限公司有关同志共同商议了苏州南大外环尹山收费站转变收费性质有关问题。商定如下意见：

（一）关于转变收费性质问题。根据国家、省有关法律规定，建议同意苏州南大外环尹山收费站转变收费性质，由现事业性收费转变为经营性收费。具体由苏新公司向苏州市提出申请，苏州市政府报省政府批准后实施。

（二）关于收费标准。尹山收费站转变收费性质后，继续执行原收费标准。其中收取的苏州市城市建设费（5元/车次）继续由尹山收费站代征代缴。

（三）尹山收费站变更收费性质后，按照实际收入（不含代征代缴部分）的3%和1%分别缴纳省水利建设资金和专项业务管理费后，省、市（企）按25%:75%分成。

（四）关于227省道剩余贷款还贷问题。现尹山收费站是由苏州南大外环公路与227省道联合设置的，同时承担了南大外环公路建设投资回收和227省道改造贷款的偿还任务。目前227省道建设资金尚有1000万元银行贷款未还清，这部分贷款的还贷任务应由尹山收费站负责偿还。考虑到尹山收费站的实际情况，为了支持公司的发展，经各方商定，由尹山收费站负责900万元还贷任务。900万元借款主体在收费性质变更同时转为苏新公司。100万元还贷任务由苏州市交通局承担。

(五) 大家一致表示,各方要加强合作,密切配合,规范运作,共同维护全省收费工作的大局,维护江苏的形象。

省政府办公厅 张× 省物价局 芮××

省交通厅 徐×× 苏州市交通局 ××

省财政厅 ×××

苏州市苏新公路建设发展有限公司 周煜 罗志鸿

2004 年 12 月 23 日

在政府的行政管理活动中,有些行政活动的完成需要相对人的支持与配合,或者相对人的支持与配合可以有效地节约行政成本,快速达成行政目的。而要达成这样的目标,通过与相对人的协商并以合同的形成明确相互间的权利义务关系不失为政府行政管理中的有效方式,政府合同成为现代社会政府协调与相对人关系的一种重要方式。

例四,2002 年 8 月 4 日,南通市国土资源局(出让人)与南通苏东房地产开发有限公司(受让人)、南通市燃气房地产开发有限公司(受让人)两家公司签订《国有土地使用权出让合同》(合同编号:通地出字[2002]45 号)。合同约定:出让人将位于狼山镇狼山村的宗地编号为 103 号、总面积为 70 052 平方米的土地出让给受让方,土地用途为居住,土地使用权出让年限为 70 年,土地使用权出让金为 490 元/平方米,出让金总额 34 325 480 元。2004 年 8 月,受让人一期工程主体结构封顶,经受让人申请,南通市房产管理局于 2004 年 8 月 17 日向受让人发放了《商品房预售许可证》。两开发商取得《商品房预售许可证》后,公开向社会销售商品房,此时,南通市房管局及南通市崇川区人民政府向两开发商提出异议,认为该商品房为低价位商品房,只能用于狼山风景区拆迁户的安置,禁止进入市场公开销售;而开发商则认为,南通市政府《关于市区低价位普通住宅商品房管理的若干规定》是 2004 年 4 月 20 日发布实施的,而该项目是 2002 年的项目,不应适用该规定,而且开发商在竞买该地块时出让人也没有在合同中约定该地块开发的商品房为低价位商品房。由于政府不同意两开发商公开销售，两开发商为此提起行政诉讼，在诉讼中，原、被告双方以备忘录形式达成和解协议从而解决了双方之间的争议纠纷，原告向法院撤销诉讼。该备忘录内容如下。

备 忘 录

2005 年 3 月 2 日上午，市房管局鲍榕宁副局长、崇川区人民政府区长李雪峰、南通市燃气房地产开发有限公司董事长顾兵、南通苏东房地产开发有限公司总经理袁鹏就滨江花园安置房建设、安置等有关事宜进行了磋商，现将会议形成的一致意见备忘如下：

1. 南通市燃气房地产开发有限公司和南通苏东房地产开发有限公司于 2002 年 8 月受让的崇川区狼山镇狼山村 103 号地块（以下称滨江花园）除原地拆迁户安置外，必须全部用于狼山风景区开发建设拆迁户的安置（含原地拆迁户）。

2. 根据批准的设计文件，滨江花园开发住宅房屋面积为 81 628平方米，其中经核查，已用于原地拆迁户安置面积为 20 000 平方米，安置紫琅南路拆迁户 5000 平方米，对外市场销售面积 9600平方米，尚有空房面积 47 000 平方米。

3. 考虑国家宏观调控，银行银根紧缩，两公司资金周转困难及风景区开发拆迁安置等因素，由狼山风景区投资开发总公司按 1700 元每平方米的价格（层次费除外）出资统购两公司开发的空余房面积 47 000 平方米，该面积须两公司出具房屋清单（楼层、面积等）并报经市房管局核实、确认、登记，确保权属无争议。

4. 为严肃合同，规范操作，对两公司已安置及销售面积中超过 1700 元/平方米部分的收益本应全部收缴市财政归政府所有。但考虑滨江花园项目为风景区安置工程，风景区开发建设和拆迁安置工作的滞后及两公司在后期需负责风景区项目的安置等综合因素,根据市政府协调会议要求,将该部分的收益作为政府对两公司的经济补偿,政府不再收缴。

5. 两开发公司应识大体,顾大局,自觉遵守国家法律、法规的各项规定,确保政府各项建设工作的顺利进行。

南通市房产管理局　　　　南通市燃气房地产开发有限公司

南通市崇川区人民政府　　南通苏东房地产开发有限公司

2004年3月8日

在现行行政诉讼中,基于法院解决争议权力的有限性及判决种类的局限性,有些行政争议,纵使法院作出了判决,仍然没有解决双方之间的争议纠纷,遇有这种情形,在判决之外寻求能够为双方所接受的争议解决办法常成为诉讼当事人的首选。因此,在行政诉讼中,当事人通过协商和解解决行政争议的情形亦普遍存在着,政府合同亦广泛使用于行政诉讼中。

以上仅摘取了政府在实际使用合同中的点滴,但透过这几个案例会发现政府合同在政府活动特别是管理活动中扮演着其他的管理手段无法替代的作用。与政府合同在实践中的广泛使用相比,我国对政府合同的理论研究以及对政府合同的立法规范显得相当滞后。政府在什么条件下可以使用合同、政府可以与哪些主体签订合同、政府可以签订哪些方面的合同、政府合同是什么性质的合同、如何签订和履行政府合同、因签订和履行政府合同发生的争议纠纷应如何处理、解决等等问题都需要在理论上予以明确。因此,理论上加强对政府合同的研究以为政府合同制度的建立与完善提供理论支持十分必要,为此本课题针对政府合同基本理论及其制度构建展开研究。

二、政府适用合同的情形及本课题的研究对象

自从梅因在其《古代法》中提出"所有近代社会的运动是一个

从身份到契约的运动”后，契约便在民事领域中大放异彩[1]。契约作为一种手段，更作为一种制度和理念，具有天然的生长力和扩张力，随着商品经济的发达、市场经济的形成，契约理念最终超出了原来的民事领域，渗透到了社会生活的各个领域，当然也渗透到了公法领域，包括进入了行政法的疆界。从世界各国的行政法治实践来看，行政机关除依单方面意思表示决定当事人的法律地位以外，也经常和当事人协商，依双方意思表示的一致而在行政机关和当事人之间创设、变更或消灭某种权利和义务[2]。这种关系可以发生在不同的行政主体之间，也可以发生在行政主体和行政相对人之间，合同的内容和形式也是多种多样的。这种以行政机关或由行政机关授权、委托的组织、个人为一方当事人而与公民、法人或其他行政机关、组织所签订的合同我们总称为政府合同，政府合同是现代各国政府普遍使用的一种方式和手段。

在法国，行政机关所签订的合同通常有两类，一类是私法合同，一类是公法合同[3]：(1) 私法上的合同，称为民事合同或私法合同。行政机关经常缔结和私人合同关系相同的合同，例如购买办公用品、租赁办公场所、出卖私法上的产品、保险行政财产等。行政机关所签订的此类合同大部分都属于私法合同。有些私法合同是由法律规定的，大部分私法合同是由行政机关决定的。私法合同除在合同签订的权限和程序方面受行政法的支配以外，就合同本身而言，受私法支配和普通法院管辖。(2) 行政机关也缔结和私人合同关系不同的合同，这就是行政法上的合同。这类合同虽以双方当事人的意思表示一致而成立，但其法律关系不受私法支配，而是适用行政法的规则，其诉讼关系由行政法院管辖。实践

〔1〕 牛丽云. 关于行政契约的法理学思考. 青海师专学报，2005，(1).

〔2〕 王名扬. 法国行政法. 北京：中国政法大学出版社，1989. 185.

〔3〕 同上. 185.

中,由法律规定的行政合同有公共工程承包合同、公共工程捐助合同、公共特许合同、独占使用公产合同、出卖国有不动产合同等。而大多数行政事项由行政机关根据需要和情况,决定究竟缔结民事合同还是行政合同,如行政机关签订的供应合同、运输合同、雇用合同等,有时是公法合同,有时是私法合同〔1〕。法国行政法关注的重点是行政机关签订的公法合同。

在德国,"作为对具体事件的单方面处理,行政行为是典型的、实践中最常用的法律形式。但是,行政机关可以选择协商式的处理方式,与公民签订行政法上的合同(简称为行政合同)。联邦行政程序法的确认和规范使行政合同的地位明显提高,在实践中适用越来越广泛、意义越来越深远。行政合同的适用范围不限于行政行为的涵盖领域,而是更为广泛,凡是不需要行政机关以支配者的地位作出单方面处理的法律关系,如两个原则上平等地位的、具有权利能力的行政主体之间的关系,都可以采用合同方式处理。"〔2〕另一方面,"公共行政不限于无条件地使用赋予它的特权——公法……为了完成其负担的任务,经济行政机关可以利用私法思维方法……例如,私下的私人购买代替国家征收"〔3〕,而私法方式中最常用的方式就是私法合同。但由政府所签订的私法合同又有两种情形:一种情形是政府以私法形式完成典型的行政管理任务,这种以私法方式完成公法目的和任务的合同在德国行政法上称之为行政私法合同〔4〕,另一种情形是政府如私人一般与其他的公民、组织签订的私法合同,这类合同是普通的私法合同。

〔1〕 张正钊,韩大元.比较行政法.北京:中国人民大学出版社,1999.412.

〔2〕 [德]罗尔夫·斯特博.德国经济行政法.苏颖霞、陈少康译.北京:中国政法大学出版社,1999.343.

〔3〕 同上.248.

〔4〕 同上.248.

在美国，同样存在政府合同，"尤其是行政机关为购买物品和获取服务所签订的政府合同，这些被称为政府采购合同（public procurement contract）（类型）占了美国政府合同的大多数"〔1〕。虽然由于没有公私法的划分，政府合同在形式上与民事合同没有明显区别，但由于政府合同的订立与履行涉及公共利益，因而，美国在立法上已经将政府合同设计为一类独立于普通的民事合同的特殊的合同制度。

在我国，正如前面所列举的几例那样，行政机关在经济活动及其他社会活动中，经常会以合同的形式处理与其他行政机关之间以及与相对人之间的权利义务关系，以政府的名义签订的合同适用范围越来越广，使用频率越来越高。我们这里论及的政府合同，指的正是这样一些制度，在这些制度下，行政机关在开放的市场上采购物品、获取服务，或将财产权转移给非政府实体，或者通过使用合同的方式来实施政府活动，完成行政法上赋予的管理任务。根据政府合同适用的法律依据（是民商法还是行政法）、当事人权利义务的性质（私法性质还是公法性质）以及行政因素（包括行政权是否行使、是强行政权还是弱行政权）在决定合同性质中的作用大小，可以将政府合同划分为行政合同、行政私法合同和民事合同。这样的分类主要考虑到行政实践中的许多政府合同，有的具有很强的行政性，有的兼具民事与行政的双重性质，而有些则纯粹是以机关法人的身份作为单纯的民事主体参与民事活动而签订的民事合同。那么，行政因素程度不同的政府合同，在合同的内容、形式、签订程序、法律适用、当事人权利义务以及救济途径等方面都有着很大的不同。其中，政府的一般民事合同就是政府作为单纯的市场主体参与一般的市场交易而与其他市场主体签订的确

〔1〕［美］DanielJ·Mitterhoff. 建构政府合同制度——以美国模式为例. 杨伟东，刘秀华译. 行政法学研究，2000，(4).

立、变更、终止民事法律关系的合同,由于这类政府合同除了合同的一方是政府以外,与普通民事合同没有区别,它完全属于民法所规范和调整的范畴,故本课题对这类政府合同不作研究,而行政合同及行政私法合同是具有行政法特征的合同,它有别于普通的民事合同,且不能适用或不能完全适用民法进行规范和调整,故本课题将以行政合同和行政私法合同这两种政府合同作为研究对象。

三、政府合同的产生与发展

契约理念在行政法中的引入和确立,已成为一个世界性的潮流和趋势。在社会现代化过程中,随着社会生产力的大幅度提高,社会资源总量成倍增长,政府的职能发生重大转变。社会服务和社会管理职能取代阶级统治职能成为政府的主要职能,特别是社会服务职能处于不断扩张之中,政府在信息和商业服务、教育、文化、娱乐和保健服务、交通、通信和能源服务、道路、照明、水电等市政服务方面都大大拓展了服务的范围和内容[1]。这些变化都直接导致了行政机关行为方式的变化,为达到这些行政目的,就产生了使用多种行为手段的倾向。再加上社会民主思潮的激荡,现代行政中需要更多的说服和合作,而政府合同作为替代以服从和支配为特征的高权行政的更加温和、富有弹性的行政手段就孕育而生了,并在世界各国得到广泛运用。综合来说,契约精神在行政法上的确立源于传统权力型行政的局限、现代行政法的民主化趋势以及契约本身的功能优势。当然,具体到不同的国家(地区),其政府合同制度的产生又各具特点。

1. 法国是行政合同的发源地。法国行政合同制度的出现与法国行政法的发展原因本身很接近,就是法国行政法院的存在和它在处理行政合同事务中的特殊作用。法国行政法院处理行政合

〔1〕 施雪华. 政府权能论. 杭州:浙江人民出版社,1998. 240.

同事务又起源于法律的特殊规定。法国规定行政合同属于行政法院管辖的法律主要有：1793 年 9 月 26 日和 1890 年 7 月 17 日关于公共债务的法律，1806 年 6 月 11 日关于国家或者殖民地达成的供应合同的法律。第二次世界大战后，行政合同广泛应用于经济发展和资源开发方面。政府在执行经济计划的时候，避免采取行政命令方式，而和企业界签订合同，并提供一定的援助，由企业承担计划中的某些任务。法国称这种执行计划方式为政府的合同政策，是对传统的执行计划方式的一大改进。此外，在科研、教育及其他事项中，政府也往往和企业签订合同，规定其应当完成的任务。合同方式在法国行政法上得到越来越广泛的应用，除行政合同外，行政机关也经常会以机关法人的身份与相对人签订民事合同，而且同一事务应采用什么样的合同形式行政机关还可以进行选择和决定。

2. 在德国，国家与公民之间的行政合同长时间遭到拒绝，至少是冷落[1]。德国行政法的代表人物奥托·迈耶从根本上否定在国家与公民关系中采用上述意义的公法合同。他认为，在契约中当事人的意思对等是不可或缺的要素，而国家和国民之间不存在这样的意思对等关系。因此，在公法上，契约的存在是绝对不可能的。国家和它的公民之间不可能存在合意的可能性，也就不可能存在缔结任何形式或内容的合同的可能性。他的这一论断统治了德国行政法学界很长时间。但是很长时期以来，政府合同在德国的行政实践中一直被使用着。司法中，法官也没有停止过对政府合同的探索。经过不断地探索和努力，行政合同终于为立法所肯定（德国《行政程序法》专以第四章规定公法契约，从而标志着行政合同在德国的制度化和法律化）。目前在德国行政法学界，

---

〔1〕 于安.降低政府规制——经济全球化时代的行政法.北京：法律出版社，2003.163.

关于行政合同的讨论已不再涉及其本身存在的合理性问题,而集中于行政合同的使用问题,特别是成立的法律条件、法律安排和结果缺陷等。

3. "英国的法律和法国及其他国家的法律不同,它没有管辖公共机构合同的专门规则。英国的行政主体已被1947年的王室诉讼法置于一个与普通诉讼当事人的相同地位了。中央政府各部门通常以自己的名义并作为王室的代理人签订合同,因此也以同样的法律管辖这类合同的贯彻执行。"[1]英国的政府合同制度是伴随着20世纪后期行政改革的开展而逐渐确立的。20世纪70年代后期开始的英国行政改革,是欧洲最激烈的行政改革。英国推行的政府改革改变了层级官僚管制方式,将政府合同作为推行公共服务职能的普遍方式和实现管制职能的重要手段,从所谓的"行政国"转化为"合同国"。这一切都是在"新公共管理"理论的推动下实现的。现在英国关于政府合同的基本法律规则主要有三个方面:一是以1947年颁布实施的《王权诉讼法》为基础的平等契约责任基本规则;二是契约不能束缚行政机关自由裁量权行使的特殊规则以及1974年工会和劳动关系法的英王雇佣契约规则;三是除以上这些规则以外,地方政府所制定的法规、公共部门如财政部所颁布的规章以及政府部门对某些契约规定的标准格式或标准条款的规定,也成为行政机关订立契约所必须遵守的次一等级的规则。

4. 在美国,政府合同是伴随着公共福利行政的膨胀而逐渐发展起来的。正如美国著名行政法学家施瓦茨所描写的那样,政府"起初还没有职业事务,政府合同在经济中只占很小部分,政府福

〔1〕[英]威廉·韦德. 行政法. 北京:中国大百科全书出版社,1997. 487-488.

利还不存在……现在的情形就不一样了"[1]。由于福利国家概念的出现,行政给付势头大增,政府正以几何级速度承担起慈善职能,它正在成为越来越多的人所依赖的巨大施舍源泉。以政府雇佣和政府合同为表现形式的特许权"几乎无处不在"。从另一方面讲,美国现代意义上的政府合同又主要是通过司法机关对宪法的解释开始的。在美国,政府合同是从法院保护相对人的权利到什么程度以及政府在契约中的权利属于什么性质的角度进行研究的[2]。美国对于政府合同的规范也是将普通合同法和联邦政府关于政府合同的一些成文形式的专门法律规定结合起来。大概可将其归结为两个方面:一是以判例和成文法组成的普通合同法体系;二是有关政府采购合同的专门立法。

5. 在我国,政府合同首先出现于农业管理领域。改革开放以前,农业生产和销售实行国家计划管理和统购统销。行政机关层层下达生产计划指标,统一收购和销售农业产品,收购价格由政府统一规定。自1978年开始从单纯的行政命令转向多元化,粮食定购合同成为重要的管理方式。农民通过土地承包合同获得了土地的使用权,在承包经营期内可以进行自主经营。1985年1月1日,中共中央、国务院《关于进一步活跃农村经济十项政策》规定,粮食、棉花取消统购,改为合同定购。1987年,党的十三大明确提出,无论实行哪种经营责任制,都要运用法律手段,以契约形式确定国家与企业、企业所有者与企业经营者之间的责、权、利关系。政府合同的运用逐步扩展到工业、商业、交通运输、外贸、基建等方面。1988年2月27日,国务院发布了《全民所有制工业企业承包经营责任制暂行条例》,同年5月18日又发布了《全民所有制小

---

[1] 曾繁正等编译. 西方主要国家行政法行政诉讼法. 北京:红旗出版社,1998.103.

[2] 同上,99.

型工业企业租赁经营暂行条例》,把政府合同引入了工业领域。1990年5月19日国务院发布了《城镇国有土地使用权出让和转让暂行条例》,国家对土地的管理开始从行政划拨方式转变为政府合同管理方式。现在在我国的行政实践中,已存在的可以认为是政府合同的主要有:行政机关在行政执法过程中与当事人签订的公务执行合同,公务委托合同,行政协作合同,国有企业或国有资产的承包经营合同,土地等自然资源使用权的出让合同,收回国有土地等自然资源使用权的合同,环境保护与污染防治合同,有限公共资源的开发使用合同,公用事业特许经营合同,政府采购合同,国有企业或国有资产转让、出售合同,公益捐赠合同,行政奖励合同,政府给付合同,政府贷款合同,政府补贴合同,科学研究与技术开发合同,公用征收、征用补偿合同,行政争议的和解合同,等等。

政府合同在现代各国蓬勃发展的原因主要有以下几个方面:

第一,国家基本职能的变化。早期国家的职能较为简单,只不过是消极地对外防御外敌、对内维持治安秩序而已。在那时,国家作用必然主要体现在对人民发布命令,实施强制的作用,行政主要就是通过以命令和强制为要素的单方面的行政行为来进行的。然而,现代国家的主要任务是实现社会公共福利,以社会服务和社会保障为基本的行政目的,其活动极为广泛且具有积极性。现代国家不仅作为国家统治者,而且还作为社会服务者、经济秩序的维护者、给付行政的实施者而活动。在这种给付行政中,有时通过使用作为权力强制手段的行政行为,并不一定可以有效地实现行政目的,而采取契约方式更加有利于圆满地实现行政任务。

第二,政府干预经济职能的加强。在资本主义国家产业革命的高潮期,由于深受亚当·斯密、大卫·李嘉图等人自由市场经济思想的影响,各国开始重视经济生活中的个人自治,反对国家对经济的干预,国家的作用被严格限制在公共行政管理领域,政府基本上没有干预经济的职能。但到了19世纪末,由于市场的自发作用无法解决形式各异的经济危机以及由此引发的各种错综复杂的经济矛盾和社会矛盾,自由市场观开始逐渐让位于国家干预观。行政权开始向着经济领域渗透,国家对经济活动的干预逐步加强。由于不同的干预方式有着完全不同的干预效果,为了以最小的干预成本获得最佳的干预效果,各国开始在传统的行政命令、行政强制之外探寻新的干预方式和手段,由于政府合同完全建立在与相对人平等协商的基础上,这种以双方合意为基础的干预能够充分调动相对人参与行政活动的积极性和主动性,因而,是一种干预成本比较低而干预效果又比较好的干预手段。

第三,社会思想意识的提升。没有人们思想、观念、意识的进步与提升,也就不会有政府合同的出现。20世纪以来的现代行政法是以"社会本位"为人文精神的[1]。它在公共利益与个人利益关系上的价值判断是互相一致,在道德观念上的价值取向是互相信任,因而在行为关系上的理念就是服务与合作。也就是说,政府与公民之间的行为关系是一种服务与合作的关系。相对人的参与,使行政主体与相对人得以沟通和交流,可以将行政意志转化为相对人意志,也可以将相对人意志吸收到行政意志中,从而使行政法律关系具有某种双方性,使相对人真正成为行政法律关系的主体,使人权真正得到尊重。

四、政府合同的地位与功能

(一)政府合同的地位

政府合同对行政法的重要性,不仅在于它规模的巨大和行为的特殊,而且还在于它为政府与相对人之间的对话与合作构建起了一个全新的法律平台。国外行政法理论界将政府广泛使用合同

〔1〕 叶必丰.现代行政行为的理念.法律科学,1999,(6).

方式改革福利国家公共服务称为“合同国”。英国的撒切尔政府改革,在规模和重要性上导致并且形成了以市场精神为取向的政府合同革命。它首先表现为将合同作为政策执行工具和管制工具,还表现为合同成为政府的组织工具。我们可以将上述看法理解为,合同问题对行政法的重要性相当于竞争对于市场的重要性。

根据德国学者的归纳,政府合同还具有宪法(德国基本法)上的意义:作为合作性行政国家纲领的合作原则体现;通过与行政机关的合作实现更为有效的基本权利保护;通过行政相对人的参与和决策实现民主;通过提高行政的可接受性落实社会国家的要求;通过法律的安定性、协调性来明确行政相对人的负担范围,落实法治国家的要求;通过与行政相对人的合作实现环境国家的目标〔1〕。

另外,政府合同还具有行政法上的意义,主要表现在其中的合作性因素具有重要的行政经济意义:行政机关和行政相对人通过有目的的对话、相互影响尽快达到一致,进行合作;激发私人的创造性,避免干涉,减少行政成本,避免争端,减轻控制负担;激发遵守行政法的积极性,利用私人的专业知识;增加行政的灵活性,降低日常行政活动的复杂性,以有效处理多极的行政法律关系〔2〕。

(二)政府合同的功能

政府合同的功能是其特性在实践中的具体反映。具体说来,可以归纳为以下几个方面:

1. 控权功能〔3〕。政府合同以合同的形式在承认和保留行政优先权的同时明确规定了行政主体与契约相对方的权利义务,使专

---

〔1〕 [德]汉斯·J沃尔夫,奥托·巴霍夫,罗尔夫·施托贝尔. 行政法(第二卷). 北京:商务印书馆,2002.147.

〔2〕 同上.147.

〔3〕 赵永伟.市场经济条件下行政合同的功能及其法律调控.行政论坛,1999,(6).

横恣意的行政权受到控制。而且在对行政优益权进行实体控制方面可以采取使订立政府合同的条件的法律化、确定政府合同的原则以及严格按照依法行政的要求来构建政府合同制度。例如,要求行政主体采取契约形式必须有法律上的授权等[1]。在程序控制方面,行政程序具有促进行政过程的民主化、行政决定的理性化、行政活动结果的正当化以及行政权与相对方权利的平衡等功能[2]。

2. 激励功能。政府合同通过赋予相对方权利的方式来实现行政目的,这极大地激励了相对方的主观能动性,使其充分发挥聪明才智;以权利来制约权力的滥用,充分配置权力和社会资源,也将使行政活动得到相对方的理解和支持。

3. 协调功能。政府作为社会事务的管理者代表社会公共利益,既要允许和鼓励竞争也必须协调各种主体间的利益矛盾和冲突。政府合同就是市场竞争机制下协调各种社会团体、企事业单位和公民个人之间冲突的有效手段,自然而然地发挥协调作用。

4. 效率功能。双方一旦订立了政府合同就应该严格遵守,发生争议可以通过有关途径获得解决和处理。这种契约权利义务关系的明确性,可以避免推诿塞责,杜绝不负责任的官僚主义,促进行政效率化。

5. 组织功能[3]。政府合同的组织功能是指通过合同在政府内部形成机构之间的协调关系。被称为当代政府主要构筑物的合同,是联系传统政府框架中互不协调部分的主要介体和填补国家空洞的重要成分。

---

〔1〕 赵永伟.市场经济条件下行政合同的功能及其法律调控.行政论坛,1999,(6).

〔2〕 应松年.行政程序法立法研究.北京:中国法制出版社,2001.34-37.

〔3〕 于安.降低政府规制——经济全球化时代的行政法.北京:法律出版社,2003.138.

第二章 行政合同

一、行政合同的含义与特征

（一）域外行政合同的含义

1. 法国对行政合同含义的界定及识别行政合同的标准

在法国，行政合同广泛应用于行政机关的管理活动特别是经济计划的执行领域以及科研教育领域。法国没有立法直接规定行政合同，行政合同的概念是从行政实践及行政法院的判例中归纳出来的。法国的行政合同通常是指行政主体为公共事务而缔结的、由行政法调整的、属于行政法院管辖的合同。法国行政法院的判例形成了一套识别行政合同的标准，一般来说，判定是否为行政合同主要有以下标准〔1〕：

（1）合同的当事人中必须有一方是行政主体。只有国家、团体和公务法人才能签订行政合同。两个私人之间所订立的合同，即使合同内容是执行公务，也不能认为是行政合同。对于这个原则只有两个例外：一是公私合营公司和建筑企业所签订的高速公路和国有公路建设合同，本质上属于国家的活动。这种活动即使发生在私人之间，也受行政法的支配和行政法院管辖。二是私人作为公法人的代理人与其他私人所签订的合同，根据代理人的效力及于本人原则，这种私人之间的合同应认为是行政机关与另一私人之间的合同，从而可以成为行政合同。行政合同的当事人必须有一方是行政主体，这是一切行政合同所必须具备的条件，但不

〔1〕 王名扬. 法国行政法. 北京：中国政法大学出版社，1989. 185－190.

是充分条件。行政机关所签订的合同能够成为行政合同，还必须具备下列两个条件中任何一个。

(2) 合同的内容必须是直接执行公务。行政机关签订合同大都以执行公务为目的，然而不能认为一切和执行公务有关的合同都是行政合同，只有直接执行公务的合同才是行政合同。直接执行公务的合同发生在以下两种情况下：合同的当事人直接参加公务的执行，或者合同本身是执行公务的一种方式。

(3) 在合同的法律适用方面超越私法规则。合同法律适用方面超越私法规则分为两种情形：一是合同条款中规定了私法以外的规则。私法以外的规则是指合同中给予当事人某些权利或规定某些义务，在性质上和民商事合同当事人所自由约定的权利和义务不同，合同中包含和同类的民事合同中性质不同的条款。这类条款的出现表示双方当事人有意使合同不受私法支配。行政机关所签订的这类合同，不论是否与公务的执行有关，都是行政合同。二是合同缔结的制度超越一般私法范围。私法以外的规则一般包括在合同条款之中。如果合同的条款中没有包含特殊的规则，而缔结合同的制度超越一般私法范围时，这类合同不论是否和公务的执行有关，也是行政合同。

2. 德国对行政合同含义的界定

在德国，和法国一样，行政机关执行国家公务，除通过行政行为手段外，还可以采取合同手段。合同是行政机关实施行政管理的重要手段之一……行政机关缔结合同，既可以缔结私法合同，又可以缔结公法合同。私法合同不属于行政法的研究范围。德国称行政合同为行政契约或公法契约，是指行政机关为执行行政职务而与其他行政机关、社会组织或公民缔结的合同[1]。德国立法通常根据“契约标的”理论去识别行政合同的，即凡涉案的个别契

〔1〕 张正钊，韩大元. 比较行政法. 北京：中国人民大学出版社，1999. 409 –410.

约的基础事实内容以及契约所追求的目的属于行政法上的法律关系范畴,则属行政契约。德国行政程序法正是以此契约标的为基础去规定行政合同的。依据德国《行政程序法》第 54 条的规定,行政合同是指设定、变更和终止公法上法律关系的合同。因此“契约标的理论”并非仅以契约所载的事实内容为限,亦应斟酌该契约所追求的目的,就个别案例加以断定。例如,征收契约中有关补偿价金的含义,其契约标的虽系价金的支付及土地之移转所有权,但其追求的目的在于避免进行正式的征收程序,节省双方的时间劳力费用支出,有助于公共建设的进行,故其追求目的并非单纯私益目的,从而应判断其属于行政契约。

与法国相比,德国的行政合同制度对法国有借鉴,更有发展,以合同而不是以行政为本位,强调双方当事人地位的平等,强调对公共利益和个人利益实行同等法律保护,强调行政主体享有单方特权的有限性,并要受到严格的行政程序规制,以及援用民事规则适用行政合同案件的规定,既符合合同的本质,同时也符合现代契约行政的民主精神。

3. 葡萄牙对行政合同的规定

葡萄牙国家行政程序法不仅对行政合同概念作了明确规定,而且将主要的行政合同作了列举和概括。根据该国《行政程序法》第 178 条第一项的规定,行政合同为一合意,基此合意而设定、变更或消灭一行政法律关系。根据《行政程序法》第 178 条第 2 项的规定,行政合同主要有下列形式:(1) 公共工程承揽合同;(2) 公共工程特许合同;(3) 公用事业特许合同;(4) 公产的开发合同;(5) 公产的专用合同;(6) 博彩经营特许合同;(7) 继续供应合同;(8) 为直接公益提供劳务的合同。我国澳门地区行政程序法对行政合同的规定及列举与葡萄牙国家行政程序法的规定完全相同。

（二）我国台湾地区对行政合同含义的界定

台湾地区对行政合同含义的规定与德国行政程序法对此的规定相同，台湾地区的“行政程序法”第135条规定：“公法上法律关系得以契约设定、变更或消灭之。”但由于对什么是“公法上法律关系”立法上并未给予明确的解释。因而，关于行政合同的识别是学界讨论得比较多的一个问题。学界通常认为行政契约有以下特征：（1）行政契约是双方当事人经由“合意”产生。不似行政处分，只以当事人一方——行政机关——的意思表示为已足。行政契约乃以当事人间的双方行为为要件。（2）行政契约是发生行政法效果的契约，也就是以设立、变更或废止行政法关系为目的的契约，并非发生私法效果的契约。故即使行政机关与私人缔约，本与私法关系（“国库行政”）则仍为私法契约。行政机关彼此间缔结的私法契约亦同。（3）行政契约以契约发生行政法效果为其特色，故缔结者的法律地位并不重要。在大部分情形中，行政契约的当事人中有一方是行政机关，如行政机关与私人缔约，或是双方都是行政机关，或地方自治团体。缔结双方皆是私人也有可能，但必须经法律特别规定方可，且这种情形并不多见。（4）行政契约乃发生行政法效果的契约，属于“公法契约”的一种。由于“公法契约”泛指一切发生公法效果的契约，如发生宪法效果的契约（如条例）亦为公法契约。故行政契约可以称为狭义的公法契约〔1〕。

（三）我国大陆对行政合同的认识

在国内，尽管理论上对政府以行政管理为目的设立、变更、终止行政法上权利义务关系的合同称呼不完全一致〔2〕，但一个不争的事实是这类合同是政府实施行政管理的一种重要手段，而且使用范围越来越广泛，我们认为这类合同称之为行政合同比较符

〔1〕　陈新民. 行政法学总论. 台北：三民书局，1997. 257－258.

〔2〕　这类合同的称呼大致有：行政合同、行政契约、公法合同、公法契约等.

合我国的习惯及立法规范。

由于我国目前尚无有关行政合同的立法,因而,关于行政合同的含义和特征理论上的认识尚存争议。我们对行政合同的定义是:行政合同是行政主体基于行政管理的目的,而与其他行政机关或公民、法人和其他组织之间在意思表示一致的基础上设立、变更、终止行政法上权利义务关系的协议。以此为基础,我们对行政合同中有争议的几个理论问题进行如下分析和概括:

第一,关于行政合同的目的。我国学者对行政主体签订行政合同的目的大致有两种看法:一是认为行政合同的目的是为了执行公务,实现行政管理目标;二是认为行政合同的目的是为了公共利益。我们认为,行政主体执行公务,实现行政管理目标也是为了公共利益的目的,但公共利益的范畴远比行政管理目标宽泛,如政府采购活动也是基于公共利益的需要采购公共产品的行为,但其并不是行政主体直接执行公务的活动。因而,政府采购合同虽基于公共利益的目的但却不是单纯的行政性质的合同,行政合同作为行政机关执行公务的一种手段,应当是以实现行政管理目标为直接目的。

第二,关于行政合同的主体。关于行政合同的主体,我国理论界的分歧主要集中在以下三个方面:一是行政合同的双方当事人中是否必须有一方为行政主体?对此我国学者几乎一致的看法是行政合同中至少一方为行政主体。我们认为,在一般情形下这一观点是正确的,但它却是不全面的。在特定情形下,经行政主体的授权、委托或者许可、同意,非行政主体的组织或个人与其他组织或个人签订的有关落实行政管理内容的合同亦可能成为行政合同,譬如,科研单位在与行政主体就某一科研项目签订总承包责任合同后,经行政主体同意将其中的部分科研任务分解给其他的科研单位去实施而与该单位签订的合同,这类合同也应当视为一种行政合同。与此相关的另一个问题是行政主体之间是否可以签订协议以及行政主体之间签订的协议是否属于行政合同？在我国，行政机关之间也可以签订合同，行政机关之间的合同又有以下情形：一是行政机关之间以机关法人的身份签订有关民事权利义务关系的协议，这种协议为一种民事合同；二是一方行政机关以行政主体的身份与另一方行政机关以行政相对人身份为实现特定的行政管理目的所签订的协议，这是一种行政合同，而且与一般的行政合同没有差异。三是两个行政机关互以行政主体的身份为实现特定的行政目的所签订的协议，这种合同也是一种特殊的行政合同。第三个问题是行政主体与其所属的公务人员之间签订的协议是否也是行政合同？近年来，行政机关除了在公务人员的招聘活动中广泛使用合同外，行政执法责任制在各行政主体内部也得到了普遍的推广和运用，行政主体为落实行政执法责任制及其他执行公务的需要与其所属的公务员签订各种形式的协议，尽管属于内部行政行为，但它同样属于行政合同的范畴，为内部行政合同。

第三，关于行政合同双方当事人的法律地位。关于行政合同中双方当事人的法律地位，我国学界有如下看法：一种观点认为，在以行政主体为一方当事人与公民、法人或者其他组织为相对人签订的行政合同中，由于他们之间本身在行政法律关系中的地位就是不平等的，因此，即使是在行政合同中，双方的地位也无平等可言，甚至认为，双方当事人主体地位是否平等是区分行政合同与民事合同的重要标准；另一种观点虽然没有肯定行政合同主体地位的不平等性，但认为，“从行政契约双方当事人的相互关系看，作为行政职能实施者或行政契约发起方（要约人）的行政主体，与作为受行政职权作用的相对人或行政契约的承诺方，大都存在法律上的管理与被管理关系，这种管理与被管理关系，就是我们通常所说的‘纵向关系’。因此，大量的行政契约，是行政主体与公民、法人或其他组织等相对人签订的，这类行政契约的‘纵向’色彩非常明显”[1],行政合同是一种具有浓厚“纵向”色彩的法律行为。我们认为,合同的本质是合意,即双方当事人意思表示的协商一致,而合意的基础是主体双方法律地位的平等,如果缔约当事人双方法律地位不平等,或者允许行政主体将一般行政法律关系中的不平等性带入行政合同,那就不可避免存在这样的可能性,即一方将自己的意志强加给另一方,如是,则这种行政合同虽名为合同,实为强制。行政合同与民事合同的区别并不在于其主体地位是否平等,而在于合同签订目的、订立合同的法律适用以及合同内容等方面的差异。因此,我们认为,总体上说,行政合同双方当事人在合同中的法律地位应是平等的。

第四,关于行政合同的法律依据及法律适用。作为完成特定行政管理目的的行政合同,其合同订立的依据一定是行政法,在产生争议纠纷后解决争议纠纷基本的法律适用也必须是行政法。行政合同的作用就在于通过与相对人的协商与沟通将行政法赋予行政主体的职权与职责转化为合同中的权利与义务,并通过合同的履行去达到与单方面行政权行使同样的目的。此外,理论界讨论得比较多的一个问题是行政主体在没有明确行政法依据的情形下能否订立行政合同?我们认为,由于订立和履行行政合同是行政权行使的一种特殊形式,因此,行政合同的订立必须要以行政主体有法定职权为基础,行政主体对某项事务不享有法定职权或者越出了自己的法定权限都不能就该事务的管理订立行政合同。

第五,关于行政合同的内容。合同的内容,即主体双方在合同法律关系中的权利和义务。对行政主体而言,由于其权利义务实际上是合同化了的行政职权与行政职责,这种权利义务我们称之为行政法上的权利与义务。譬如,我们第一章所列举的第二个案例中青岛海关在“备忘录”中所享有的权利实际上就是《海关法》

---

[1] 应松年.当代中国行政法.北京:中国方正出版社,2005.1000-1001.

赋予海关对进出口货物监管权的具体化。对于合同的另一方当事人而言，其在合同中的权利义务有些可能是行政法上的权利义务，有些则可能是私法上的权利与义务，应视具体情形而定。譬如，第一章所列举的第四个案例中，尽管作为行政主体的南通市房管局与崇川区人民政府签署的该备忘录（行政合同）的目的完全基于实现行政管理的需要，但作为相对人的两开发商在合同中所享有的则是私法上的权益；相反，在计划生育行政合同中，双方都是为了贯彻落实控制人口数量、提高人口素质的行政目的，因而，合同中的权利义务就都是行政法上的权利与义务。

（四）行政合同与民事合同

1. 我国行政合同与民事合同关系上存在的主要问题

首先，在理论上，对行政合同是否独立存在于民事合同存有争议。

由于行政合同制度是在公私法划分的基础上建立和发展起来的，所以，它不像民事合同那样作为社会生活不可或缺的方式而为各种法律制度所接纳，迄今为止它也仅是在大陆法系国家表现出其生命力；而且，即使在大陆法系国家，也并非所有学者对行政合同的独立存在都持一致肯定的态度。譬如，就是在行政合同（契约）制度十分发达的德国，同样有学者对行政合同提出质疑，认为私法上的契约（民事合同）系根植于两个地位完全平等的权利主体之间的“合意”，而在公法关系中几乎所有的的关系皆属权力支配关系，当事人彼此关系并不平等，故而公法上的“合意”无从产生；而且，私法上“契约自由”为数千年来根深蒂固的基本原则，而在公法上“依法行政”是最基本的准则，因而，两者在本质上不易调和[1]。对那些同时受到两大法系法律制度影响的国家和地区

---

〔1〕 翁岳生. 论西德1963年行政手续法草案. 翁岳生. 行政法与现代法治国家，台北：祥新印刷有限公司，1976. 221.

的学者来说，对行政合同的认识更是见仁见智。譬如，在我国台湾地区，尽管其“行政程序法”将行政契约专列一章加以规定，然在理论和实践中对行政契约是否独立存在并未获得一致的认识，有人认为，“契约就是契约，原亦不必有私法契约与公法契约之分”[1]，更有甚者认为“行政契约与依法行政原则抵触……，如果容许此种行政契约施行，岂不回归封建专制时代？由法治回归人治？”[2]在大陆，尽管行政合同作为一种新型的行政管理方式渐为行政法学界所接纳，但是它的法律属性并未被其他的法学学科特别是民法学界所认同。譬如，梁慧星教授就认为：“什么是行政合同，中国现实中有没有行政合同？哪些属于行政合同？这些问题当然有深入探讨的必要。……如果说有所谓的行政合同的话，只能存在于行政权力行使领域，属于行政法律关系……”[3]；王利明教授也认为：“行政合同究竟如何定义，其规范的对象是什么，恐怕仍然是个有待讨论的问题。即使存在行政合同，是否由合同法调整，亦不无疑问。”[4]上述观点基本上代表了民法学界对行政合同的看法：即对民事合同之外是否存在独立的行政合同制度表示怀疑（当然，如果有独立的行政合同，那么，这类合同应由行政法调整而不应适用合同法，这一观点无疑是正确的）。由于我国并没有公私法的划分，而民事合同是基础合同，所以，如果说行政合同是独立于民事合同之外的一类特殊的合同的话，那么在行政法上必须清晰说明行政合同与民事合同的本质差异以及由这些差异所带来的适用条件、适用领域、合同内容、当事人权利与义

〔1〕 参见司法院公报第35卷第五期第3-5页.

〔2〕 同上.

〔3〕 梁慧星.讨论合同法草案征求意见稿专家会议上的争论.《法学前沿》编委会.法学前沿(第二辑).北京:法律出版社,1998.55.

〔4〕 王利明.合同的概念与合同法的规范对象.《法学前沿》编委会.法学前沿(第二辑).北京:法律出版社,1998.6.

务上的差异，这些差异表示行政合同主要应当以适用行政法的规定为主。

其次，在立法上，我国至今欠缺关于行政合同的专门立法，行政合同与民事合同之间缺少明晰的法定划分标准。

在大陆法系国家，行政合同制度之所以获得发展，其原因并不仅仅在于理论上的论证，更在于立法上对它的肯定及实践中的广泛应用。在德国，作为行政法基本法的《行政程序法》专列一章规定行政契约，内容包括行政契约的含义、种类，行政契约缔结的条件，行政契约的履行及违约责任等，从而在立法上将行政契约与民事契约区分开来，其他诸如葡萄牙等国及我国的台湾、澳门地区也都在“行政程序法”中设专章规定行政契约；在法国，虽然没有专门的行政合同法，但行政法院及权限争议法院通过判例的形式亦将行政合同与民事合同明确区分开来。在我国，尽管学界认为实践中广泛存在的行政协作合同、公务执行合同、行政委托合同、国有土地使用权出让合同、国有资源的开发使用合同、国有资产的授权经营合同、粮食等农副产品的订购合同、政府的特许经营合同、污染防治合同、房屋拆迁、移民安置与补偿合同、计划生育合同等等实际上就是行政合同，但是，立法上并没有有关这类合同的一般规定，甚至连“行政合同”一词在立法上都未曾使用过，由于行政法上欠缺关于行政合同的一般规定，因此，就是被行政法学视为行政合同的合同在性质上亦不无争议。譬如，在土地使用权出让合同中民法学界即认为，国家在土地使用权出让合同中的身份，“并不是主权者和社会最高管理者，而是土地所有权人，作为土地所有权人，国家与公民、法人的法律地位平等，都是民事权利主体……所以，土地使用权出让合同仍然是符合《民法通则》有关规定的民事合同”〔1〕。这种争议的产生，主要源于理论及实践对行政合同

〔1〕 王家福. 中国民法学·民法债权. 北京：法律出版社，1991. 678－679.

的性质还没有清晰的认识,对行政合同与民事合同之间的界限缺少明确的划分标准。

再次,在行政及司法实务中,缺少行政合同争议纠纷的解决机制。

由于理论上对行政合同的性质及行政合同与民事合同之间的界限没有明确的认识,立法上对行政合同欠缺相应的法律规定,致使实践中已被广泛运用的不少被认为是行政合同的合同在法律上欠缺应有的法律地位和明确的救济途径,《行政复议法》和《行政诉讼法》亦未对行政合同的可复议性及可诉性作出明确规定。这样,当行政主体与相对人缔结的合同一旦被定性为行政合同,遇有争议时当事人将处于求告无门的境地,相反,如果将这些合同作为民事合同去对待,反而有利于争议纠纷的顺利处理和对当事人权利的保护,行政合同救济渠道的不畅反过来又制约了行政合同制度的进一步发展。

我国行政合同在上述三个方面存在的问题,归根到底说明了这样一个事实:即迄今为止,我国行政法及行政法学上没有以自己的理论去说明行政合同与民事合同的本质区别,没有能够将行政合同从民事合同中完全分离出来。

2. 行政合同的识别标准

随着行政合同在实践中的广泛运用,行政法学界几乎一致肯定在我国建立行政合同制度的必要性,目前的主要问题是如何科学地将行政合同与民事合同区分开来。事实上,但凡建立起行政合同制度的国家,都相应建立了自己的理论体系,用以说明行政合同与民事合同的分别,并由此形成了各种不同的学说和观点,这些学说和观点不一定完全适用于我国,但其合理之处可资借鉴。兹概述如下:

(1) 主体说。这种观点主张以合同法律关系的主体作为区分行政合同与民事合同的标准和依据,认为行政合同是以行政主体

作为当事人的合同[1],这种观点盛行于日本,在法国等国家亦将它作为识别行政合同的标准和依据之一[2];

(2) 目的说。这种观点主张以行政合同所追求的目的和效果作为区分行政合同与民事合同的标准和依据,认为行政合同(公法契约)是"以公法上的效果发生为目的,使复数的对等当事者间相反的意思表示达到一致,而后成立的公法行为"[3],这种观点在大陆法系及受大陆法系影响的日本及我国台湾地区具有相当的影响;

(3) 契约标的说。这种观点主张以合同的标的即内容,作为区分行政合同与民事合同的基础,认为行政合同是以行政法上法律关系为合同标的,旨在发生、变更和消灭行政法上权利和义务的意思表示一致的行为[4]。这种观点在德国、葡萄牙等大陆法系国家及我国的台湾、澳门地区非常流行,而且这种观点渐为立法所采纳[5]。但是,由于契约标的理论中所谓的"行政法上法律关系"之意过于抽象,所以,又有学者对这一理论加以修正和发展,并形成了"契约内容与效力说"、"契约标的与目的说"等观点[6];

(4) 手段(执行公务)说。这种观点是以合同是否作为执行

---

〔1〕 [日]南博方. 日本行政法. 北京:中国人民大学出版社,1988. 62.

〔2〕 王名扬. 法国行政法. 北京:中国政法大学出版社,1989. 179.

〔3〕 [日]和田英夫. 现代行政法. 北京:中国政法大学出版社,1993. 211.

〔4〕 吴庚. 行政法之理论与实用. 台北:三民书局,2000. 327.

〔5〕 如德国《行政程序法》第54条规定,"公法上之法律关系,得以契约设定、变更或废弃之(公法契约)",受德国《行政程序法》的影响,我国台湾地区"行政程序法"第135条亦作出了相似的规定,即"公法上法律关系得以契约设定、变更或消减之";又如葡萄牙《行政程序法》第178条第(一)款规定,"行政合同为一合意,基此合意而设定、变更或消灭一行政法律关系",受葡萄牙《行政程序法》的影响,我国澳门地区《行政程序法》中行政合同的定义几乎与葡萄牙《行政程序法》对行政合同的定义完全一致.

〔6〕 林纪东. 行政法. 台北:三民书局,1980. 358.

公务的一种手段为标志去界定行政合同的，如果合同的当事人直接参加公务的执行或合同本身构成执行公务的一种方式，那么，这种合同应认定为行政合同[1]，这种观点构成法国行政法上识别行政合同的基本标准；

（5）法律基础说。这种观点主张以合同适用的法律的性质作为识别行政合同的标准和依据，这种观点亦为法国所采用并作为手段说（执行公务）的补充。这一理论的主要内容是：某一合同即使不直接执行公务甚至与执行公务无关，但其合同中如果含有私法以外的特殊规则（行政法规则）的话，那么，这一合同也应认定为行政合同[2]。

在我国行政法上，学者对行政合同识别标准界定分歧较大，主流的观点有二：一是主体兼目的说，二是契约标的或契约内容说。主体兼目的说主张以合同的主体及缔结合同的目的作为识别行政合同的主要标准，认为行政合同是行政主体之间或行政主体与相对人之间基于行政目的而在意思表示一致的基础上达成的协议[3]，主体兼目的说对于认识行政合同的性质和特征具有一定的作用，但是，如果作为认识行政合同的标准和依据在我国尚存在诸多问题：第一，主体的不同仅仅是行政合同与民事合同在形式上的区分，况且这种区分是相对的，因为行政主体除了可以参与行政合同的订立和履行外，它还可以以民事主体的身份参与民事合同的订立和履行，反之，两个非行政主体的组织和个人之间在一定条件下也可以签订行政性质的合同，因此，主体不能作为行政合同的识别标准和区分两种合同的依据，而只能作为行政合同的一般

〔1〕 王名扬. 法国行政法. 北京：中国政法大学出版社，1988. 180－181.

〔2〕 同上. 180－181.

〔3〕 应松年. 行政法学教程. 北京：中国政法大学出版社，1988. 王清云. 行政法律行为. 北京：群众出版社，1992. 张树义. 行政合同. 北京：中国政法大学出版社，1994.

特征；第二，合同目的（无论是实现行政管理的目标、执行公务的目的还是基于社会公共利益的目的）在具体到每个个体合同时，有些合同的目的比较明确，而有些合同的目的并不十分明了，实际判断非常困难；第三，主体兼目的说作为理论上划分行政合同与民事合同的一种标准是可以的，但具体到现实情况（行政合同的实践刚刚起步，行政合同的立法不健全，司法上没有处理行政合同争议的依据和经验），它在实践中缺少可操作性，抽象的合同目的只有与具体的合同内容结合起来才具有实际的意义。上述分析说明，以主体兼目的说作为识别行政合同的基本标准及划分行政合同与民事合同的依据在实际操作中会有相当的难度。

契约标的或契约内容说主张以契约的内容即合同法律关系的性质作为识别行政合同的标准，"行政契约中当事人之间形成的法律关系就是行政法上的权利义务关系，……正是由于行政契约是以形成行政法上权利义务关系为主要内容的，而与规定民事法律关系的民事契约有着根本的区别，我们才将此类契约纳入行政法范畴，而冠之以'行政'契约"，因此，"在实务中，特别是审判上对行政契约的判断，也就是行政契约与民事契约的界分，应当更加细化契约标的标准，特别是深入到契约内容，对契约中权利义务的特点作更加详细的分析，而不是转向其他已被证明不甚清楚的标准"〔1〕。与主体兼目的说相比，契约标的说有相当的可操作性，但是，行政合同的具体内容非常复杂，而且有时其性质难以认定。譬如，在土地使用权出让合同中，作为土地所有人的政府向相对一方出让土地使用权、收取土地出让金以及相对一方当事人向政府一方支付土地出让金、取得土地使用权的权利与义务其性质与一般商品买卖合同当事人的权利义务的法律性质难以界分，因此，我们主张在我国，应当以合同的法律依据及合同内容为主要标准、同

〔1〕　余凌云. 行政契约论. 北京：中国人民大学出版社，2000. 40－44.

时辅之以合同目的作为区分行政合同与民事合同的标准。具体来说,(1) 首先看合同的法律适用,即看这一合同是依据行政法还是民法签订的。一个合同如果是直接依据行政法签订的,那么,这样的合同一般来说属于行政合同,如税务机关根据《税收征收管理法》的规定就税收的代扣代缴与扣缴义务人签订的代扣代缴协议就可以直接判断为行政合同;当然,也有依据为行政法但签订的合同却属于民事合同的例外情形。譬如,房屋拆迁中拆迁人与被拆迁人依据《城市房屋拆迁管理条例》的规定签订的房屋拆迁补偿安置协议在我国实践中即被视为一种民事协议〔1〕。还有些合同虽然是依据行政法签订的,但其法律性质存有争议,如土地使用权出让合同虽然是依据土地管理法签订的,但其性质却存有争议,因此,合同的法律依据仅仅是判断合同性质和标准之一,不能作为唯一的依据,要准确认定合同的性质还要看合同的内容。(2) 合同的内容。合同内容即当事人在合同中的权利与义务,由于合同的内容包括了双方当事人的权利与义务,而作为与行政主体相对应的另一方当事人,其权利义务既可能是行政法上的,也可能是民法上的,因此,作为判断合同性质的依据,主要应看合同中行政主体方的权利义务的内容和性质,如果行政主体方的权利与义务越出了民事权利与义务的范畴,那么,该合同应为行政合同。譬如,我们第一章例三所举的关于改变收费性质的合同,虽然合同没有明确所依据的法律,但是,关于收费的性质、收费的标准以及城市建设费的代征代缴等事项和内容都已经越出了民事权利义务的范畴,这样的合同应为行政合同。当然实践中还有一些政府合同中同时含有行政法及民法的内容,这样的合同我们称之为"混合合同",这样的合同在履行中若发生争议,应视是什么性质的权利义

〔1〕 参见最高人民法院法复[1996]12号"关于受理房屋拆迁、补偿、安置等案件问题的批复".

务关系引起的争议，如果是民事性质的权利义务关系引起的争议，则作为民事争议处理，若是因行政法性质的权利义务引发的争议，则作为行政法争议处理。譬如，我们第一章所列例一第一份协议"关于安博集团与河北省共同创建安博微电子及软件出口基地的协议"，这份协议就是一份兼具有民事权利义务与行政权利义务的混合合同。(3) 合同目的。如果以合同的法律依据及合同内容仍无法对合同的性质作出准确的界定或者合同约定的内容过于中性，不容易区分其为公法或私法性质时，可以辅之以合同的目的作为判断合同性质的标准。

3. 行政合同与民事合同的主要区别

上述讨论了行政合同的识别标准，这些识别标准（行政合同目的、合同的法律适用以及合同的内容）同时也构成了行政合同与民事合同的重要区别，除此之外，行政合同与民事合同的区别还表现在下列两方面：

一是行政合同中双方当事人的意思自治受到一定程度的限制。在民事合同中，当事人意思表示一致合同即告成立，只要当事人的意思表示不违反国家的意志（即法律）即可；而在行政合同中，当事人特别是行政主体的意思自治受到相当程度的限制，行政主体的订约自由受到行政法上依法行政原则的支配和限制，行政主体并不享有订立行政合同的完全自由，它表现为并非所有行政法上的事务行政主体都可以订立行政合同，对相对人违法行为的处罚就不能以合同的形式完成，在可以订立行政合同的领域行政主体的意思表示应当受到行政法的限制和约束，行政主体不能以合同的形式随意处分或放弃行政权力。譬如，以合同的形式放弃征税权的行使。

二是行政合同中行政主体享有一定程度的特权。尽管我国的行政合同中行政主体是否应享有一定的特权以及享有哪些特权目前立法上并不明确，但是理论界普遍认为，基于公共利益的需要，行政主体在订立及履行行政合同中应当享有一定的特权。譬如，对相对人履行合同的监督指挥权、对违约相对人的制裁权，基于公共利益的需要单方面变更、终止合同的权力，等等。但在民事合同中，合同双方当事人的权利与义务基本上是对等的，任何一方都不享有超出对方当事人的特权。

(五) 行政合同与行政服务承诺

行政服务承诺是近年来行政机关广泛推行的一种新型的行政方式，它是指行政机关将行政服务的内容、标准、程序和责任等公之于众，向公众作出信守性许诺，并接受公众的监督，以实现提高服务水平、有效满足公众需求为目的的一种行政行为。行政服务承诺的对象一般是不特定的相对人，凡是有可能接受该行政服务的相对人都属于行政服务承诺的对象，因此，行政服务承诺行为是一种特殊的抽象行政行为。由于行政合同中的承诺是行政合同成立的基本要件，因而，行政服务承诺与行政合同的关系需要稍加说明。

例一，《镇江市公安局行政服务承诺书》

为深入贯彻市委、市政府《关于进一步提高行政效能、优化投资环境的十项规定》，坚持"立警为公、执法为民"，全力服务镇江社会经济发展，把"人民公安为人民"的要求落到实处，结合我局实际，对全社会公开承诺如下：

一、进一步改进行政服务工作

(一) 压缩审批时限

我局对15个行政许可(审批、服务)项目的审批时限进行压缩，共压缩80个工作日，分别是：

1. 特种行业许可，由10个工作日压缩为7个工作日；

2. 大型文体、庆典展销活动许可，由15个工作日压缩为7个工作日；

3. 民用爆炸物品储存、购买、运输、使用许可，由15个工作日压缩为7个工作日；

4. 互联网上网服务网络安全许可，由15个工作日压缩为7个工作日；

5. 金融系统安全防护设施，由15个工作日压缩为7个工作日；

6. 建筑设计防火审核、验收，由10个工作日压缩为7个工作日；

7. 建筑工程消防设计审核（一般工程），由10个工作日压缩为7个工作日；

8. 建筑工程消防设计审核（国家、省级重点工程），由20个工作日压缩为15个工作日；

9. 建筑工程消防设计审核（需要组织专家论证的消防设计工程）由30个工作日压缩为20个工作日；

10. 建筑内部装修防火审核，由10个工作日压缩为7个工作日；

11. 建筑工程消防验收，由17个工作日压缩为10个工作日；

12. 建筑内部装修消防验收，由17个工作日压缩为10个工作日；

13. 公民因私出境办理护照，由15个工作日压缩为10个工作日；

14. 内地公民因私前往或往来港澳办理通行证，由15个工作日压缩为10个工作日；

15. 大陆居民因私前往台湾办理通行证，由15个工作日压缩为10个工作日。

（二）规范收费行为

取消4项收费：边境通行证收费、民用爆炸物品管理收费、持枪证工本费、警报器使用证许可工本费。

（三）规范年检行为

非法律、行政法规规定的年检、年审一律予以取消;对国家法律、法规规定的年检按政府的要求规范操作。

(四)规范中介服务行为

对审批过程中涉及到的中介组织加强管理,不强制申请人接受没有法定依据的中介机构,依法需提供中介服务的,一律由企业自主选择中介组织。

二、进一步优化服务措施

(一)积极推进"两集中两到位"工作。我局成立行政服务处,集中行使全局行政许可、服务职能,并整建制进市行政服务中心对外服务;市政府明确进中心的项目除出入境许可需经上级公安部门同意外,全部进中心窗口运作;除必须由分管局长审批的事项外,全部授权行政服务处处长在窗口审批。

(二)认真落实政务公开工作。本局已对所有行政许可项目、非许可的审批、服务项目的办理流程、承诺时限、申报材料、收费依据、收费标准进行了认真的清理,并将在市政府网站、公安局网站、市行政服务中心网站上公开,供办事人查阅,并接受社会监督。

(三)全力保护各类经济主体的合法权益。重点解决危害企业的盗窃、哄抢和违法收购、流氓恶势力骚扰等问题。对绑架、非法拘禁、敲诈勒索、报复企业负责人以及企业受到黑恶势力侵害的案件,优先侦办。对侵害企业的各类犯罪活动,不论企业规模大小,都要坚持做到快侦快破,千方百计挽回经济损失。凡追回的赃款赃物及时退还,有条件的上门发还。严禁插手企业的经济纠纷,及时查处由公安机关管辖的经济犯罪案件。切实转变对公共场所、特种行业的治安管理方式。除查缉在逃人员和查处现行违法犯罪活动外,民警不得擅自对场所行业实施突击治安检查。因工作需要确需检查时,须出示证件,并注意检查方法,不得干扰被检查单位的正常经营和顾客的正常娱乐休闲活动。

(四)改进道路交通管理方法。道路交通管理坚持教育为主、处罚为辅的原则。对外来投资者以及旅游、观光、考察人员提供热情帮助，对外地驾驶员发生的一般交通违法，以教育为主，不扣证、不扣车。对不涉及人员伤亡、损失不大的交通事故，当事人无异议的，由执勤民警现场调处、现场结案。

（五）对外来务工人员实行市民化、亲情化管理服务。在日常管理和窗口服务中严禁刁难、歧视外来务工人员，严禁使用一切歧视性称呼，一律使用“流动人口”、“暂住人口”等规范用语。主动深入外来务工人员群体。

（六）进一步提升服务质量。对公民的报案、控告、举报，要将受案结果反馈给报案人、控告人或被害人。案件侦破后，要将破案结果、犯罪嫌疑人及追赃等情况反馈给报案人、控告人、举报人。对各类报警求助，实行首接负责制、限时办理制，杜绝“冷硬横推拖”现象。落实急事急办制度。所有窗口单位都要公布非工作时间办理紧急事项的联系方法，改进管理方式，提供满意服务。遇有企业、群众需办理紧急事项时，要随叫随到、及时办理。坚持违诺追究制，对因违诺被群众举报查实或被明查暗访发现的民警，坚决追究责任。

三、进一步强化监督投诉

为了切实加强公安行政审批、服务工作的组织领导和行政服务承诺情况的监督管理，市局成立由市局党委书记、局长夏新平任组长，党委副书记、副局长高晓光任副组长，其他党委委员为成员的优化行政服务环境领导小组，领导小组下设办公室，办公室设在局纪委监察室，副局长张卫东兼任办公室主任。同时，明确各级公安机关110报警服务台以及纪检、监察、督察等部门负责受理行政服务承诺执行情况的投诉举报。对违反行政服务承诺的部门和民警，予以通报批评，情节严重的给予党纪政纪处分，直至辞退。

监督、投诉受理电话：0511－5022118、5316222。

接待部门：纪委、监察室，市政路24号（市公安局大院内）

网上投诉：登录：http://www.zjga.gov.cn/

以上承诺自公布之日起实施。

2005年10月19日

首先，在行为性质方面，行政合同中的承诺与要约一起构成行政合同订立的基本形式，也是合同成立的基本要件，但它本身并不构成一个独立的法律行为；行政服务承诺虽名为承诺，但它并不以相对人的要约为前提，而是对自己履行工作职责的一种承诺，是一种独立的行政行为。

其次，在承诺的对象方面，行政合同中的承诺是对特定的要约人所作的承诺，是受要约人同意要约人要约的意思表示，其承诺的对象是特定的，它既可能是行政主体，也可能是相对人。而行政服务承诺面对的是一般的社会公众，其对象是不特定的，凡是有可能接受承诺主体行政服务的相对人，都是该服务承诺的对象。

再次，在承诺的内容方面，行政合同承诺是对要约所规定条件的同意，承诺的内容是要约人的要约，承诺的内容只有与要约的内容一致，行政合同才能成立。而行政服务承诺中承诺的内容是对如何履行好自己的工作职责的承诺，这种承诺只与本行政机关的工作职责有关，与要约无关。

最后，在承诺的法律效力方面，行政合同中承诺的法律效力是一经承诺行政合同即告成立，承诺人违反承诺即构成违约，应当承担违约责任。而行政服务承诺中行政机关一经承诺虽然也具有约束行政机关的效力，行政机关违背承诺规定的，承担的主要是违法侵权责任。

二、行政合同的适用

（一）行政合同的适用条件

在行政法上，任何行政行为的适用都具有一定的条件限制，行政合同也是如此。在行政法上，行政主体使用行政合同也必须具备相应的条件。这些条件大致应包括下列方面：

1. 职权条件。合同所涉及的事务必须在该行政主体的法定职权范围内，行政法上的合同自由不得违反职权法定原则。这包含两层含义：一是行政主体对合同所涉事务必须具有行政管理职权；二是合同涉及的权利义务必须在行政主体法定的职权范围内，行政主体不能超越法定的职权与相对人签订行政合同。行政主体无权限签订的行政合同及超越职权范围签订的行政合同应为无效合同(因违法导致无效)。

2. 自由裁量的条件。当行政法上明确某一领域的事务以行政合同的方式为之或可以以行政合同的方式为之时，行政合同的使用自无问题，当法律没有明确行政主体可以使用行政合同方式时，行政主体订立行政合同应受制于自由裁量权，只有在当法律对行政主体行政权行使方式未作限制且该事务可以以合同方式处理的情形下行政主体才可以选择以合同方式为之。在凡建立起行政合同制度的国家和地区，都明确规定公法上的法律关系，依照其性质或者法律规定不得以行政合同为之的，行政主体不得缔结行政合同或以行政合同替代其他行政行为。

3. 合意条件。合同的成立应以双方当事人的意思表示一致为条件，行政合同也不例外。在是否缔结行政合同方面虽然在多数情形下行政主体具有主动权或决定权，但是，行政机关缔结合同的要约必须得到相对人的承诺合同才能成立，而且相对人的承诺必须是其真实的意思表示，行政主体不得使用非法手段在相对人违背自己真实意思表示的情形下对其要约作出承诺。

（二）行政合同的适用领域

行政合同的适用领域比较广泛，不仅适用于给付行政，即便是干预行政也有其存在的空间。

1. 经济行政事务的管理领域。虽然并非所有的经济行政事务都可以借助行政合同去完成，但是，实践中确有不少经济行政事务借助行政合同会完成得更快更好，因此，在经济行政事务的管理领域行政合同的适用是较为通常的情形。

2. 行政事务的委托执行领域。在行政管理活动中，行政主体囿于人力、物力或技术力量等方面的限制，经常需要将自己管辖范围内的事务委托给非行政主体的其他组织去实施，由于受托人本不负有必须履行受委托事务的义务，因此，行政主体通常不能以行政命令或行政强制的方式实施委托，而只能以与受托人协商的方式将某一方面的行政事务委托给受托人。这样，行政委托合同便成为行政主体委托行政的主要手段。比如，委托检测合同、委托检验合同、委托鉴定合同、委托拆迁合同、委托评估合同、委托拍卖合同，等等。

3. 公共工程建设管理领域。为了国家建设的需要，许多公共工程建设直接影响行政相对人的切身利益，如土地征收、房屋拆迁、移民安置，等等。政府单纯使用行政命令或行政强制的方式难以解决实践中出现的面广量大的复杂问题，而行政合同以与相对人协商的方式，在取得相对人的理解、配合与支持下，并给予相对人以适当的补偿，可以使复杂的问题简单化，有利于公共工程建设的顺利完成。

4. 以公益为目的的政府资助、给付、帮助、救济、奖励领域。福利国家的出现，使行政合同有了广阔的发展空间，政府为了公益的目的常常以资助、给付、帮助、救济、奖励等方式实现行政管理。行政合同以其独特的方式，将行政主体与相对人之间的权利、义务与责任明确规定下来，既有利于行政目的的实现，也受到相对人的欢迎。比如，对于国家需要重点攻克的科技项目，政府可以采用与有关的科研单位签订科研资助、奖励、研发合同的形式去完成；对于国家需要重点扶持的领域、行业，政府可以通过政府担保的形式给予资助；对于下岗失业人员、老弱病残等社会弱势群体，政府可以通过合同的方式去实现给付、帮助、救济。因此，政府资助合同、政府奖励合同、政府担保合同、下岗失业人员的培训与就业合同、行政给付合同等都是政府基于公益目的所订立和实施的行政合同。

5. 国有资源管理与环境保护领域。在我国,城市的土地、森林、草原、矿藏、水流、滩涂等自然资源属于国家所有,国家对自然资源的开发、使用实行审批和许可制度。在国家许可开发、使用的范围内,为了保证自然资源的合理开发,避免国家资源的浪费以及因野蛮开发所导致的生态破坏和环境污染,国家资源、环境保护管理部门应当加强对资源开发利用的管理和保护。由于行政合同能够将双方当事人特别是相对人的权利、义务和责任明确于其中,从而使得相对人在合同履行前就能够明确自己在开发、使用自然资源的过程中所承担的义务及其违反合同的法律责任,对于有效防止自然资源的浪费、不合理的开发利用以及环境污染具有重要意义,而且也使行政机关的管理、监督更加明确、具体、主动。因此,行政合同在资源管理及环境保护中同样具有广阔的发展前景。

6. 国有资产产权管理领域。目前,我国的经济体制正处在从计划经济向市场经济的转变时期。为了提高国有资产的配置及使用效率,国家对国有资产的管理和经营体制进行了一系列的改革。随着国有资产产权制度改革的逐步深化,国有资产所有权与经营权的分离已成趋势。今后,国有资产行政管理部门作为政府的一个职能部门,其职能应仅限于国有资产的产权管理(行政管理),而国有资产的经营管理则应由一批从事国有资产所有权经营管理、并在政府行政部门与企业之间起联结作用的"中介"性国有资产经营管理组织(如国有投资公司)进行。国有资产行政管理部门与国有资产经营管理组织基于国有资产的产权监管发生管理与被管理的关系。由于国有资产产权管理的特殊性,为了优化国有资产的产权管理,保证国有资产的保值、增值,充分调动国有资产经营管理机构的积极性,对国有资产的产权管理可以以行政合同的方式进行,即以行政合同的方式明确国有资产产权管理主体与国有资产经营管理主体之间的权利义务关系,避免行政主体对国有资产经营管理的直接干预,从而保证国有资产经营管理主体充分行使对国有资产的经营管理权。因此,国有资产授权经营合同、国有资产授权出让合同、国有资产授权租赁合同等将是未来这一领域广泛使用的国有资产产权管理方式。

7. 社会公共资源的有偿使用领域。除了上面提到的国有自然资源、国有资产外,还有一些属于公众所有、但却经常由少数人使用的资源,如城市的公共空间、公共交通线路、无线电频道、空中飞行航线等等,这些资源系社会公共资源。由于社会公共资源属于全体公众所有,因此,当少数人使用这些公共资源时,必须得到资源管理人的许可,而且应当付费,用于改善和提高公共资源的品质。这种许可和收费通常是由政府代表公众去实施的,政府特许经营合同成为这一领域的主要管理手段。

8. 公用事业经营管理领域。在我国,城市的供水、供电、供气、供热、环境卫生、垃圾处理等公用事业的经营管理体制正在进行全面的改革,而改革的基本方向就是改变长期以来由政府直接进行经营和管理公用事业的做法,实行经营权与管理权的分离,将经营权授予非政府的企业或个人,政府仅对经营单位或个人的经营状况进行管理和监督。行政合同成为推进这一领域改革的一个重要的方式和手段,城市的供水、供气、供热、环境卫生、垃圾处理等方面的特许经营协议成为政府普遍采用的公用事业经营管理方式。

9. 国家定购产品的执行领域。为了稳定社会经济及人民的生产、生活,国家对一些与人民生产、生活和国民经济的发展密切相关的产品特别是粮食等农产品实行国家定购制度。在长期的计划经济体制下,行政机关习惯于运用行政计划、行政强制等手段对上述产品实行强制征收,并辅之以行政处罚等手段予以保障。随着市场经济体制的建立和发展，传统体制下的强制征收手段已经落伍，而运用合同的形式对与人民生产、生活密切相关或对国民经济的发展具有基础作用的产品实行国家定购的制度，可以有效地弥补传统体制下强制征收制度的缺陷与不足，于是，行政定购合同便得以广泛应用。行政定购，也称行政征购，实际上是在行政主体与相对人之间形成的一种特殊的买卖关系。由于行政征购中的一方当事人为行政主体，且又是为了完成一定的行政目的，因而，这种征购合同有别于普通的买卖合同而属于行政合同的范畴。政府定购合同现已广泛应用于农产品的定购活动中，如粮食定购合同、棉花收购合同等。

10. 其他社会事务的管理领域。除上述行政事务外，在一般的社会事务管理领域，行政合同也得到了推广和运用，如计划生育管理中广泛使用的计划生育合同、治安管理中的治安承包责任书等都是政府在一般社会事务管理领域广泛使用的行政管理方式。

三、行政合同的种类

（一）行政合同的种类

由于行政合同的使用范围非常广泛，而且各个国家（地区）行政合同使用的情形亦不完全相同，因而，关于行政合同的分类，虽然立法上有所规定，但大多没有穷尽。

在德国及我国台湾地区，行政程序法上明确规定的行政合同主要有两类：一类是和解合同，一类是双务合同（交换合同）。德国《行政程序法》第 55 条规定，“官署依合义务性之裁量认为成立和解，以消除在合理之评价时存在之事实或法律状态之不确定性，符合目的之要求时，得经由相互之让步（和解），而订立第 54 条第 2 句所称之公法契约，以解决之”；第 56 条规定，“（1）如契约中约定，为一定目的而为对待给付，且能有助于官署遂行其公务时，得缔结第 54 条第 2 句所称之公法契约，而使契约相对人对官署负对待给付之义务。对待给付依全部情况应相当，且应与官署之契约上义务有实质上关系存在。（2）如对官署之给付有请求权时，则约定以此为对待给付者，仅限于作成行政处分时，依第 36 条得将其作为附款之内容者，始得订立之。”我国台湾地区“行政程序法”的规定与德国行政程序法的规定基本相同，第 136 条规定，“行政机关对于行政处分所依据之事实或法律关系，经依职权调查仍不能确定者，为有效达成行政目的，并解决争执，得与人民和解，缔结行政契约，以代替行政处分”；第 137 条规定，“行政机关与人民缔结行政契约，互负给付义务者，应符合下列各款之规定：契约中应约定人民给付之特定用途；人民之给付有助于行政机关执行其职务；人民之给付与行政机关之给付应相当，并具有正当合理之关系。行政处分之作成，行政机关无裁量权时，代替该行政处分之行政契约所约定之人民给付，以依第 93 条第一项规定得为附款者为限。第一项契约应载明人民给付之特定用途及仅供该特定用途使用之意旨。”依德国《行政程序法》及我国台湾地区“行政程序法”的规定，和解合同是指行政机关为有效达成行政目的，解决行政争执，对于经过职权调查仍不能确定的事实或法律关系，在与相对人互让的基础上缔结的合同。这里的和解合同与当事人为了结束行政诉讼而在行政诉讼过程中签订的和解合同不同，行政诉讼中的和解合同发生在诉讼期间，是在诉讼期间原被告双方所缔结的解决行政争议的合同，而这里所指和解合同是发生在行政机关职权行使过程中，和解的事项是经过行政机关的职权调查仍不能确定的事实或法律关系，目的是为了解决行政活动中的争执。为此，有学者认为，为避免与行政诉讼中的和解合同混淆，这类合同的用语应改为“确认合同”为妥[1]。双务合同是指行政机关与相对人各负对待给付之义务为特征的合同。这类互负给付义务的合同与私

〔1〕 陈新民. 中国行政法学原理. 北京：中国政法大学出版社，2002. 181.

法上的合同形式上没有不同,其区别主要在于这类合同的给付内容具有行政法上的法律性质。

当然,依学者们的看法,上述分类只是立法上的“例示性行政合同”[1],行政合同不以此两种类型为限,只是这两种合同是实践中最常见的行政合同,故有明文规定的必要;而且,这两类行政合同仅为外部行政合同。因此,它们应是行政机关与相对人缔结的行政合同中最为常见的两类行政合同。

在我国台湾地区,有学者依据规范合同的标的是否因合同的订立而产生权利变动为标准,将行政合同区分为处置合同与负担合同。处置合同是指当一个行政合同订定后,立即产生直接的权利变动。例如,给予许可建筑、营业的合同,这类合同多半属于单务合同。负担合同是指权利义务关系并不因合同的缔结而产生变动,而有赖缔约人后续的履约行为。这类合同使双方因订立行政合同而负有给付之义务,也有请求他方履行对待给付之权利,故这类合同以双务合同为主,也是行政合同的主要类型[2]。

在葡萄牙及我国澳门地区,行政程序法上将主要的行政合同概括为下列八类:(1)公共工程承揽合同;(2)公共工程特许合同;(3)公用事业特许合同;(4)公产的开发合同;(5)公产的专用合同;(6)博彩经营特许合同;(7)继续供应合同;(8)为直接公益提供劳务的合同。

在我国大陆,学界多依不同的标准对行政合同进行理论上的分类。常见的分类包括以下方面:

1. 以合同所调整的行政关系的范围为标准,将行政合同分为内部合同(行政主体之间或行政主体与公务人员之间签订的行政合同)与外部合同(行政主体与相对人之间签订的行政合同)。

---

〔1〕 陈新民. 中国行政法学原理. 北京:中国政法大学出版社,2002. 181.

〔2〕 同上. 180.

2. 以合同的内容为标准,将合同划分为行政事务委托或公务特许合同(行政主体将某一行政事务委托给其他的行政主体或相对人所签订的合同)、行政事务共同管辖合同(两个或两个以上的行政主体,为共同管辖或联合管理某项行政事务所缔结的行政合同)、特种事务协作合同(行政主体之间或行政主体与相对人之间,为完成某种特定事务而在相互协作的基础上签订的行政合同)、转移财产所有权的合同(行政主体之间或行政主体与相对人之间以转移财产为目的所签订的行政合同)、承包租赁合同(如国有企业承包经营及租赁经营合同)以及公共事务管理合同。

3. 以实施行政合同的目的为标准,将行政合同区分为限制性行政合同(行政主体基于公共利益的目的,为限制相对人为或不为一定的行为所签订的合同)与协作性行政合同(行政主体基于公共利益的目的,鼓励相对人为一定行为所签订的合同)。

4. 根据合同适用的领域的不同,将行政合同区分为规制类行政合同与服务类行政合同。

5. 根据合同是否具有给付内容将行政合同区分为给付性行政合同与非给付性行政合同。

(二) 我国实践中几类主要的行政合同

1. 行政协作合同。行政协作合同是指两个或两个以上互不隶属的行政主体之间基于特定的行政目的所签订的协作合同。在这类合同中,合同的内容以当事人协商达成一致的意思表示为基础。合同双方当事人既不存在领导与被领导的关系,也不属于同一部门。所以,合同的内容一般不能通过行政命令、行政决定等单方面的行政行为加以调整。合同的变更、终止须经双方当事人达成协议。例如,跨地区或跨部门之间签订的道路交通管理、资源保护、环境卫生、经济技术合作、人才交流等方面的协议[1]。

2. 行政招聘合同。这类行政合同通常指国家行政机关为招收和聘用一定的工作人员而与受聘人所签订的人事招聘协议。在招聘合同中，相对人往往是不确定的，需在若干应聘者中选择、考核、录用，而发聘的行政机关须事先拟定有关条件。但是，被聘用者一经应聘，合同即对行政机关和受聘者双方都具有行政法律方面的拘束力，行政机关必须履行合同规定的内容。

3. 公务执行合同。公务执行合同是指行政机关以执行公务为目的而与相对人签订的合同。它通常也有两种情形：一是合同本身构成公务执行的一种方式，即行政主体以合同方式完成公务的执行，如为了减轻城市的污染需要对排污企业实施搬迁，为了保证排污企业的顺利搬迁而对搬迁企业给予资助而签订的合同，这种合同实际上是执行政府行政政策的一种方式；二是合同相对人直接参与公务的执行，如行政主体就相对人参与旧城改造而与相对人签订的合同。

例二，江苏省如东县小城镇（掘港镇）部分地块改造合作协议

甲方：江苏省如东县人民政府　地址：如东县掘港江海中路44号。

法定代表人：詹立风。

乙方：中国农房公司　地址：北京市西城区百万庄中里47号。

法定代表人：徐瑞。

根据国家法律、法规和江苏省人民政府相关法规、政策，为改

---

[1] 如随着工业的发展，苏州市农副产品的供应出现了短缺现象，为缓解这一现象，苏州市政府与盐城市政府签订农业合作协议，协议约定：苏州市政府每年由财政拨出一定数额的专款补贴、支持盐城市的农业生产，而盐城市政府保证每年向苏州市供应一定数量的农副产品，这些农副产品由苏州市政府指定的企业负责采购，产品价格按盐城市地方农副产品的市场价格计算.

善居民居住条件,加快城镇建设,完成江苏省如东县掘港镇及开发区小城镇改造,甲、乙双方经平等、友好协商,签订本合作协议如下:

(1) 改造地块基本情况。

地块范围为掘港镇旧城区未改造的部分地块,如四号街区、三号街区、中心市场西侧地块、如泰运河两侧地块,以甲方提供的改造计划及红线图标注的范围为准。

土地面积:计约103万平方米,具体以甲方提供的红线图标注的面积为准。

地上物状况:以甲方提供的地上物状况明细为准。

拆迁概算:计约12.5亿元,具体以实际评估为准。

(2) 合作方式。

甲方规划的改造地块,乙方出资,共同完成地块的整体改造建设。

控规条件:甲方提供相关规划和改造政策,乙方按规划实施改造。

改造计划:以甲方提供的开发建设意见书或甲、乙双方共同确定的改造方案,改造方案需明确改造周期。

(3) 甲方权利、义务。

1) 负责提供改造地块范围内拆迁工程的组织实施。

2) 提供改造地块范围内的拆迁,调查摸底概算及拆迁调查摸底的详细资料。

3) 负责提供改造地块红线图、拆迁政策资料等。

4) 甲方承诺协助乙方或者"有限公司"取得小城镇改造的政策性贷款;如果国家开发银行就该政策性贷款的发放对政府有规定的,按规定办理。

5) 根据地块开发情况,视情形减收或者免收乙方或者"有限公司"在地块开发建设过程中发生的县级行政性收费。

6）甲方负责出让地块红线以外的基础设施配套，红线范围内的基础设施配套由土地受让人负责。

7）负责协助乙方办理注册“有限公司”的手续，并承诺乙方在办理“有限公司”成立手续时除依法缴纳的费用外不另加收其他不合理费用。

8）负责办理由乙方开发的地块的土地使用权的出让手续并负责将土地使用权证办理到依法取得土地使用权的公司名下，办证相关费用由土地受让人承担。

9）提供与安置规模相适应的地块作为拆迁安置房的用地，土地使用权的取得方式采用限房价、竞地价的方式出让给乙方并保证受让方享受政府低价位商品房的优惠政策。

(4) 乙方权利、义务。

1）根据所拆迁地块的概算（含拆迁安置房资金）提供足额拆迁资金，办理拆迁许可手续，并按规定交纳拆迁管理费、公证费、服务费、评估费等，该费用计入土地成本。

2）拆迁残值归乙方所有，用于前期开发费用。

3）组织拆迁安置房（低价位商品房）的建设，在规定时间内交付被拆迁人，如延期，根据如东县拆迁实施办法的规定，由乙方承担被拆迁人延期过渡费（非因乙方的原因和过错造成延期的，乙方不承担延期过渡费）。

4）拆迁安置房的规划方案在申领拆迁许可证之前，须经甲方职能部门审核、批准。

5）为促进地块改造，乙方负责成立注册资金1亿元人民币的项目公司，暂定名：如东中农房城镇投资开发建设有限公司（以下简称“有限公司”），以工商行政管理局最终核准的名称为准，负责地块改造事宜。

6）乙方或者有限公司确保取得小城镇改造政策性贷款，并按相关规定使用该贷款。如乙方未取得或取得的政策性贷款不足部分由乙方自筹解决。

7）乙方或者有限公司在依法取得土地使用权的改造地块区域内依法享有经营管理自主权。

8）拆迁完成后地块的概念规划方案由乙方制定、甲方批准，其费用计入土地成本。

(5) 地块改造成本回收及收益分配。

甲方承诺：

1）地块拆迁完成后由如东县土地市场依法向社会公开出让，出让收益的结算与分配按规定进行。如该地块由乙方之外的第三人受让，则甲方返还乙方全部拆迁成本并另付拆迁成本的10%作为补偿。

2）如拆迁后的净地由乙方开发，甲方亦承诺在土地出让净收益中与乙方结算拆迁总成本及另加的10%的补偿。

(6) 不可抗力。

1）不可抗力是指不可预见、不可避免、不可克服的客观事件，包括但不限于：人力所不能抗拒的自然灾害，如地震、海啸、暴雨、水灾等；本协议签订后因国家法律法规、政策调整而导致本协议不能履行或者延迟履行的；施工中遇到的特殊困难或者无法解决的严重技术问题；其他原因：如战争、军事行动、罢工等。

2）如遇不可抗力，致使本框架协议不能履行或者延迟履行，双方互不承担违约责任，但受影响的一方应在不可抗力结束后通知对方并采取合理措施避免损失扩大，双方并应就损失的合理分摊进行协商。

(7) 本协议的变更、终止。

1）经双方协商一致，可以变更本协议；

2）遇不可抗力，可以变更、终止本协议；

3）已按约定履行本协议的，本协议权利义务终止；

4）一方严重违反约定，致使本协议目的无法实现，守约方提出解除合同的，双方权利义务终止；

5）出现其他法定情形的。

(8) 特别约定。

1）地块拆迁完成后，甲方依法向社会公开出让该地块土地使用权。

2）在本合作协议签订后，由甲、乙双方共同成立工作协调小组，负责地块拆迁改造各项前期工作，工作协调小组定期向双方汇报工作进展情况。工作协调小组由10人组成，其中甲方5人，乙方5人，组长由甲方委派。

(9) 其他约定

1）本协议壹式六份，甲、乙双方各持三份，自双方签字盖章之日起生效，具有同等法律效力。

2）本协议签订之日起的十五内甲方按乙方的要求提供相关的文件，各该文件作为本协议的附件。

3）甲方针对本协议的履行发布的相关规定为本协议的组成部分，但甲方的规定与本协议抵触的，以本协议的规定为准。

4）未尽事宜，由双方协商解决并另行签订补充协议。

5）有关双方合作范围扩大到其他小城镇以及市政基础设施领域的另行协商。

甲方：江苏省如东县人民政府　　　　乙方：中国农房公司

2006年11月3日

4. 行政委托合同。行政委托合同是指行政主体以合同的方式将属于自己管辖的行政事务委托给其他组织或个人行使。这类合同可以在行政机关之间签订，如委托调查合同；也可以在行政机关与相对一方之间签订，如税务机关委托出版社代为收税所签的合同。在委托合同中，受委托人只能以委托人的名义进行行政活动,其在委托权限范围内所作出的行为结果均由委托人承担[1]。

5. 特许经营合同。在我国,涉及有限自然资源的开发利用、有限公共资源的配置以及直接关系公共利益的特定行业的市场准入等事项,法律上实行特许经营制度,行政机关对符合条件的相对人作出行政许可决定后,通常会与相对人就资源的开发利用或特定领域的经营活动签订特许经营协议,以合同的形式明确特许经营权的行使以及行政机关对该特许权行使的监督,该特许经营合同属于行政合同的范畴。

6. 给付合同。抚恤金、救济金、补助金、养老金、奖励金等经费的发放是政府对社会特殊群体履行行政给付职能的重要方面,这种给付职能的履行在多数情形下可以借助合同的形式完成,这类行政给付合同构成行政合同的重要方面。

7. 科研与技术开发合同。为支持科学研究与技术开发,我国从中央到地方政府都建立了自然科学与社会科学基金,专门用于资助、扶持自然科学与社会科学项目的研究,申请人的项目申请一旦获得通过,行政机关在正式给予资助之前大多需要与申请人签订正式的科研与技术开发合同书,以合同书的形式明确项目的名称、课题组负责人及其参加人员、研究的范围、内容、期限、成果形式、研究经费的拨付、使用等,这类合同是行政合同的重要方面。

8. 行政捐赠合同。这类合同是指公民、外国人或社会组织向国家行政机关捐献财产,要求用于某种专门目的。行政机关一旦接受了捐献,便意味着在他们之间产生了行政捐赠合同关系,行政

---

[1] 例如,2000年7月6日,南通市政府就委托南通市百昌置业有限公司(下简称百昌置业)负责南通市友谊广场的工程建设前期的拆迁安置等事项与百昌置业达成如下协议:工程范围:东临濠河,西临环城东路,南至人民东路,北至北昌晏园.工程内容:前期征地拆迁安置、广场、路面建设、绿化、灯光等项目.工程总投资:概算950万元,其中前期征地拆迁安置700万元,绿化、灯光、路面等工程费用250万元.资金来源:费用由百昌置业垫资,待后与政府按实结算.

机关或其委托的组织有义务按照捐赠人的要求使用所赠的财产，而赠与人无权撤回已经赠与的财产。在这一关系中，赠与人是相对一方，受赠人一般是行政机关或受行政机关委托接受捐赠的组织。

9. 和解合同。行政法上的和解合同包括两类：一类是行政机关在执法过程中与相对人就执法过程中争执的事项通过相互妥协达成的和解协议，如某市政府通过公开拍卖方式将市中心一地块出让给一开发公司，在土地使用权出让合同签订后政府又决定改变规划，将原先用于商业开发的地块重新规划为市民广场，由于受让方的出让金已缴清，市政府经与相对方商量后受让方同意土地出让金不退还，政府以其他等值的地块与这一地块置换，双方为此就地块的置换签订了协议，这一协议就是行政执法过程中典型的和解协议；另一类是指行政机关与作为原告的行政相对人在行政诉讼中达成的解决行政争议的协议。由于我国目前行政诉讼审查行政行为范围及判决种类和方式的限制，有些行政争议纠纷无论法院采取何种形式的判决都难以有效解决，在这种情形下通过原、被告双方相互的妥协达成庭外的和解协议就成为有效解决行政诉讼争议的方式。上述这两类和解协议在广义上也都属于行政合同的范围。

10. 损失补偿与损害赔偿合同。行政机关在行使职权过程中，因合法行为而给相对人造成了人身或财产损失时，应当给予受害人以经济补偿，这种经济补偿大多根据损失的情形由行政机关与受害人约定补偿的范围、标准、方式等，这种损失补偿合同构成行政合同。此外，行政机关因违法行使职权侵犯相对人的合法权益造成损害的，应当依法承担赔偿责任。《国家赔偿法》第 9 条规定，“赔偿义务机关对依法确认有本法第 3 条、第 4 条规定的情形之一的，应当给予赔偿。赔偿请求人要求赔偿应当先向赔偿义务机关提出，也可以在申请行政复议或提起行政诉讼时一并提出”，根据这一规定,行政机关对于已经确认的违法侵权行为应当依法承担赔偿责任,赔偿请求人要求赔偿的,应当先向赔偿义务机关提出,赔偿义务机关对于赔偿请求人的赔偿请求可以作出是否赔偿的决定,也可以经与赔偿请求人协商达成赔偿协议,这种行政赔偿协议也是一种行政合同。

四、行政合同的内容与形式

(一) 行政合同的内容

行政合同与民事合同类似,合同的内容应包括合同的主体、标的、价款、合同履行期限、履行地点和方式以及违约责任、争议解决方法等。

1. 行政合同的主体。行政合同的主体即订立和履行行政合同的当事人,行政合同与民事合同的不同在于行政合同的当事人中至少有一方是行政主体或行政主体授权或委托的公民、法人或其他组织。此外,作为行政合同的主体,必须具有签订及履行行政合同的能力(缔约能力)。对于行政主体来说,其缔约能力体现为该行政主体必须具有签订该行政合同的权力以及该合同所涉事务必须在其职权范围内,行政主体无权限签订的行政合同及超越其权限范围签订的行政合同都是无效的行政合同;对于相对人来说,除具有民事权利能力和民事行为能力外,当行政法上为合同相对人规定了特殊的资格和条件的,相对人还必须具备行政法规定的特殊资格和条件。

2. 行政合同的标的。行政合同的标的指合同权利义务所指向的对象,它是行政合同的主要条款,行政合同的标的通常是某一方面的行政事务或因某一行政事务产生的法律事实,包括物或行为等。

3. 质量和数量。当合同标的涉及质量要求或数量要求的,应当明确质量和数量条件。

4. 合同的价款。行政合同一般都有价款的规定，行政主体要求相对人履行义务不是无偿的，要么给予相应的补偿，要么给予相应的对价，如行政委托合同中一般都规定受托人完成了委托事务后的报酬，因此，合同价款也是行政合同中非常重要的条款，是行政合同区别于行政命令的重要方面。

5. 合同的履行期限。一般来说，行政合同的履行受到严格的期限限制，这不仅直接关系到行政的效率，也关系到违约责任的承担，因此履行期限是行政合同的重要内容。

6. 合同履行的地点和方式。对于标的物为不动产的行政合同，其履行地点一般为不动产所在地；标的物为动产或行为的，一般由合同约定履行地点。合同履行的方式直接关系到双方当事人的物质利益，也是行政合同的重要内容。

7. 违约责任。违约责任是指合同一方当事人违约所应承担的责任。对于双方当事人来说，约定违约责任，不仅可以督促其很好地履行义务，而且有利于违约发生时问题的解决，较好地保护守约方当事人的利益。当然，在行政合同的订立及履行中，行政主体违反了合同的约定或者法律的规定时是否应当承担违约责任、应承担什么样的违约责任（譬如行政合同能否使用违约金）以及应如何追究行政主体的违约责任等都是需要立法上明确的问题。

8. 合同的变更、中止与终止。一般认为，在行政合同的履行中，当合同的继续履行会损及社会的公共利益时，行政主体基于公共利益的需要可以单方面变更、中止与终止行政合同。当然行政主体单方面变更、中止与终止行政合同的权力应当是由法律规定还是应由合同约定是一个需要立法上明确的问题。

9. 争议解决方法。争议解决方法是指合同订立、履行过程中，有关合同的内容发生争议时，通过何种程序、适用何种法律去解决这些争议。当然，对于行政合同来说，当事人能否自由选择救济的路径（行政复议、仲裁，还是司法救济）或者管辖的法院，也都是需要立法上明确的问题。

（二）行政合同中当事人双方的权利与义务

行政合同与民事合同一样，也是一种关于双方当事人权利、义务关系的协议。但与民事合同不同的是，行政合同是以行政法律关系为基础订立的，实现的是行政目标。因而，行政合同中的权利义务一方面要按照保证特定行政目的优先实现的原则来分配，这集中反映在行政主体在合同订立与履行中的特权上；另一方面，与权力性行政行为不同，在保证公共利益优先满足的情况下，还要照顾到相对人私益的保障，以维持行政合同中公益与私益两种利益的平衡。

借鉴国外行政合同理论及我国行政合同的实践，行政合同中双方当事人的权利与义务大体可以概括如下：

1. 行政主体的权利与义务。在行政合同的订立与履行中，行政主体一般享有下列权利或权力：

（1）选择合同另一方当事人的权利。行政主体在决定订立行政合同时，可以根据实际情况和特定的行政目的选择适当的合同另一方当事人。当然，行政主体这种选择合同另一方当事人的权利是有限的和相对的，当法律明确规定合同另一方当事人应当通过招标、拍卖等公平竞争的方式进行并应以竞争的结果决定合同的另一方当事人时，行政主体只能依法进行，没有自由选择的权利。

（2）要求相对方当事人本人履行义务权。行政合同的相对方当事人是经行政机关根据行政管理的需要选定的，具有对象的特定性。如果由他人代为履行行政合同义务，就可能失去订立行政合同的目的。行政合同对行政相对方的非任意性和选择性，决定了履行行政合同的相对人的稳定性。因此，行政主体有权要求相对方当事人全面履行合同的义务。

（3）对合同履行的指挥权和监督权。所谓指挥权，是指行政方当事人在合同履行过程中,有权通过发布行政命令、行政指导等方式指示其相对人按照一定的要求或意图履行合同。当然,如果这种命令或指示构成对原合同内容的实质性修改,相对人因而加重了合同义务而受到相应的损害,行政方当事人应进行补偿。所谓监督权,是指行政方当事人在合同履行过程中,有权对相对方当事人是否履行合同、履行是否适当进行监督检查。

(4) 基于公共利益需要单方面变更、中止或终止合同的权力。在行政合同的履行中,当行政合同的继续履行会损害公共利益时,行政主体有权单方面变更、中止或终止合同。

(5) 制裁权。行政主体对于违约相对人有实施行政制裁的权力,这种制裁权包括金钱制裁,即处以违约金、赔偿金或罚款,取消给予的优惠措施或追回已经发放的款项,解除合同等。

(6) 强制履行权。当相对人不履行或不适当履行行政合同规定的义务而该合同的义务又必须予以履行时,行政主体可以采取措施强制相对人履行合同义务。

在行政合同的订立及履行中,行政主体负有下列义务:

(1) 给付义务。当合同中规定了行政主体的给付义务的,行政主体应当按照合同的约定及时足额履行对相对人的给付义务。

(2) 保证兑现其应给予合同相对人的优惠或照顾的义务。在行政合同中规定的优惠或照顾条件,对于相对人履行合同义务极为重要,也是行政合同吸引相对人的有利条件。因此,一旦以合同形式确定下来,行政主体有义务保证其兑现。

(3) 给予相对人赔偿或补偿的义务。当行政主体基于公共利益的需要单方面变更、中止或终止合同而给相对人造成损失的,或者在合同履行过程中出现了当事人在合同订立时未曾预见的特殊情况而使合同的履行变得特别困难的,行政主体有义务对相对人的损失给予合理补偿;当行政主体因为违约或违法行使特权而给相对人造成损害的,行政主体负有赔偿义务。

2. 相对方当事人的权利与义务。相对人在行政合同中的权利主要有下列方面：

(1) 获得相应报酬或给付的权利。相对人完成合同所规定的义务，有权按照合同规定的方式取得相应的报酬，当合同规定了行政主体的给付义务的，行政主体负有履行给付的义务。

(2) 要求享受优惠和照顾的权利。

(3) 要求给予补偿或赔偿的权利。

相对人在合同中的义务主要体现为：

(1) 按照合同规定的条件、期限、标准全面、实际、及时履行合同的义务。

(2) 接受行政主体的指挥、监督的义务以及在违约情形下接受行政主体依法实施的制裁的义务。

(三) 行政合同的形式

行政合同应采用书面形式，这是行政合同缔结的一般原则。德国《行政程序法》第 57 条规定，“公法契约之缔结，应以书面为之，但法规另有其他方式之规定者，不在此限”，我国台湾地区“行政程序法”第 139 条亦规定，“行政契约之缔结，应以书面为之。但法规另有其他方式之规定者，依其规定”。在法国，虽然存在口头的行政合同，但口头的行政合同是比较次要的行政合同，重要的行政合同，必须采用书面合同形式。一般来说，“用招标方式缔结的合同都采取书面形式。用直接磋商方式缔结的合同，法律规定在一定金额以上时，也要采用书面形式，金额的高低随行政机关的地位和各时期的经济情况而不同”。[1] 在我国大陆，因欠缺关于行政合同的立法，因而，关于行政合同的形式目前尚不明确，但在实践中，行政机关一般采用书面形式缔结行政合同，主要有“合同”、“协议”、“备忘录”、“纪要”等名称，书面形式是我国行政合

〔1〕 王名扬. 法国行政法. 北京：中国政法大学出版社，1989. 185.

同的主要形式。

五、行政合同的法律适用

（一）适用行政法规则

行政合同作为行政行为的一种形式，必须首先适用行政法规则，包括行政实体法与行政程序法，在欠缺实体法与程序法具体规定时，适用行政法一般原则，像合法性原则、合理性原则、比例原则、诚信及信赖利益保护原则、程序公正原则等都应当适用于行政合同的订立与履行。

（二）准用民法规则

关于行政合同是否能够适用民法规则的问题，应当首先放在这样的背景下讨论：即行政法关系能否适用民法规则？学界基本上有三种观点：一是否定说。该观点从公私法划分二元对立、彼此无互通性或互补性出发，否定行政法关系可以适用民法的规定；二是肯定说。该学说承认在公法规定尚不完备时，民法规则可以被援引为处理行政法关系的依据，特别是适用民法总则的规定；三是折衷说。该观点在肯定行政法关系可以适用民法规则的同时认为，并非所有的民法规定都可以类推适用于行政法关系，能够适用于行政法关系的仅限于民法规则中一般共通之原理，而且适用民法规则不得妨碍行政法的特殊性[1]。因折衷说亦是建立在肯定说基础上的一种观点，因而，其可以归纳到肯定说之中。因此，从大的方面看，关于行政法关系能否适用民法规则的主要观点不外乎否定说与肯定说两种。由于否定说过于机械和绝对，忽视了公私法划分的相对性及行政法关系与民事法律关系之间作为法律关系所共有的特性，因而，该观点基本上没有为立法和实践所接纳，行政法关系可以适用民法规则几乎已成为理论、立法及实践的共识。

---

〔1〕 李震山. 行政法导论. 台北：三民书局，1999. 34－35.

行政法关系可以适用民法规则,这是由行政法关系所具有的法律关系的共性所决定的。行政法关系虽然与民事法律关系有着诸多的不同与差异,但这种差异是相对的,它们之间亦存在诸多共性。就同为法律关系而言,其法律关系主体具有相同或相似的资格条件,都表现为法律上的权利义务关系,其权利义务的性质具有相同或相似的性质,引起法律关系产生、变更、消灭的法律事实具有共同的属性甚至可能为同一事实,等等。这些共同的特性决定了两种法律关系在法律适用方面的共融性。由于民事法律制度远比行政法制度发达与完备,因而,在行政法制度不完备的情形下补充适用民事规则即成为行政法关系法律适用中又一基本的适用准则。具体到行政合同,一方面就同为合同而言,行政合同与民事合同存在着诸多相同或相似之处,这为适用相同的法律原则或法律规则创造了前提条件;另一方面,在行政法上关于行政合同的立法远不如民事合同的立法完备与成熟,因此,就是对行政合同有专门立法的国家和地区都有关于行政合同适用民法规则的规定。如德国《行政程序法》第 62 条规定,"第 54 条至第 61 条无特别规定者,适用本法之其他规定。民法之规定,亦补充准用之"〔1〕,根据这一规定,德国行政合同的法律适用顺序为:行政程序法中关于行政合同的特别规定,无特别规定者,适用行政程序法的其他规定,行政程序法中欠缺特别规定及一般规定的,准用民法规定。我国台湾地区"行政程序法"第 149 条亦规定,"行政契约,本法未规定者,准用民法相关之规定"。

行政合同适用民法规则必须具备哪些条件或者说行政合同在什么情形下可以适用民法规则?这一点就是在有关于行政合同立法的国家和地区亦不明确。依笔者之见,除行政法上明确禁止适用民法规则的外,原则上可以适用民法规则。但行政合同适用民

〔1〕 应松年.外国行政程序法汇编.北京:中国法制出版社,1999.145.

法规则至少应当符合下列条件:(1) 调整该行政合同的行政法规定不足。所谓行政法规定不足系指行政法对该行政合同只有原则规定,仅仅依据这些原则规定尚不足以解决该行政合同关系产生、变更、消灭中的所有问题,解决这些问题还必须依赖其他的法律规则。(2) 民法对此有相应的规则可以适用。这里的可以适用有两种情形:一是立法明确规定某一行政合同可以适用民法规则的规定;二是虽没有明确规定,但调整行政合同的行政法制度本来就源于民法规则。因而,在行政法对该制度没有特别规定的情形下可以类推适用规定该制度的民法规则。如税收征收中的纳税担保制度,我国《税收征收管理法》第 38 条仅规定税务机关认为纳税人有逃避纳税义务行为的,可以责成纳税人提供纳税担保。但对纳税担保的形式、担保人的条件或资格、担保人的担保责任等立法上都未作规定。由于公法上的担保制度源于民法上的担保制度,而民法上对担保制度的规定非常完备,因而,民法上的担保制度可以类推适用于公法上的担保合同。(3) 适用民法规则不违反行政法的基本原则。由于行政法关系的特殊性,在法律规则的适用方面不仅应当遵循适用行政法规则为原则,适用民法规则为例外的原则,而且适用民法规则不得僭越基本的行政法规则,行政法关系适用民法规则不得违反诸如法律优位原则、法律保留原则、比例原则等规范行政法关系最基本的原则。

那么,哪些民法规则可以适用于行政合同呢?这又是一个不太明确的问题。笔者认为,从总体上说,能够适用于行政合同的民法规则必须是对规范行政合同关系具有普适性的规则。因此,那些只适用于规范民事法律关系的规则是不能适用于规范行政合同关系的。那么,民法规则中哪些规则是具有普适性的规则呢?我们认为,能够适用于行政合同的民法规则主要有以下几方面:(1) 关于民法基本原则的适用。在民法的基本原则中,有些基本原则是专门用于规范民事法律关系的,这些原则不能适用于规范行政合同关系,而对于法律关系的规范具有共通性和普适性的原则可以作为法的一般原则适用于行政合同关系,这些原则包括诚实信用原则、公平合理原则、公序良俗原则,等等。(2)关于法律行为规定的适用。行政行为是与民事行为相对应的行政法上的重要范畴。作为公权力的运用和行使,行政行为在其成立、生效、法律效力等等方面都有别于民事行为,但民法上关于民事行为的规定并非完全不能适用于行政法领域,特别是在缺少统一的行政程序法典的情形下,借用或参照适用民法上关于民事行为成立、有效、无效等方面的基本规定亦非完全不可行。譬如,民法规定一方以欺诈的手段使对方在违背真实意思的情况下所为的民事行为无效,那么,在行政管理领域,如果相对人以欺诈的手段使行政主体在违背真实意见的情况下作出行政行为的,该行政行为是否有效呢?在行政法没有规定的情况下,就可以参照民法上关于民事行为无效的规定认定其为无效的行政行为。德国《行政程序法》第59条规定,"公法契约如准用民法规定之结果无效者,无效",我国台湾地区"行政程序法"第141条亦规定,"行政契约准用民法规定之结果为无效者,无效"。(3)关于合同规定的适用。由于行政合同本来就是在民事合同的基础上发展起来的一类合同,因而,它与民事合同的共性之处甚多,合同法上除专门适用于民事合同的规则外,其他具有普适性的合同法规则都可以适用于行政合同。在我国,由于行政法上对行政合同未有规定,通过立法或司法解释规定行政合同中合同法的适用对于解决当前行政合同法律适用中无法可依的状态非常必要[1]。(4)关于委托代理规定的适用。行

[1] 关于土地使用权出让合同,理论界几乎一致认为这一合同为行政合同,但由于缺乏立法上的规定,为有效处理该合同引起的争议纠纷,最高人民法院于2005年发布《关于审理涉及国有土地使用权合同纠纷案件适用法律问题的解释》(法释[2005]5号),明确土地使用权出让合同纠纷适用民法通则、合同法、土地管理法、城市房地产管理法等法律的规定.

政权虽为公权力,但其在行使中经常因为各种原因而需要委托给非行政机关的组织去行使。但我国除行政处罚法对行政处罚权的委托作了原则规定外,其他领域关于行政权的委托的行政法规定几乎处于空白状态。在行政法未有规定或规定不完整的情形下适用民法中的委托代理规则规范和处理行政委托合同是可行的。(5) 关于民事诉讼规则及民事赔偿规定的适用。与行政诉讼及国家赔偿制度相比,民事诉讼制度与民事侵权赔偿制度同样要完备得多,而诉讼程序及赔偿制度方面的共通性决定了在行政诉讼及国家赔偿制度不完备的情形下补充适用民事诉讼程序规则及民事侵权赔偿规则的可行性。为此,在单独建立起行政诉讼及国家赔偿制度的国家及地区,一般均有关于行政诉讼法未作规定的适用民事诉讼法的规定、国家赔偿法未予规定的适用民事侵权赔偿规定的规定〔1〕。在我国,由于行政诉讼法(主要是对单方行政行为的合法性审查)及国家赔偿法(其所规定的是国家的侵权赔偿责任,而包括违约责任在内的合同责任无法适用该法解决)的立法缺陷,导致行政合同一旦产生争议纠纷无法有效适用现行的行政诉讼法或国家赔偿法去解决争议。因此,适用民事诉讼规则及民事合同责任规则去处理和解决行政合同争议是必要的和可行的。

民法规则如何适用于行政合同呢？这又是一个需要明确的问题。关于民法规则如何适用于行政合同的问题,实践中大致有以下几种形式：一是直接适用民法的规定；二是补充适用；三是类推

〔1〕 如我国台湾地区"行政诉讼法"几乎在每一节都有关于准用民事诉讼法的规定.如该法第48条规定,"民事诉讼法"第59条至第61条、第63条至第67条之规定,于第44条之参照诉讼准用之"；第83条规定,"民事诉讼法"第126条、第131条、第135条、第141条、第142条、第144条、第148条、第151条及第153条之规定,于本节准用之.我国亦开始了这方面的尝试,如最高人民法院《关于执行 <中华人民共和国行政诉讼法> 若干问题的解释》第97条规定,"人民法院审理行政案件,除依照行政诉讼法和本解释外,可以参照民事诉讼的有关规定".

适用民法的规定；四是将民法规则作为法的一般原则（而非民法的原则）适用。如法国的公共工程承包合同是行政合同，受公法支配，不适用民法上关于工程承包的规定。“但由于公共工程承包合同和民法上的工程承包合同内容相同，行政法院有时援用民法上的规定。民法上的规定不是作为民法规则直接适用，而是作为法的一般原则适用〔1〕”；五是“借用”或“参照适用”。“借用”或“参照适用”意指在未有其他法律另作规定之前参照或比照民法的相关规定适用，其含有临时适用之意；六是对民法规则加以改造，将其转换成为行政法上的基本原则和制度。现行行政法上的不少原则和制度如诚信及信赖利益保护原则、公平原则、行政担保制度等都是源于民法，经过行政法的改造之后，成为行政法上的重要原则和制度〔2〕。严格意义上说，上述第六种情形已经不是在适用民法规则而是适用行政法规则，只不过这些行政法规则渊源于民法规则而已。在理论上，有学者认为，“民法之发展比行政法较早，理论亦较之完备，行政法在发展过程中，借用民法理论解决处理行政法关系，实可以理解，但基于建立行政法之自主体系，于适用民法之规定时，应有所节制，若能考虑行政法之特性，而将民法理论转换为行政法理论最为理想”〔3〕。在我国，民法规则如何适用于行政合同在理论及立法上均不明确，当立法上直接规定某一行政合同适用民法规则的相关规定时，这种直接适用当毫无疑问。但当行政法对某一行政合同的规定不足但又没有对民法规则的适用作出明确规定时民法规则应如何适用于该行政合同则不无问题。笔者认为，可以将适用于行政合同的民法规则分为两种情形：一是原则性规则，即民法总则规定的基本原则；二是制度性规

〔1〕 王名扬. 法国行政法. 北京：中国政法大学出版社，1989. 409.
〔2〕 同上. 306.
〔3〕 李震山. 行政法导论. 台北：三民书局，1999. 35.

则。对于原则性规则，除专门调整民事法律关系、按性质不能适用于行政合同的原则外，凡具有普适性的原则如诚信原则、公平原则、公序良俗原则等可以直接作为法的基本原则（即这些原则虽然规定在民法之中，但按其性质并不是民法特有的原则，而是法的一般原则）适用于行政合同，对于制度性规则，在行政法上没有明确规定适用的情形下只能类推或比照适用于行政合同，类推或比照适用民法规则的行政合同应当在内容及形式上类似于其所规范的民事法律关系。至于行政法上对民法规则的改造，笔者认为，这不是法的适用问题，而是一个立法问题。

六、关于行政合同的法律化与制度化

如前所述，目前我国的行政合同在行政法上之所以欠缺应有的法律地位关键在于立法的缺位。因此，建立我国行政合同制度的当务之急是完善关于行政合同的立法。"行政契约明文化的目的是希望使得其概念、类型、法律效果、无效原因、强制执行等各类环节规定都能清楚明白，进而并能使行政契约与私法契约在本质上的不同点可以呈现出来，以正当化其立法理由"〔1〕。在立法上，值我国正在酝酿行政程序立法之际，可以参照德国等大陆法系国家的做法，在《行政程序法》中单列一章专门规定行政合同〔2〕。

有关行政合同的立法应当涵盖下列内容：

1. 行政合同的含义。明确行政合同是行政主体之间以及行政主体与相对人之间基于行政管理的目的依法设立、变更、终止行政法上权利义务关系的协议。

2. 行政合同的原则。作为合同的一种，立法上应当贯彻合同

---

〔1〕 林明锵. 行政契约法论. 台大法学论丛，2006，24：(1).

〔2〕 在行政立法研究组起草的《中华人民共和国行政程序（试拟稿）》中，"行政合同"已被专门规定在第七章中.

当事人法律地位平等的原则、合意原则（对这一原则的限制或修正应由立法明文规定）、诚实信用原则等；作为行政性质的合同，立法上又应体现依法行政的原则、情事变更的原则、信赖保护原则及补偿原则等。

3. 行政合同适用的领域和范围。立法上应当明确行政合同适用及可以适用的领域和范围。

4. 行政合同的订立。首先，立法上应当明确订立行政合同的主体资格，即哪些行政主体可以订立行政合同以及相对人必须具备什么资格和条件方可以参与行政合同的订立；其次，立法上应当明确行政合同的主要内容，包括合同的当事人，合同的标的，合同履行的期限、地点及方式，合同的价款、酬金与支付，行政主体单方面变更、终止合同的条件、程序及补偿，行政主体监督合同履行的权力与限制，违约责任，合同争议的解决办法等；再次，立法上还应当明确行政合同的订立程序与行政合同的方式。

5. 行政主体在行政合同履行中的特权。行政主体在行政合同履行中的指导权、监督权，单方面变更、终止合同的权力以及对当事人违约行为的制裁权等行政主体在行政合同履行中享有的特权，应当在立法上予明确规定。

6. 行政合同的变更、终止与补偿。在行政合同的履行中，如果遇有情事重大变更，致使履行该合同对于任何一方当事人都成为不合理或不可能时，行政主体可以依变化了的客观情形变更该合同，如果合同的内容无法变更的，行政主体可以终止该合同；相对方当事人亦可以申请变更、终止该合同，如果因为该合同的变更、终止而使相对方当事人遭受损失的，行政主体应当给予相应的补偿。

7. 违约责任。行政合同的双方当事人都应当严格履行合同约定的义务。行政主体如果没有按合同的约定全面适当地履行合同义务的，相对方当事人有权要求行政主体履行义务，行政主体因违约而给对方造成损害的，应当承担相应的违约责任；另一方面，相对一方当事人违约的，也应当承担相应的违约责任。

8. 合同争议的处理。立法上应当明确规定因行政合同的订立、履行发生争议，双方不能协商解决的，当事人可以通过申请行政复议或提起行政诉讼解除争议纠纷。

第三章 行政私法合同

一、行政私法合同的含义

在本书中,我们试提出行政私法合同这一新型合同。那么究竟什么是行政私法合同?在界定行政私法合同之前,有必要首先追述和分析一下该合同产生的深刻理论背景——行政私法(行为)理论。

(一)行政私法(行为)理论是行政私法合同的理论基础

行政私法这一概念,最初源自德国行政法学界。大约在20世纪60年代,由沃尔夫(H. J. Wolff)教授首次在行政法教科书中提出。依沃氏之见,行政私法指"公行政为追求公法上任务规定所赋予之公行政目的(给付目的或引导目的)而成立私法上法律关系,其于形式或内容上,并非以往之'国库活动',故适用特别之行政私法理论。此一领域之特色,为行政主体于其所从事之法律行为并非完全享受私法自治,而受有若干公法上之限制或拘束。"[1]此后,平特纳教授也把以私法作为手段的行政称为行政私法,认为在行政主体选择这一法律形式时,行政即处于普通的地位,置于与公民同样的法律秩序之下,放弃其特殊的国家性质的优先权。没有例外的其他规定时,行政只能按照私法规定的那样进行选择,行政应该选择同样"屈从于"一般的私法秩序之下,并同任何私人一样地遵从形式上的规定和监督性规定,及同普通公民

〔1〕 转引自台湾行政法学会主编.行政法争议问题研究(上).台北:五南图书出版有限公司,2000.230.

一样的方式到法院起诉[1]。此观点已基本上为德国学界所肯认,在审判实务得到承认并日臻成熟。

受德国学界的影响,日本学者也接受了行政私法这一理论。成田赖明认为,行政私法行为即系除以私法上形式所为之行政辅助性质活动及营利性活动之外,就公行政利用私法上的形式以直接追求行政法上目的所加以公法上限制或拘束之法律关系总称[2]。

在我国台湾地区,学界大多承袭德国行政法学界的观点,依行政私法理论,一般把行政分为高权行政(公权力行政)和“国库”行政(私经济行政),而后者原则上又分为行政辅助行为、行政营利行为、行政私法行为三种[3]。行政辅助行为,是行政机关以私法方式获致日常行政活动所需之物资或人力,并非直接达成行政目的,而系以间接方式辅助行政目的之完成,如购买办公设备等;行政营利行为,系指以私法方式达成行政任务之行为,其主要目的在于增进“国库”收入,有时并肩负执行“国家”政策(如平抑物价、供应民生物资等)之任务,如烟草专卖等;行政私法行为,系以私法方式达成行政任务之行为,其主要、直接之目的系为达成行政任务,但以私法方式予以完成,如有关水电、瓦斯、电话设备之提供或提供低息贷款等。

在我国大陆地区,除少数学者对行政私法理论给予关注之外,这种理论基本上未被重视,只有王克稳教授在《经济行政法基本论》中对此理论作了初步的探讨并以它为指导分析了这类行为涉

〔1〕［德］G·平特纳著. 德国普通行政法. 朱林译. 北京:中国政法大学出版社,1999. 92－93.

〔2〕转引自台湾行政法学会主编. 行政法争议问题研究(上). 台北:五南图书出版有限公司,2000. 231.

〔3〕我国台湾学者对“国库行政”的具体分类虽然表达不一,但是基本上可分为行政辅助行为、行政营利行为、行政私法行为这3类.

及的有关行政法问题。作者在书中将行政主体实施的具有私法性质的行为一分为三：一是行政辅助行为；二是行政营利行为；三是行政私法行为。行政辅助行为系行政主体立于完全平等的民事主体地位从事的私法活动，为一种典型的私法行为，行政主体在从事这类民事活动时原则上有完全的缔约自由，完全适用私法的约束。而行政营利行为，可分两种：一种是行政主体单纯以营利为目的介入竞争性的领域和行业进行投资经营的行为，因其不具有公法上的其他目的，故应遵守《公司法》等私法规则的平等约束；另一种是经营公用事业、提供公用产品的行为，由于这类行为的目的不仅是营利，还有纠正市场失灵、满足公共需要的公法目的，因而也归入行政私法行为的范畴。至于行政私法行为，由于这类行为的发动系基于行政法上的目的和需要，它的实质是借助私法的手段完成行政法上的目的和任务。因此，它们应遵守依法行政的基本原则，遵循行政法的规定；但另一方面，作为一种私法行为，行政主体的这类行为又不能完全超越私法规则而直接适用公法规则，它们应当接受私法的规范，接受私法规则的约束。由于这类行为同时带有公法行为和私法行为的双重特征，所以称之为行政私法行为[1]。

以私法方式实现行政目的和任务为特征的行政私法（行为）理论对于行政私法合同的产生和发展具有重大的指导意义。其一，行政私法（行为）理论给人们以启示。行政法上的任务和目的不仅可以利用以强制性为特征的高权行政来实现，而且还可以利用以非强制性为特征的民事手段来达到同样的目标。因此，民事合同、协助、贷款、建议、劝告等私法手段不再仅为民事法律所独有，而扩展到行政法领域，这就为行政法借鉴私法合同等私法手段，形成行政私法合同这一概念提供了理论支持。其二，行政私法

〔1〕 王克稳. 经济行政法基本论. 北京：北京大学出版社，2004. 123－125.

行为理论为行政私法合同的诞生提供了直接依据。从行为属性上说,合同也是行为的一种,是双方行为。既然在学理上和实务中行政私法行为已经成立,行政私法合同这一定义也能成立。因此,行政私法合同可以说是行政私法行为的重要组成部分。

(二) 行政私法合同的含义

根据上述行政私法(行为)理论,笔者试对行政私法合同作如下界定:所谓行政私法合同,系行政机关或法律、法规授权的组织为了直接实现行政法的目的和任务,基于一般私人的地位,与公民、法人或其他组织等私人主体缔结的兼具民法上权利义务和行政法上权利义务的协议。从这一概念中可以看出,行政私法合同的主体是行政机关或法律、法规授权的组织和私人主体,内容是民法上的权利义务和行政法上的权利义务,方式是双务合同,性质是兼具行政与私法双重性质的合同。

(三) 行政私法合同的特征

我们认为,行政私法合同具有以下几个特征:

1. 法律效力性:从合同的效果看,行政私法合同是产生法律效果的合同。

在行政私法合同中,行政机关或法律、法规授权的组织与私人主体通过合意,就合同权利义务达成一致,并通过履行合同实现各自的目的,其结果是产生双方期待的法律效果。因此,此类合同对双方具有法律约束力,要对合同后果承担相应责任。尽管对行政私法合同到底是民事行为,还是行政行为,抑或是行政私法行为,不同的学者可能存在不同的认识,但不可否认的是,行政私法合同是追求法律效果的法律行为。而在这一点上,行政私法合同与行政事实行为具有重大的区别。行政事实行为一般不是基于具体的法律规范作出的,对于相对人也不具有法律约束力,而且即使在有具体规定的情况下作出的行政事实行为,相对人也有行为选择的任意性,其权利义务不必然会受到影响,该行为本身也不直接产生法律效果。

2. 主体平等性：从双方主体的地位看，行政私法合同是行政机关或法律、法规授权的组织基于一般私人地位而与私人主体缔结的合同，双方的主体地位具有平等性。

行政机关或法律、法规授权的组织作为公务的代表，在法律关系上与私人主体既有平等的一面，又有不平等的一面。而在缔结行政私法合同时，行政机关或法律、法规授权的组织不能把自己看做优越于私人主体的高高在上的"统治者"，而应把自己视为与私人主体处于对等地位的一般主体地位，遵循民事基本准则和规则，否则行政机关或法律、法规授权的组织借合同之名，行行政命令之实，则行政私法合同无生存的空间。当然，行政私法合同双方当事人地位的平等，并不否定两者身份的差别。行政机关或法律、法规授权的组织在合同中仍保持行政主体的身份，一旦发现合同的履行将危及公共利益或有碍行政目的的实现时，作为公共利益的代表者——行政机关等组织将以公权主体身份出现，及时制止、制裁相应行为，使合同朝着正确的轨道运行。

3. 方式契约性：从合同本身的角度看，行政私法合同是行政机关或法律、法规授权的组织与私人主体合意成立并按约履行的双务行为。

行政私法合同不同于行政命令、行政处罚等高权行为，后者总的来说是行政机关或法律、法规授权的组织单方面行使行政职权即可成立，具有单方行为性。而行政私法合同则不同，它是行政机关或法律、法规授权的组织基于行政目的而与私人主体自愿协商，并就合同内容达成一致才成立的合同，行政机关或法律、法规授权的组织不能把单方的意志强加于人，合同当事人双方应当按照达成的协议和必备条款签订合同。从行政私法合同的具体内容来看，它是双务合同，行政机关或法律、法规授权的组织应当按照合同约定支付价款，私法主体应当按约提供物品、服务等，不得绕过合同而自行其事。尽管行政机关或法律、法规授权的组织在合同履行中享有某种“特权”,但这种“特权”只是在合同出现特殊情况下为确保合同目的实现才不得不行使的,而在平时往往备而不用。由此也可看出,这种契约精神与特权精神的妥协,正好反映了行政私法合同的特质,但无论如何,不能否认行政私法合同契约性的一面。

4. 目的公益性:从合同实现的目的看,行政私法合同是追求公共利益,实现行政法上的目的和任务的合同。

与纯粹私法合同所要实现的个人利益不同,行政私法合同系以私法手段实现行政法上目的和任务的合同。随着现代市场经济和民主法治的发展,传统的管理行政、秩序行政逐步转向给付行政、服务行政为主的现代行政,在此转型过程中出现了行政方式多样化的趋势。行政任务和目的固然可以通过传统的权力行政方式得以实现,但具有民事性质却带有显著行政性的特殊行政方式却方兴未艾,呈蓬勃发展之势。与此相对应的是行政私法合同等新型活动方式的大量使用。此类合同虽然外观上呈现民事合同的式样,但其主要目的却是要实现公益目的(但需要注意的是私人主体在合同中仍追求私益)。

5. 权力弱化性:从行政权力的强度看,行政私法合同是具有弱权力因素的合同。

与私法合同相比,行政私法合同具有权力因素,行政机关或法律、法规授权的组织可以在特定情形下行使单方面变更、解除合同等行政优益权。但它与行政合同等公法合同又有差别,是一种弱权力性的合同,特权的行使领域十分有限,条件也更为严格苛刻。在合同中虽然权力因素犹在,但其权力已不再以支配与服从为已足,而是体现出更多的服务和合作精神,即使行政特权的行使,也要在符合规定条件、规定范围下,在关注私人切身利益的前提下,并在私人主体时时监督下谨慎地行使,而不能逾越权力的界限。

二、行政私法合同的性质

(一) 合同本身并不具有公法、私法的性质

在传统的法律观念中,一提到合同,人们往往把它纳入私法的范畴,认为合同具有私法的性质。其实,这是人们对合同性质的极大误解。我们认为,合同本身并不具有公法、私法的性质。这主要基于以下理由:

1. 从起源上说,合同并非私法专有制度。“古代社会调整产品交换的共同规则,最初表现为习惯,如发誓、念咒、画符等。当习惯已不足以保障交换规则顺利实行,而刚刚产生的奴隶制国家又需要运用公共权利以保证这种规则的实行时,交换规则本身就取得法律的形式,这种法律形式就是合同。”[1]因此从合同的起源上看,合同制度起源于市场交易中双方的利益互补。作为利益规制的一种手段,合同在以后的发展过程中也主要存在于以市场交换为主要调整对象的民事法律制度中,因此给人一种合同专属于民商法的假象。其实,合同也完全可以运用到公法领域,只不过因为合同首先适用于私法,于是被人们长期认为是私法所独有的制度。

2. 从手段上说,合同没有公法、私法之别。对于公、私法的划分,自古罗马乌尔比安以来,其划分标准长期未得到统一,无论是利益论、主体论,还是关系论、综合论,要么从利益,要么从主体,要么从关系的角度去划分,但都没有从手段的角度去界定。为了同一个目的,行为主体完全可以采取不同的手段或方法来进行(当然这些手段必须合法)。“而对一种手段或方法,是不可能界定为公或私的,合同作为一种手段或方法,也不例外。”[2]因此,从这

〔1〕 彭万林. 民法学. 北京:中国政法大学出版社,1994. 481.

〔2〕 孙录见. 论行政合同的法律地位. 西北大学学报(哲学社会科学版),2003,(3).

个意义上说，合同自身是中性的协议或制度，它具体的性质将随着适用领域的不同而作相应的改变。

3. 从现实上看，合同可用于公法、私法、公私混合法。合同可运用于私法、公私混合法，似无需赘言，但合同能否运用到纯粹的公法则在理论上存在争论。一个不争的事实是，在实践中出现将合同运用于公法的现象日益频繁。随着民主政治的发展，行政私人主体参与行政的范围与程度越来越广，越来越深，行政权实际由国家行政机关单独行使逐渐成为由国家行政机关、社会和公民共同行使了，行政管理手段的权力性、强制性也逐渐淡化，越来越多地体现出平等、协商的品格，已不再是单纯的以支配与服从为特征。在此背景下，以协商、契约为精神的合同在行政法等公法领域大有适用的空间。

（二）行政私法合同是兼具行政、私法双重性质的合同

既然合同本身并不具有公法、私法的性质，那么合同的性质便取决于合同前面的具体修饰语。顾名思义，行政合同是一种公法性质的合同，民事合同是一种私法性质的合同，而行政私法合同是一种同时具有公法、私法双重性质的合同。

1. 行政私法合同是公法、私法在行政法领域融合的产物。在当今世界，无论是大陆法系国家，还是普通法系国家，都不同程度地存在着划分公法和私法的现象。“尽管普通法传统中不承认公私法的严格划分，但是就法律实践来说，却实际存在着类似的区别。”[1]而对大陆法系国家而言，公私法的划分历时已久，且泾渭分明。然而，“对随之而来的呈复杂多样化、扩大化的行政法现象，不能通过历来抽象、演绎的公法私法二分论或者行政公法论，从总体上且客观地把握它”[2]。公法和私法之间不断渗透和融

〔1〕 杨寅. 公私法的汇合与行政法的演进. 中国法学，2004，(2).

〔2〕 [日]室井力. 日本现代行政法. 吴微译. 北京：中国政法大学出版社，1995. 33.

合,出现了公法私法化和私法公法化的新趋势,行政私法合同正是这种公、私法融合在行政法领域的产物和表现。在公、私法融合背景下,政府在实现公共任务或者行政目的时,除采取传统的公法手段外,还大量使用民事合同等私法手段。这种公法手段和私法手段的结合,为行政私法合同的产生提供了可能。这种行政私法合同,一方面因要实现公法的任务,应遵守依法行政原则,遵循行政法的基本规定,具有一般行政行为的特征;但另一方面,行政主体的这类行为又不能完全超越私法而直接适用公法,它应当接受私法规则的约束,因此它又具有私法行为的一般特征。

2. 行政私法合同的双重性质

与公法合同、私法合同相比,行政私法合同最大的特点是它结合了公法与私法的双重因素,是公法与私法相互交融的复合体。当然,行政私法合同行政性、私法性的双重性质,在不同种类的合同中,其具体表现不尽相同。但总体而言,行政私法合同双重性质主要表现在以下方面:

(1) 在价值追求上,它兼具公益性、私益性。从价值上说,行政私法合同是一种公益合同,行政机关或法律、法规授权的组织利用行政私法合同的主要目的是实现公共利益或提供公共服务。公共利益往往是行政私法合同的重要条款,在公共利益与私人利益发生矛盾或者冲突时,公益具有优先实现的价值,从而确保行政目标的实现,并赋予行政机关或法律、法规授权的组织对合同单方面的处置权。日本学者南博方认为:"若契约的延续将严重危害公共利益时,则应给行政主体单方解约权。"[1]即使行政私法合同没有载明公共利益条款,行政机关或法律、法规授权的组织也可以基于行政职权和行政目的的需要,对是否行使行政特权、如何保证

---

〔1〕 [日]南博方. 日本行政法. 杨建顺,周作彩译. 北京:中国人民大学出版社,1988.66.

公共利益的实现具有裁判力,俨然扮演着公共利益主要判断者的角色。在我国,出让方与受让方签订的国有土地使用权出让合同,实质上是一种行政私法合同。出让方订约的目的并不是追求土地管理部门的自身利益,而是为了提高土地资源的配置效益和经济效益,实现国家土地政策法规,达到最佳土地利用效益。因此,这种行政私法合同具有行政公务性或公益性。但与此同时,行政私法合同又不仅仅是公益合同,它还是私法合同,具有追求私人利益的价值和性质。当然,私益性是专门针对私人主体一方而言的,并非针对行政机关或法律、法规授权的组织,因为从根本上说,后者是不能存在部门利益等与公益不相融的自身利益的。在行政私法合同中,供货商、土地受让方、资金借贷方等私人主体缔结、履行合同,其主要目的在于追求自身的个体利益,实现合理的利益预期,尽管私人主体追求私益时无形之中会增加公共利益。因此,行政私法合同对于私人主体来说,具有私益性。总之,行政机关或法律、法规授权的组织与私人主体共同利用行政私法合同这一载体,实现了各自的公益目标和私益追求,行政私法合同也由此呈现出公益性、私益性的双重属性。

(2) 在本质属性上,它具有行政权力性、民事契约性。行政私法合同是行政机关或法律、法规授权的组织为了实现公法上的目的而与私人主体签订的协议。在行政私法合同签订时,行政机关或法律、法规授权的组织并不是以行政主体的地位,而是以一般民事主体的地位出现,而且在合同履行的整个过程中仍然保持一般民事主体的身份。因此,在行政私法合同中,行政机关或法律、法规授权的组织以一般私人的地位与私人主体平等协商,就双方权利义务达成一致,这与民事合同没有区别;在合同履行过程中,合同当事人可以就合同遇到的有关问题进行协商,遵循等价有偿的精神,私人主体有获酬权,在遭受损失时有要求赔偿的权利。民事契约所包括的平等、自由、意思自治、等价有偿等私法观念,在行政私法合同中得到程度不同的体现,故此类合同从总体上具有民事契约的性质。但是,行政私法合同除具有民事合同的性质之外,还具有行政权力性。这具体体现在行政机关或法律、法规授权的组织可以不经对方当事人的协商和同意,就单方面依法或依有关情况变更、中止、终止合同。这种权力是一项典型的公法上的权力而不是私法上的权利,而且这种变更、中止、终止的权力不需经过仲裁或诉讼等途径即可行使,而在普通合同中,当事人一方如对合同解除有异议,可请求法院或仲裁机构确认合同的效力。此外,行政机关或法律、法规授权的组织在行政私法合同中,还拥有监督权,以及在特定情况下的制裁权等民事合同当事人所不能享有的行政优益权。由此,行政私法合同融合了行政机关或法律、法规授权的组织的"特权"因素和双方当事人的契约因素,反映了行政权力性、民事契约性的双重属性。

(3) 在法律关系上,它融合平等性、不平等性。我国台湾地区有学者认为,在以私法手段达成"国家"任务的行政私法行为中,"私法自治原则,必须受到公法的限制及修正。尽管如此,这种行为的外在形式,依旧维持着私法关系及受普通法院之管辖"〔1〕。根据这种行为的平权型私法关系,不少学者把行政私法行为定性为私法,具有平等性质。行政私法合同是行政私法行为的重要组成部分,实际上,从行政私法合同的签订来看,行政机关或法律、法规授权的组织是立于一般私人的地位与私人主体签订合同的,双方当事人最初形成的法律关系与民事法律关系无异,具有平等性质。当然,这只是行政私法合同性质的一个方面,问题的关键在于,行政机关或法律、法规授权的组织在合同中基于公共利益的考虑,还同时保留着行政主体的身份,拥有民事合同当事人所不具有的行政"特权",因此在行政私法合同的履行中,行政机关或法律、

〔1〕 陈新民. 行政法学总论. 台北:三民书局,1997. 28.

法规授权的组织实际上同时具有民事主体、行政主体的双重身份。而正是由于这种双重身份的存在，改变了行政私法合同签订时平等的私法关系，或者说在行政私法合同的履行中融入了不平等的法律关系因素，使行政私法合同成为融入或兼具行政与私法双重性质的合同。

(4) 在调整方式上，它并用公法方式和私法方式。在行政私法合同中，行政机关或法律、法规授权的组织是运用民事合同这一私法手段实现行政法上的目的和任务。私法手段的采用，缓和了传统的高权行政方式下行政主体与行政相对人之间的可能对抗和冲突，充分调动了当事人参与行政的积极性。这种目的与手段的特殊性，以及行政私法合同本身行政与私法的双重性质，决定了行政私法合同调整方式上的双重性。就实体法适用而言，尽管两大法系对适用何种性质的法律并无统一的规定（如英美法系国家因无公私法的划分，合同统一适用普通法），但在大陆法系国家中，此类合同一般复合适用公法、私法，而且在复合适用中，又有总体适用和分别适用之别[1]。可以说，政府合同的法律改革方向，应当是公法与私法规则的结合体。就救济方式而言，行政私法合同争议发生后，不同国家对此救济方式不一，救济机制不尽相同，如协商、仲裁、民事诉讼、行政诉讼、民事和行政诉讼并用机制等，但从诉讼程序的发展趋势上说，并用行政救济方式与民事救济方式已成为主流。因此，从调整合同的民事、行政双重实体规范和解决争议的民事、行政诉讼并用机制上看，行政私法合同具有民事、行政的双重法律性质。

(三) 行政私法合同与民事合同、行政合同的区别

1. 行政私法合同与民事合同的区别

在我国，民事合同是指平等主体的自然人、法人、其他组织之

---

[1] 详见本章第6节有关论述.

间设立、变更、终止民事权利义务关系的协议。民事合同的核心和基石是当事人的意思自治,意思自治原则的核心是契约自由,即当事人有根据自己的意志决定契约内容和选择契约形式的自由。在普通的民事合同中强调意思自治,是因为民事合同的各方当事人都是基于自己的利益(即私益)而去订立和履行合同的,而只要不违反法律的强制性规定,当事人应享有充分的合同自由。基于此,我们可以明显看出行政私法合同与普通民事合同的区别:

第一,从订立合同的目的看,当事人订立民事合同的目的比较单一,其出发点和归宿都是基于私益;而在行政私法合同中,行政机关或法律法规授权的组织订立合同的目的系基于国家利益或社会公共利益的需要,是政府实现经济和社会目标的一种手段。

第二,从合同订立的原则看,如上所述,意思自治是民事合同的基本原则,而其核心是契约自由,它包括缔约自由(即缔约与否,任由当事人的意思决定,法律上不加干预)、相对人选择自由(即与何人缔约,应任由缔约人自由选择,任何人均不负有非与特定人缔约不可的义务,亦即相对人的选择不受限制)、内容决定自由(即合同的内容完全由当事人自由决定,只要内容不违反法律、法规的强制性规定即可)、方式自由(即合同原则上只要双方意思表示一致即可成立,并不限于以何种方式缔约);而在行政私法合同中,由于合同的目的是为了实现国家利益和社会公共利益,与行政机关或法律、法规授权的组织的部门利益与公务员个人利益无涉。因此,为了防止行政机关或法律、法规授权的组织及公务员利用行政私法合同寻租,在合同的签订与履行中应当对私法自治作适当的约束。在行政私法合同的签订过程中,行政机关或法律、法规授权的组织一般没有任意选择私人主体的自由,只能选择具备法定条件的私人主体。当事人双方在行政私法合同中也没有完全的内容决定自由,为了确保国家利益和社会公共利益的实现,行政机关或法律、法规授权的组织以及合同监管部门往往规定行政私法合同的必备条款,当事人对此不能改变。另外,这种合同也没有自由选择合同方式的自由,只能采用书面形式。

第三,从合同解除的情形看,在普通的民事合同制度中,合同的解除有三种情形:一是协商解除;二是约定解除;三是法定解除。在上述三种情形中,除双方协商解除合同的情形外,对于约定解除和法定解除一方行使该权利而另一方有异议时,可以诉请法院或仲裁机构裁决。在行政私法合同中,由于合同的履行涉及国家利益或社会公共利益,因此,当合同的履行可能损及国家利益或社会公共利益的,立法上往往赋予行政机关或法律、法规授权的组织单方面解除合同的权利。这一点与民事合同的解除有着极大的不同。首先,民事合同的解约权是双方当事人对等享有的,而行政私法合同的解约权是行政机关或法律、法规授权的组织单方面的权利;其次,民事合同的解除无论是协商解除、约定解除还是法定解除其条件都是明确而具体的,而行政私法合同解除条件中的“国家利益”或“社会公共利益”是由行政机关或法律、法规授权的组织单方面判断和解释的;再次,在民事合同中,若另一方当事人对合同的解除有异议的,可以提起诉讼或仲裁,而诉讼或仲裁的结果可能会导致对一方解约权的否定,在这种情形下,合同仍需继续履行下去,在行政私法合同中,行政机关或法律、法规授权的组织解除合同的,私人主体一般不能就合同是否应当解除诉诸法律,而只能就合同解除引起的损失的补偿或赔偿问题进行协商或诉讼。

第四,从合同争议的解决机制看,民事合同的争议在协商或调解不成的情形下都是通过仲裁或普通的民事诉讼解决的;而由于行政私法合同争议的特殊性,各国对此的争议解决机制也呈现出复杂多变性,既有将行政私法合同争议完全纳入普通民事诉讼的解决机制,又有将争议归入行政机关解决的行政解决机制,还有对此争议实行民事和行政的双重解决的解决机制。

上述这些差异说明,行政私法合同尽管在形式上采用了民事合同的形式,但是,由于它以国家利益或社会公共利益的实现为目标,因而,以实现私益为目标的普通的民事合同制度不能完全适用,行政私法合同制度中注入了诸多具有公法性质的制度和规定,从而使行政私法合同具有了公法合同的性质和特征。

2. 行政私法合同与行政合同

源于大陆法系国家的行政合同(又称公法合同、公法契约、行政契约)制度在改革开放后开始为我国所接纳,尽管我国立法上至今未正式使用"行政合同"一词,但是,学界普遍认为行政合同在我国现实生活中大量存在。从表面上看,行政合同与行政私法合同之间存在着很多相同或相似之处,如签订合同的主体一方必须是行政机关或法律法规授权的组织,合同的内容都涉及社会的公共利益,合同都是双方当事人意思表示一致的产物,合同从内容到形式都受到法律的限制,作为政府的一方在合同的履行中都享有单方面变更、解除合同的权利,等等。但是,行政私法合同与行政合同之间又有着诸多的差异,而正是这些差异将行政私法合同与行政合同区别开来。

行政私法合同与行政合同的差异具体体现在以下方面:

首先,从主体上看,虽然行政私法合同与行政合同的主体一方都是行政机关或法律法规授权的组织,但是,它们在两个合同中的主体地位是不同的。在行政私法合同中,行政机关或法律法规授权的组织是立于民事主体的地位与私人主体订立合同的,而在行政合同中,行政机关或法律法规授权的组织是以行政主体的身份与相对人订立合同的。

其次,从订立合同的价值和目的看,行政私法合同的订立主要是为了实现国家利益或社会公共利益,但是,它同时又有实现私人利益的目的,具有双重性。而行政合同大多与行政主体的管理活动相联结,或者说它是行政主体实施行政管理的一种手段和方式,实现的一般不是个人利益,而是国家或者社会公共利益。

再次，从合同的内容看，行政私法合同是在内容上被视为设立、变更、终止民事权利义务关系与行政权利义务关系的协议。一方面，就合同的标的（诸如货物、服务、权利等）而言，行政私法合同与民事合同没有区别；但另一方面，就行政机关或法律法规授权的组织享有民事合同所不具有的“特权”而言，行政私法合同又具有设立、变更、终止行政权利义务关系的性质。而行政合同是行政主体与相对一方当事人之间设立、变更、终止行政法上权利义务关系的协议〔1〕，这一点是行政合同与行政私法合同最大的区别。

第四，从合同的法律适用看，由于行政私法合同的标的涉及到国家利益和社会公共利益，所以它不能完全适用民法的一般规定，并无私法自治的完全空间，否则行政机关或法律法规授权的组织可能滥用选择自由，将原属公法拘束的事项划入行政私法合同，“遁入私法”，以逃避公法责任。但由于行政私法合同毕竟是以私法上合同的形式去完成的，其合同内容与民法上的合同内容亦没有本质区别，因而，在国家法律、法规未有规定的情形下，行政私法合同往往适用民法而不是行政法的规定。这种情形表明行政私法合同从总体上说仍受到私法规则的支配和作用，行政私法合同的当事人往往不能擅自超越私法规则去订立和履行行政私法合同；而行政合同的订立和履行则完全超越了私法规则，它的订立和履行完全适用不同于私法规则的行政法规则（公法规则），只有在公法规则未予规定时，才可能考虑援用民法上的规定，但是，“民法上的规定不是作为民法规则直接适用，而是作为法的一般原则适用，行政法官是否采用有自由裁量权”〔2〕。

---

〔1〕　如德国《行政程序法》第 54 条规定，“公法上之法律关系，得以契约设定、变更或废弃之（公法契约）”；又如葡萄牙《行政程序法》第 178 条第 1 款规定，“行政合同为一合意，基于合意而设定、变更或消灭一行政法律关系”.

〔2〕　王名扬. 法国行政法. 北京：中国政法大学出版社，1989. 409.

第五,从合同争议的解决机制看,由于行政私法合同兼具公法与私法的双重性质,因而,其争议的解决往往同时包含了行政救济与民事救济两种不同的路径,而且,在有的国家(地区),当事人可以自由选择解决争议的路径。而发生在行政主体与相对人之间的行政合同争议则属于行政争议的范畴,在建立起独立的行政诉讼制度的国家(地区),行政合同争议必须透过行政复议或行政诉讼的途径解决。

从以上分析可以看出,行政私法合同与行政合同也有着极大的区别。所以,那种将行政私法合同混同于行政合同的观点显然忽略了行政私法合同的私法属性。

三、行政私法合同的适用条件

从某种意义上说,行政私法合同是行政机关或法律、法规授权的组织为达到行政目的或者实现国家任务而使用的一种手段。而手段有公法手段、私法手段之别。在传统的高权行政下,行政主体一般使用公法手段以实现任务,而随着给付行政、福利行政理念的确立和影响,行政主体所使用的手段不限于公法手段,私法手段的运用日趋频繁。在这种情况下,人们不禁要问:行政主体选择私法手段应否受到限制?行政私法合同能否无限制扩大到一切公法领域,还是它具有适用的限度?德国学者毛雷尔认为:“在给付行政和引导行政领域,只要没有法律规定或者事实理由反对,行政机关就可以选择公法方式或者私法方式活动。”[1]我国台湾学者刘宗德也认为:“行政主体为达到给付行政的目的,如法无明文规定

〔1〕 [德]哈特穆特·毛雷尔.行政法总论.高家伟译.北京:法律出版社,2000.422.

应以公法上之手段为之时，即可能选择以私法之手段。”[1]从以上学者的观点来看，行政主体选择私法手段并非完全自由，仍应受法律、法规之限制。笔者认为，行政私法合同作为一种以私法手段实现公法任务的合同，它的适用并非没有界限，具体而言，它应当受到以下条件的限制。

（一）主体条件。行政私法合同当事人一方必定为行政机关或法律、法规授权的组织，并且是以一般私人主体地位出现的。而合同相对方只能是私人主体，如厂商、供货商、土地使用者、借款人等，而不可能是行政主体或者机关法人。因此，在缔约时，双方当事人系处于平等地位的一般主体。如果其中一方或者双方以行政主体或者机关法人身份出现，则所缔结的合同并非行政私法合同，而根据其具体情况判定其为行政合同或者私法合同。

（二）职权条件。行政机关或法律、法规授权的组织必须在法定职责范围内与私人主体缔结行政私法合同，否则越权无效。“凡不属于法定范围内的事项不得选择以私法手段或非强制手段为之，否则它们容易成为行政主体规避法律的手段，从而破坏依法行政的原则，侵犯相对人的合法权益。”[2]在行政私法合同中，行政机关或法律、法规授权的组织虽然不是以行政主体的地位自居，但其活动仍应遵守其本身关于法定职责范围的规定，即使是涉及自由裁量权的事项，也不得超越应有的界限，不能缔结超越行政主体法定职责的行政私法合同。如在国有土地出让合同中，非土地主管机关和超越土地出让权限的土地管理机关均不能缔结国有土地使用权出让合同。

（三）目的条件。行政私法合同的缔结和履行系基于实现行

〔1〕 转引自台湾行政法学会主编．行政法争议问题研究（上）．台北：五南图书出版有限公司，2000．10．

〔2〕 王克稳．经济行政法基本论．北京：北京大学出版社，2004．128．

政目的或者行政任务，诸如纠正市场失灵、满足公共需要、提供公共产品或服务等，而且，这里所说的目的是直接达成，而非间接达到，否则由此签订的合同也不能称之为行政私法合同。

（四）意思自治条件。既然行政私法合同是合同，就自然应遵守合同的一般法理，应当遵守意思自治原则。行政机关或法律、法规授权的组织不能强迫私人与之缔结合同，尽管在合同缔结之后，前者拥有某种行政“特权”。而私人主体参与行政私法合同，未必是基于公共利益的考虑，而是基于自身利益的判断作出是否缔约的选择自由，当然这里的意思自治并非完全适用，而是受到不同程度的限制，是一种受约束的相对意思自治。

（五）范围条件。行政私法合同往往不能存在于高权行政领域，而主要适用于给付行政、引导行政、经济行政领域，并且是在没有法律规定和事实理由反对的情况下方能适用。因为高权行政必须要有明确的法律依据，如征收、没收、建筑许可、征税额的决定，等等。所以，这种执行公权力的行政，不得在未获法律明确规定的情形下，使用类推方式援用私法的条款，致使行政权力欠缺合法性〔1〕。同时，行政私法合同也不能适用于所有的国库行政，如果行政法上禁止以私法手段实现公法目的时，或者有其他理由反对的情况下，行政私法合同并无适用的可能。德国学者认为，只有在有关给付分配的公法规范缺位，而现行私法规范又有相应的规定时，行政机关方可享有选择私法关系的权利，其中包括选择行政私法合同的权利〔2〕。

（六）手段条件。行政私法合同系以民事合同这种私法方式直接达成行政任务的合同，换言之，如果合同最终虽然也达到行政

〔1〕 陈新民. 行政法学总论. 台北：三民书局，1997. 30 – 31.

〔2〕 ［德］哈特穆特 · 毛雷尔. 行政法学总论. 高家伟译. 北京：法律出版社，2000. 38.

法的目的，却以公法的方式进行，那么行政机关或法律、法规授权的组织与私人主体签订的合同也不能称之为行政私法合同。手段的民事合同性，是这种合同的一个必备条件和重要前提。

四、行政私法合同的适用领域

（一）域外近似合同适用领域的理论与实践

首先必须说明的是，迄今为止，国内外并无行政私法合同这一学理和法律概念。所以，企图直接向国外借鉴现成制度为我所用的做法显然不切实际。但国外有关行政私法行为的理念以及近似制度仍可给我们以某种启示。

1. 德国

在德国，“直接行政任务可以以私法方式进行，但只在特定范围内才具有可行性和适法性”[1]。可见，行政私法行为的适用领域具有一定范围，并不能无限适用。行政私法合同是行政私法行为的重要形式，其适用领域也不例外。所有的秩序行政和捐税行政（属主权性行政）都以国家强制力为后盾，不可能放弃公法上的主权。而弱主权性行政虽然没有排斥适用行政私法合同，但无疑应当十分慎重。行政私法合同绝大部分应存在于给付行政和引导行政领域。如在政府补贴领域，为了实现特定的公共利益目的，给私人以财政资助。在此情况下，行政机关通常与贷款人签订合同，此类合同即为行政私法合同。

2. 美国

作为英美法系国家，美国没有公私法划分的法律传统，所以在美国行政法上，没有明确的行政合同概念，更没有行政私法合同的说法。对凡涉及政府为一方当事人的合同统称为“政府合同”或

〔1〕［德］哈特穆特·毛雷尔．行政法学总论．高家伟译．北京：法律出版社，2000．37．

“采购合同”,并且一般都和商业有关[1]。但是,在实际生活中,仍存在着直接以私法方式实现行政任务而缔结合同的情形,而此类合同与其他私人间缔结的合同殊有不同,这一点可以从法院对待政府合同的态度上可以看出。法院认为单凭行政机关与当事人签订合同这一形式标准尚不足以创设公法责任,还必须根据合同是否具有“公法因素”来确定哪些政府合同适用司法审查,哪些政府合同不适用司法审查[2]。但总体而言,行政私法合同的适用领域与一般政府合同的区别不甚明显。

(二) 我国台湾地区行政私法合同的适用领域

我国台湾地区行政法律制度和学说承袭德国制度颇多。作为行政私法行为的重要组成部分的行政私法合同,我国台湾学者关于行政私法行为的观点大多可以适用于行政私法合同。我国台湾学者一般从行政达成“国家”任务的方法性质的角度,把行政分为高权行政(公权力行政)和“国库行政”(私经济行政),前者是行政主体基于“国家”统治而实行,多半由行政主体单方面的意思决定,且绝大多数以行政处分的方式为之,而在“国库行政”中,行政机关有较大范围的自由,可以以契约方式取代行政处分[3]。因此,行政私法合同的适用领域主要存在于“国库行政”,具体包括给付行政和经济活动的服务、协助、指导领域等,如国民住宅之出租、水电瓦斯等之继续供给契约、基于促进产业发展之政策融资、债务保证、利息补贴、或为稳定市场货物价格之买进卖出等,均可以私法上之契约形式(其中包括行政私法合同)以达到行政任务[4]。

[1] [英]威廉·韦德.行政法.徐炳等译.北京:中国大百科全书出版社,1997.481-491.

[2] 余凌云.行政契约论.北京:中国人民大学出版社,2000.29.

[3] 陈新民.行政法学总论.台北:三民书局,1997.25-26.

[4] 转引自台湾行政法学会主编.行政法争议问题研究(上).台北:五南图书出版有限公司,2000.234-235.

(三) 我国大陆行政私法合同的适用领域

从德国和我国台湾地区的学理与实际看,行政私法合同主要适用于给付行政、引导行政、经济行政等领域。我国从法律传统上说,与大陆法系相近,德国等大陆法系国家的制度和理论对我国有着直接的借鉴意义。我们认为,现代行政一般可分为规制行政和给付行政两大领域[1],因此从宏观层次上说,我国行政私法合同主要适用给付行政领域。

给付行政,又称服务行政或授益行政,是战后随着建设福利国家而不断增加的一种新型行政。德国学者沃尔夫等人面对政府职能显著扩大这种现象,不失时机把国家的行政划分为侵害行政与给付行政[2]。日本学者也明确将现代行政分为"规制-侵害行政"和"给付-助长行政"[3]。具体而言,给付行政领域包括供给行政(金钱、财务、公共服务、设施提供)、社会保障行政(社会保险、社会福利)、助成行政(资金的助成、缴付、知识与技术的提供),等等。在给付行政领域里,行政机关或法律、法规授权的组织应尽量缩小权力行政手段的运用,而广为使用民事合同、指导等非行政权力手段或方法。因此,在要求政府积极服务与授益的福利国家时代,"许多与公共福利有关的任务如无公民或者企业的配合则不能完成,甚至公用事业和私人活动之间的界限在许多场合下已模糊不清了。所以,现在比过去要求更多的说明和合作……通过一个称为'协商'的程序同有关的个人或企业谈

[1] 我国有学者将行政分为规制行政和给付行政两大领域,并探讨了将规制行政和给付行政分别研究的可取性.详见陈贵民著.现代行政法的基本理念.山东人民出版社,2004.127.

[2] 转引自陈贵民.现代行政法的基本理念.济南:山东人民出版社,2004.116.

[3] [日]和田英夫著.现代行政法.倪健民等译.北京:中国广播电视出版社,1993.233-272.

判”〔1〕。在此情况下,政府在给付行政领域,越来越乐意“遁入私法”,采用私法方式完成任务,而行政私法合同作为公私法性质兼具的手段,符合给付行政私法化的期待,所以成为给付行政领域的适合方式。当然,行政私法合同适用于给付行政领域,并不意味着给付行政领域内所有事项均要通过行政私法合同来完成。事实上,在给付行政中,行政机关或法律、法规授权的组织可以视具体需要,决定以私法或者公法手段实现行政任务。如果在给付行政中,以公法手段或者方式实现行政任务,那么其利用关系一般为公法关系,相应行为为公法行为。

与给付行政相对应的是规制行政(或称为侵害行政、干涉行政),因其多以强制性权力为手段而进行,而且多以限制相对人权利和自由为特征,行政机关只能依法行事,并无灵活运用私法手段之广阔空间,因而行政私法合同在此领域并无多大适用余地。

从微观层次上说,我国行政私法合同的适用领域大体上包括以下几个方面:

1. 以公益为目的的货物、工程、服务的购买、租赁、委托、雇佣等政府采购领域

在我国,为了实现国家利益和社会公共利益,满足公共产品的供给,各级国家机关、事业单位和团体组织经常需要使用财政性资金采购各类货物、工程、服务。我国《政府采购法》将国家机关、事业单位和团体组织以公益为目的的货物、工程、服务的购买、租赁、委托、雇佣等活动称之为政府采购,各级国家机关、事业单位和团体组织凡使用财政性资金采购依法制定的集中采购目录以内的或者采购限额标准以上的货物、工程和服务的,都应当纳入政府采购的范围,而政府采购的法定方式是使用政府采购合同。政府采购合同虽然在形式上与买卖合同、租赁合同、雇佣合同等民事合同没

〔1〕[法]勒·达维.法国行政法和英国行政法.法学译丛,1984,(4).

有区别,但政府采购资金的财政性、采购目的的公共性和采购程序的法定性等等都决定了政府采购合同不是一般的民事合同,它们不仅具有民事性,而且具有行政性。因此,这类特殊的货物、工程、服务的购买、租赁、委托、雇佣等领域,采用的合同形式多为行政私法合同。

2. 有限的自然资源、公共资源所有权、使用权有偿出让领域

在我国,城市的土地、森林、草原、矿藏、水流、滩涂等自然资源属于国家所有,城市的公共空间、公共交通线路、无线电频道、空中飞行航线等公共资源也由国家代表公众占有,国家除直接使用这些自然资源和公共资源外,还经常会将这些自然资源、公共资源的使用权、所有权有偿出让给相对人进行开发利用。由于合同方式能够将双方当事人的权利、义务和责任明确于其中,从而使得私人主体在合同履行前就能够明确自己在开发、使用自然资源、公共资源的过程中所承担的义务及其违反合同的法律责任,对于有效防止自然资源及公共资源的浪费、不合理的开发利用以及环境污染具有重要意义,而且也使行政机关的管理、监督更加富有成效。因此,行政私法合同在有限的自然资源、公共资源所有权、使用权有偿出让领域具有广阔的发展前景。

3. 以公益为目的的政府贷款、奖励、给付等领域

在福利国家理念的推动下,政府不再一味以处罚、强制方式,而是常常以资助、信贷、给付、救济、奖励等方式实现公益目的。行政私法合同因能契合政府新型行政行为的新趋势,将行政机关或法律、法规授权的组织与私人主体之间的权利、义务与责任明确规定下来,既有利于行政目的的实现,又充分虑及私人利益。

五、行政私法合同的种类及主要形式

对行政私法合同进行理论上的分类,既有利于从不同角度深化对行政私法合同的认识,也有利于对不同种类的行政私法合同

进行规范和控制。从理论上说,行政私法合同可以根据不同的标准划分为不同的类别。(一)根据公、私法是否存在时序先后,行政私法合同可以分为继续型行政私法合同和并存型行政私法合同。所谓继续型行政私法合同,即指在行政机关或法律、法规授权的组织与私人主体缔结的原为私法合同,但后来融入了公法因素而成为公、私法混合合同。并存型行政私法合同,即行政机关或法律、法规授权的组织与私人主体缔结合同时就已经存在公私法双重因素的合同。(二)根据公、私法在合同中所占的比重,行政私法合同可以分为公法型行政私法合同和私法型行政私法合同。公法型行政私法合同即以公法因素占主导地位,兼具私法因素的合同。私法型行政私法合同指的是以私法因素占主导地位,兼具公法因素的合同。(三)根据合同是否有明确的法律依据,行政私法合同可以分为法定的行政私法合同和任意的行政私法合同。法定的行政私法合同指的是行政机关或法律、法规授权的组织必须根据法律规定以合同形式而与私人主体缔结的行政私法合同。任意的行政私法合同是指行政机关或法律、法规授权的组织在没有明确的法律、法规依据下,而在职权范围内与私人主体缔结的行政私法合同。

以上是从理论上对行政私法合同分类的肤浅探讨,实践中随着行政私法合同的不断发展,我国行政私法合同的种类还有待进一步归纳和总结。我国现行行政实践中常见的行政私法合同主要有下列方面。

(一) 政府采购合同

政府采购合同是指行政机关或法律、法规授权的组织与供应商之间签订的以货物、工程和服务的购买、租赁、委托、雇佣等为主要内容的、明确相互间权利义务的协议。在我国,政府采购合同的主体有采购人、采购代理机构和供应商,其中采购人是依法进行政府采购的国家机关、事业单位、团体组织,采购代理机构为设区的市、自治州以上人民政府代理机构。在缔结合同时，采购人并不是以行政主体地位，而是以一般民事主体地位出现的。订立合同目的是为了向社会供给公共产品或满足行政机关的公务所需。因此，此类合同从性质上说是一种典型的行政私法合同。

（二）土地使用权出让合同

土地使用权出让合同是指拥有土地管理权限的部门作为出让方，与符合条件的受让方签订的将国有土地使用权出让给受让方开发使用，并由受让方缴纳土地使用权出让金的协议。在土地使用权出让合同中，出让方虽为市、县人民政府土地管理部门，但其是以土地所有者的身份与需要开发使用的受让方签订合同的，因此，这种合同具有民事合同的性质，但从合同要实现的土地公共利益和个体利益，以及从其民事与行政双重权利义务看，它应当归属到行政私法合同之中。

（三）公共资源开发使用合同

公共资源开发使用合同是指政府有关部门与公共资源开发使用者签订的以城市公共空间、公共交通线路、无线电频道等公共资源的开发、使用等为目的的明确相互间权利义务的协议。这种合同一般约定开发使用期限，政府主管机关将有关公共资源使用权提供给合同另一方开发、使用，由后者缴纳约定费用，这与一般民事合同没有区别。但是，政府主管机关订立合同的主要目的在于实现资源的有效使用，提高公共福利，因此政府主管机关拥有一定的行政优越权，当合同受让方不按期开发利用时，有权采取相应的措施纠正。这体现了行政私法合同的行政性质。当今随着福利行政的发展，公民期待政府提供更优质的公共产品和服务，公共资源开发使用合同作为一种新型方式，日益受到政府和公民的双重重视。

（四）政府贷款合同

政府贷款合同是指基于特定的公共利益的需要，由我国特定的金融机构代表国家作为贷款方,将一定数量的款项在一定的年限内贷款给特定的借款方,并在贷款到期时由借款方向贷款方支付相应本金和利息,从而明确贷款方与借款方权利义务的契约。从政府贷款合同的主体、订立合同的目的、合同原则、主要内容及其基本特征看,此类合同也应为行政私法合同的组成部分。

从上述简单列举的行政私法合同的种类可以看出,行政私法合同适用广泛、意义重大,故一般说来,其形式应为书面形式。这大概因为书面形式一则方便当事人举证,起着证据保全的功能,二则因其关系到公共利益,应慎重对待。因此,尽管从世界各国有关合同形式要求的晚近发展趋势看,合同形式朝着完全放任的方面发展〔1〕,但是各国又对土地买卖合同等标的重要、关系公共利益的合同规定必须采用书面形式。如 1954 年英国虽然废除了反欺诈法,却保留了担保合同和土地买卖合同作为需要书面形式的交易〔2〕。在我国,行政私法合同应当采用书面形式。我国《合同法》第 10 条规定:"当事人订立合同,有书面形式、口头形式和其他形式。法律、行政法规规定采用书面形式的,应当采用书面形式。"这一规定表明,我国对合同形式的要求采用的是要式和不要式相结合的原则,但如果法律、行政法规规定采用书面形式的,则应当采用书面形式。而我国有关法律、法规规定对行政私法合同的签订必须采用书面形式,如《政府采购法》第 44 条规定:"政府采购合同应当采用书面形式",该法并未赋予采购合同当事人选择合同方式的自由。《房地产管理法》第 14 条第 1 款也规定:"土地使用权出让,应当签订书面出让合

〔1〕 如《联合国货物销售合同公约》第 11 条就规定:"销售合同无须书面形式订立或书面证明.在形式方面也不受任何其他条件的限制.销售合同可以用包括证人在内的任何方法证明."就反映了这一发展趋势.

〔2〕 转引自李先波.论合同的形式.云南法学,2001,(1).

同。”不仅如此，有的行政私法合同签订后，还应当把合同报送政府有关主管部门备案，如《政府采购法》第47条规定：“政府采购项目的采购合同自签订之日起七个工作日内，采购人应当将合同副本报同级政府采购监督管理部门和有关部门备案。”《政府采购法》第42条规定：“采购人、采购代理机构对政府采购项目每项采购活动的采购文件应当妥善保存，不得伪造、变造、隐匿或者销毁。采购文件的保存期限为从采购结束之日起至少保存十五年。”另外需要探讨的是，行政私法合同的书面形式有无限制？因为按照《合同法》第11条的规定，“书面形式是指合同书、信件和数据电文（包括电报、电传、传真、电子数据交换和电子邮件）等可以有形地表现所载内容的形式”，从实际情形看，行政私法合同应可以采用规定的任一书面形式，除非法律、行政法规对该合同的形式有明确规定。

六、行政私法合同的法律适用

（一）行政私法合同法律适用的一般原理

在当今各国，行政私法合同的定性未有统一定论。大体说来，如果把行政私法合同界定为私法合同，那么此类合同一般适用私法；如果把行政私法合同定性为公法合同，那么它一般适用公法；如果把它定性为兼具公法、私法双重性质，那么它适用公法和私法。但综观各国理论与实务，行政私法合同性质与法律适用并非完全一一对应关系，而是呈现出错综复杂的法律图景。

1. 单一适用

所谓单一适用即指行政私法合同对于大陆法系国家而言，要么适用公法，要么适用私法，两者必适用其一；而对于美英法系国家而言，则适用普通法。

（1）适用私法。如果将行政私法合同归入到国库行政或者私经济行政之下，则它完全适用私法。在我国台湾地区，学界通常将

“国家立于私人的地位，适用私法规定所为的行为”〔1〕，称为国库行政，以示与公权力行政或高权行政相区别。我国台湾有学者又进一步将“国库行政”区分为行政辅助行为、行政营利行为、行政私法行为〔2〕。而属于私经济行政之事项，适用私法之规定，故专为公权力行政而设之行政程序法规，对之无适用余地；因行政机关私经济活动所生之损害，自亦不生“国家”赔偿问题，一切争执应循民事诉讼途径处理，乃属当然〔3〕。

（2）适用公法。有学者认为，尽管行政私法合同是采用私法的方式来达成行政目的，但这是由于行政活动中需要采用契约的方式，而法律本身又缺乏行政契约的规定，所以行政机关只好借用私法契约来完成行政行为。这种通过合同等私法方式达成行政目的的行为摆脱不了公益的色彩，称为公法契约〔4〕。该说重目的而轻手段、重结果而轻过程，是将行政私法合同定性为公法合同的重要原因，也是其法律适用公法的主要依据。行政私法合同适用公法的另一个考量是为了防止行政“遁入私法”，所以，“各种规范行政主体为行为之公法法律规范，与行政主体为私法行为时，亦应予以遵守，特别是宪法上之规定”〔5〕。日本也有学者基于公法与私法二元对立的立场，主张公法关系（包括权力关系与非权力关系）特别是支配关系，在其本来的性质上，是不适合于私法规范的特殊领域，不论是否有明文规定，都适合于特殊的公法规范或公法原理〔6〕。

（3）适用普通法。如前所说，在英美法系中，并没有公、私法

---

〔1〕 翁岳生. 行政法 2000（上册）. 北京：中国法制出版社，2002. 24.
〔2〕 陈新民. 行政法学总论. 台北：三民书局，1997. 26.
〔3〕 吴庚. 行政法之理论与实用. 台北：三民书局，2000. 15－16.
〔4〕 许宗力. 法与国家权力. 台北：月旦出版社股份有限公司，1998. 129.
〔5〕 黄异. 行政法总论. 台北：三民书局，1996. 92.
〔6〕 转引自杨建顺. 日本行政法通论. 北京：中国法制出版社，1998. 176.

划分的传统,更没有行政私法合同这一学理概念。这些国家的政府合同,与私人合同一样适用普通法规则。但行政私法合同在实际法律领域却无处不在,英美国家首倡并广为使用的政府采购合同即属此类。虽然英美法系国家也通过国会立法和法院判例,在实践中逐步发展了一些专门适用于行政私法合同的特殊规则,如英国确立的契约不能束缚行政机关自由裁量权行使的规则,美国政府采购适用特殊的政府采购法等,但实际生活中存在的行政私法合同法律适用仍为判例和成文法组成的普通法,这些特殊的规则仅仅起着补充作用,并且这些规则本身仍然属于普通法的范畴或者至多被认为是普通法的特别法。

2. 复合适用

所谓复合适用即指在行政私法合同法律适用问题上,不仅适用公法,而且适用私法。由于各国考虑公共利益与私人利益的平衡度不同,各国历史文化传统各异,以及公法与私法相结合的程度不一,公私法复合适用的情况又各有侧重,交错运行。

(1) 总体适用公法、私法。

总体适用公法、私法,不分优先适用。从法律制度的角度看,行政私法合同是在现代公法、私法互相渗透的背景下,国家行政机关运用私法手段实现行政目的,进行行政管理的法律制度。它体现了行政法律制度与私法制度的互相融合和渗透,体现了行政法公法目的与私法手段的统一,即公共利益借助于私法合意、指导、协调等形式得以实现。这种行为因为公法目的与私法手段不可剥离,已形成一个有机的法律共同体,不能人为地分开适用不同的法律。正如著名学者王名扬先生所言,对于这种由公法和私法在不同情况下以不同程度结合在一起的行为(其中包括行政私法合同),其法律适用问题“并不是指行政机关的哪种活动只受公法支配,哪种活动只受私法支配,往往是指一种活动同时受公法和私法的支配"〔1〕。

总体适用私法,但受公法的补充、修正和限制。在行政私法合同中,行政机关使用了私法的方式和手段,自然应当适用私法自治的原则,但又不能完全适用私法,否则行政私法合同预期的保障公共利益的行政目的无法达到。因此,行政机关采用私法手段实现行政目的时,虽然从总体上说是须受私法的约束,遵循私法的原则和规则,但同时须受公法的补充、修正和限制。对此,沃尔夫教授认为,行政私法合同等行政私法行为"此一领域之特色,为行政主体于其所从事之法律行为并非完全受私法自治,而受有若干公法上之限制或拘束"〔2〕。

总体适用公法,补充和超越私法。行政私法合同的实质是借助私法手段完成行政法的目的与任务,这种目的和任务的公法性决定了此类合同应当遵循依法行政的基本原则,遵守行政法的基本规定。但由于行政法起步较晚,规制行政私法合同等一般缺乏统一的总则规定,往往存在法律漏洞,所以每当出现行政法规定不足时,可援用相对完善的民法上的规定(特别是民法总则的规定)和其他私法上的规则予以补充。如德国行政私法合同总体上适用《联邦行政程序法》的规定,但对该法没有规定时可以补充适用《德国民法典》的规定。我国台湾学者认为:"公法与私法,虽各有特殊性质,但二者亦有共通之原理。私法规定表现一般法理,亦可适用于公法关系,私法中诚信公开,在公法上应当亦有适用。"〔3〕并按法律的内在结构,把法规范区分为"法原则"和"法规则",法原则只是法律一般方针准则,只具有补充与间接性法源作用,而法

〔1〕 王名扬. 英国行政法. 北京:中国政法大学出版社,1987. 277.

〔2〕 转引自台湾行政法学会主编. 行政法争议问题研究(上). 台北:五南图书出版有限公司,2000. 230.

〔3〕 李震山. 行政法导论. 台北:三民书局,1999. 34.

规则则予以类推适用，前提是行政法欠缺可适用的规定，其漏洞又不可能推广适用公法规范予以弥补，而且私法规定在法律评价上具有类似性。但是，在援用私法规定补充公法规定时，私法规定不能无条件地适用行政私法合同，而是需对原有的私法规则进行某种程度符合公法目的的超越适用，如对契约自由原则的超越就表现在缔约许可权、内容、对象、终止方面的限制等。

（2）分别适用公法、私法。

根据合同内容的不同，分别适用公法、私法。因为行政私法合同的内容是公法权力职责与私法权利义务的统一，所以在确定行政私法合同的法律适用方面，一个关键的环节就是判断该合同中的争议行为是基于行政权力的行使还是基于民事权利的行使而产生。如果争议行为是基于公共利益的考量而单方面行使公权力，则应适用公法；如果争议行为是基于民事权利而行使，那么该合同以及由此引起的争议理应适用私法。质言之，对于行政私法合同，不能仅仅适用公法或者私法，而应根据权力、权利因素的不同，分别适用公法或者私法。

按照启动主体的不同，分别适用公法、私法。行政私法合同发生争议后，由于受该国诉讼制度的影响，启动诉讼程序的主体不同，合同法律适用也不一样。如在有些国家的行政诉讼制度中，行政主体只能是恒定的被告，而不可能成为原告〔1〕。如果行政机关以原告身份对行政私法合同提起诉讼，从理论上说，这种诉讼只能是针对行政私法合同的私法部分提起民事诉讼，因此该合同的法律适用也只能是私法。反之，如果私人主体以原告身份对行政

〔1〕 如我国《行政诉讼法》第24条第1款规定："依照本法提起诉讼的公民、法人或者其他组织是原告."据此，行政诉讼的原告只能是行政相对人，而不可能是行政主体.目前，学界有个别学者探讨行政合同的救济方式时，曾建议对于纯私法性质的行为而致使行政主体权益受损的情况允许行政主体通过民事诉讼途径获得救济.参见吉雅、程健.行政合同初探.内蒙古大学学报(人文社科版)，2003，(6).

私法合同提起诉讼,那么提起的诉讼既可能是民事诉讼,也可能是行政诉讼,此时争议合同的法律适用及裁判依据可能分别为私法或者公法。

（二）我国行政私法合同的法律适用

从以上分析可知,各国理论和司法实务关于行政私法合同法律适用的原理可谓千姿百态,也无从判断哪种法律适用情形绝对科学。每个国家都只能根据本国国情选择最佳方案。尽管如此,从促进行政法发展的角度,立足中国现实国情,对上述法律适用原理作一简评,不仅可能,而且必要。从理论上说,在美英法系国家,尽管没有公、私法的划分,但学者们也承认公私合作给行政法带来的影响,如美国学者就认为公私法的相互渗透带来了美国行政法(学)的新发展,即"混合行政"(Mixed Administration)的出现[1];在大陆法系国家,公法与私法的分野与交融并存,公行政与私行为的对峙与合作同在,那种将行政私法合同仅仅视为公法合同或者私法合同,从而仅仅适用公法或者私法的观点,恐怕都只看到了公私法的分野和对峙,忽视公私法的交融和合作。而将行政私法合同定性为兼具公、私法双重性质,从而复合适用公法和私法的观点,既看到公私法的分野和对峙,又看到公私法的交融和合作,也许更符合行政私法合同的本质。在复合适用中,根据合同内容、启动主体的不同,分别适用公、私法,不仅在理论上"徒增复杂",不免存在"法学上之虚构"之嫌,而且令司法实务界也难以甄别和救济。而总体适用公、私法,既说明此类合同的统一性,又在理论上易厘清,在实务上易判断。至于选择总体适用中哪种具体情形,又与一国的具体国情、立法者的主观考量以及该国法学理论的探索息息相关。

---

〔1〕 See Jody Freeman ,Private Parties,Public Functions and the New Administration Law, Administration Law Review,2000,(3).

在我国，虽然行政机关已开始使用行政私法合同实现公法任务，但对此类合同如何进行法律适用，在司法实务中做法不一，在理论上无系统建构。笔者认为，对于行政私法合同这类新型合同，应当总体上适用私法，但受公法的约束。得出这一结论，除了上述原因之外，还基于以下因素的考虑：

其一，作为行政私法行为重要组织部分，行政私法合同具有总体上划归私法性质合同的历史渊源。在当今公私法日益融合的新形势下，公法与私法划分的必要性虽不断受到人们的质疑，但大陆法系各国无不承认公私法区分的实益。德国学者将行政活动总体上划分为主权性（即公法性）的行政活动和国库性（即私法性）的行政活动，而行政私法、财政补贴和经营行为属于私法性的行政活动〔1〕。日本学者也把行政上的法律关系划分为权力关系（即支配关系）和非权力关系，而非权力关系又分为提供服务的关系和私经济关系〔2〕。在我国台湾地区，大多数学者根据行政达成"国家"任务的方法和性质，把公行政分为高权行政（公权力行政）和"国库行政"（私经济行政），而"国库行政"又分为以私法方式辅助行政的行为、行政营利行为、以私法方式达成行政任务的行为（行政私法行为）〔3〕。从以上学者的学说可知，行政私法行为都被划归私法性质的行为类别之下，因而此类行为在大陆法系中总体上适用私法无须赘述。从公私法二元论的历史发展看，"尽管是国家活动，关于国库的活动，在法治行政形成以前就受一般私法的制约，服从民事审判权"〔4〕。就连否认行政法与公私法二元论关联性的日本学者室井力教授也认为："非权力关系……与私人

---

〔1〕［德］哈特穆特·毛雷尔．行政法总论．高家伟译．北京：法律出版社，2000．39．

〔2〕转引自杨建顺著．日本行政法通论．北京：中国法制出版社，1998．171．

〔3〕翁岳生．行政法2000（上册）．北京：中国法制出版社，2002．24－26．

〔4〕杨建顺．日本行政法通论．北京：中国法制出版社，1998．172．

也同样能进行的法律关系具有同一性质，因此，这种非权力关系原则上应受民法的规范。”[1]在我国大陆，虽然没有公、私法划分的传统，但我国的法律制度与大陆法系国家非常接近，借鉴这些国家的理论和制度，以解决中国行政私法行为法律适用问题不无裨益。与西方国家相比，我国社会制度不同，市场经济发育程度不一，所以又不能像我国台湾地区那样完全适用私法。如前所述，我国行政私法行为是兼具私法、公法双重性质的新型合同，这一性质进一步决定了该类合同总体上应适用私法。

其二，行政私法合同具有在尊重个人利益基础上实现公共利益的现实考虑。如果说合同适用私法反映了个人利益的话，那么合同适用公法则彰显了公共利益。在当今公共利益与个人利益的博弈中，在充分重视和尊重个人利益的基础上，实现公共利益的最大化，逐渐成为人们的共识。由此推论，在行政私法合同这类兼具个人利益和公共利益双重价值的合同之中，应当立足于尊重个人利益的基础上，实现公共利益。换言之，行政私法合同应当首先总体适用反映个人利益的私法，同时又受彰显公共利益的公法的约束。因为在选择行政私法合同时，行政机关并非公权力主体，而是立于类似一般私人的地位所从事的行政活动，对此首先要考虑的是尊重私人主体的私权和个人利益，这就导致行政私法合同总体上适用私法。私法范围内适用私法自治、契约自由原理，乃在创设“自由于‘国家’之外”之空间，在高度民主空间内人民得自治、自决，“国家”不得任意介入。[2] 但是，行政私法合同并无私法自治的完全空间，不能完全适用私法，否则一方面行政机关或法律法规授权的组织和私人主体双方可能追求自身利益最大化而置公共利益于不顾；另一方面行政机关或法律、法规授权的组织可能滥用选择自由，

〔1〕 [日]室井力. 日本现代行政法. 吴微译. 北京：中国政法大学出版社，1995. 38.

〔2〕 李震山. 行政法导论. 台北：三民书局，1999. 28.

将原来应受公法限制的公权力行政合同改为行政私法合同,乃至导致"国家"任意介入,发生行政"遁入私法",从而逃避公法责任。为此,行政私法合同在总体适用私法的同时,又应受公法的拘束,严格依法行政,以期实现该类合同所要达到的公共利益的目的。

那么,如何具体运用行政私法合同总体适用私法、但受公法的约束这一法律适用原理呢?笔者认为,首先应当明确总体适用私法的含义。必须注意的是,总体适用并不等于全部适用,私法原则和规则不能无条件地适用行政私法合同。因为行政机关或法律、法规授权的组织通过私法手段实现公共任务,"即使属于私法性质附属或救济事务的过程中,也保留国家的所有特别义务"〔1〕。因此,可供行政机关适用的只是私法的形式或作为技术性的活动形式,而不是私法自治原则的自由和可能性,否则行政机关可能从事与其本身职权无关的事务。就私法原则而言,诚信原则、情事变更原则、契约自由原则等均可适用于行政私法合同;就私法规则而言,民法通则、合同法、侵权法、担保法等规则对行政私法合同也大有适用的余地。其次,行政私法合同总体适用私法的同时,又受宪法上基本人权的约束和行政法一般原则原理的约束。具体说来,行政私法合同系执行公共任务的手段,与一般私人活动不可同日而语,应当受基本人权——诸如平等原则、私有财产权保护等的约束,否则行政机关或法律、法规授权的组织通过私法机构就会把宪法关于基本人权的规定绕过〔2〕。行政私法合同还应受到以法律优先和法律保留两原则为核心的依法行政原则以及其他一些公法原则如诚信原则、信赖保护原则、比例原则等的约束。

---

〔1〕［德］G·平特纳.德国普通行政法.朱林译.北京:中国政法大学出版社,1999.90.

〔2〕［德］罗尔夫·斯特博.德国经济行政法.苏颖霞,陈少康译.北京:中国政法大学出版社,1999.252.

第二部分　行政合同基本制度研究

第四章　行政合同的订立与效力

一、行政合同订立的含义与要件

行政合同的订立是指缔约主体为意思表示并达成协议的过程和状态。合同的订立首先是一个协商的过程,在这个过程中缔约主体通过接触与洽谈,共同朝着预定的目标迈进,协商的过程通常由要约邀请、要约、反要约、承诺等一系列行为所组成,合同的订立还是一种状态,即缔约各方经过协商就主合同的主要条款达成一致意见,形成了一个为双方所接受的协议。一般来说,行政合同的订立必须具备下列条件:(1)首先要有缔约人。缔约人是订立合同的主体,他们可以是未来的合同当事人,也可以是未来合同当事人的代理人。因此,缔约人与合同主体并不完全一致,合同主体是合同法律关系的当事人,他们是实际享有合同权利与履行合同义务的人,而缔约人可以是合同的当事人,也可是合同当事人的代理人。缔约人是订立合同最基本的构成要件之一。行政合同的缔约人在一般情形下至少应有一方为行政主体或行政主体委托的代理人。(2)缔约人必须要有缔约的意思表示。缔约的意思表示通常由要约和承诺所构成,在采用公平竞争方式缔结的行政合同中,在要约之前还有行政主体发出的要约邀请。行政合同中的要约邀请通常是指行政主体发出的希望其他行政主体或相对人向自己发出要约的意思表示,拍卖公告、招标文件等是行政合同中要约邀请的基本形式。要约是要约人希望和他人订立合同的意思表示。我国《合同法》明确要求作为订立合同意思表示的要约,必须具备两个条件:一是内容具体明确;二是表明经受要约人承诺,要约人即受该意思表示约束。在行政合同的订立中,要约既可能由行政主体发出,也可能由相对人发出。承诺是受要约人同意要约的意思表示。(3) 缔约人的意思表示必须通过一定的形式体现出来。由于行政合同的特殊性,法律上一般要求行政合同必须采用书面形式缔结,法律法规如果对行政合同的订立有其他要求的,还必须符合其他要求,如法律法规规定行政合同的订立必须经其他行政机关批准的,还需经有关行政机关批准。

二、行政合同订立的基本原则

行政合同的订立需要遵循一定的原则,行政合同订立的基本原则对指导行政合同的订立具有重要意义。首先,它可以为行政合同的订立提供统一的标准。由于我国行政合同制度的不成熟,行政合同的订立也缺乏统一的标准,实践中往往存在着主观随意性大、规范性欠缺的情形,这显然不利于合同的订立与履行,而且在履行过程容易出现纠纷。其次,它可以规范行政主体订立行政合同的行为,保障行政相对人的合法权益。用行政合同取代单方行政行为的优势之一就是能保证合同双方当事人的平等地位,摆脱行政相对人的弱势地位。但如果没有法律原则的有效约束,这一方式也极易流于形式,会导致行政主体借行政合同之名行侵害行政相对人权利之实,行政合同也就沦为美丽的"幌子"。最后,它对行政合同争议纠纷的解决具有重要的指导作用。

那么订立行政合同到底应遵循哪些基本原则呢?学者们的认识不完全相同。我国台湾学者李惠宗认为订立行政契约主要应当遵循合法原则。合法原则包括形式合法和实质合法两个方面。形式合法可分解为缔结权限法定、程序法定和方式法定;而实质合法可分解为符合一般契约原则和不得抵触行政法一般原则[1]。我国

〔1〕 李惠宗. 行政法要义. 台北: 五南图书出版有限公司,2002. 356 - 357.

大陆学者皮纯协认为,订立行政合同应当遵循协商原则、公开原则、回避原则等基本原则[1]。邢鸿飞认为,订立行政合同应当遵循合乎行政目的的原则、基于行政权限原则和符合行政政策原则[2]。

我们在汲取学界观点、结合我国行政合同实践的基础上将行政合同订立的基本原则概括为:合法原则,平等原则,公开原则,回避原则,竞争原则,协商原则,诚实信用原则。兹分述如下:

(一) 合法原则

合法原则包括形式合法和实质合法两个方面。形式合法具体包括:(1) 权限合法。不同的行政主体依照法律的授权拥有不同的权限,行政合同的缔结应该以行政主体所拥有的行政职权为基础。任何行政主体都只能在自己管辖的事务范围或行政权限范围内与其他行政主体或相对人缔结行政合同,无权机关订立的行政合同以及行政主体超越权限范围所缔结的行政合同是无效的。(2) 方式合法。行政合同由于涉及公权力的形式并且有公务员参与完成,因而在通常情况下必须以书面形式订立,法律法规对合同的订立有特别规定的,还应当遵守法律法规的特别规定。(3) 程序合法。行政合同订立的程序如要约、承诺的到达、生效或变更等除应当遵守合同的一般规则外,由于行政合同的缔结涉及公共利益与私人利益的平衡,因而还必须遵循特定的行政行为程序,如公告、听取意见、说明理由等。实质合法是指行政合同的内容合法,行政合同不得违反法律法规的强制性规定,不得损害公共利益。

(二) 平等原则

在行政合同中,双方当事人的法律地位问题一直存有争议,有人甚至将双方主体地位的不平等作为行政合同区别于民事合同的

[1] 皮纯协. 行政程序法比较研究. 北京:中国人民公安大学出版社,2000. 428－433.

[2] 应松年. 当代中国行政法. 北京:中国方正出版社,2005. 1020－1021.

特点之一。我们认为,平等原则,并不是民事合同特有的原则,行政合同作为合同,必须遵循合同的基本准则,而平等原则恰恰是包括行政合同在内的所有合同都应当共同遵守的基本规则,很难想象在主体地位不平等的情形下双方特别是相对人一方当事人能够进行真实的意思表示。事实上,在有的国家和地区,平等原则已经作为行政程序中的基本原则规定到行政程序法中,如葡萄牙《行政程序法》第5条规定,“与私人建立关系时,公共行政当局应遵循平等原则”,我国澳门地区行政程序法亦有同样的规定。

(三) 公开原则

公开原则的价值在于增加程序参加人参与程序活动的目的性和针对性。在行政合同的缔结阶段,除公开会损及公共利益的情形外,行政机关有义务将所有与行政合同订立有关的情况予以公告,以接受来自公众的监督,防止和杜绝“黑箱操作”[1]。美国对政府合同中的公开制度作了较为完备且严格的规定,除公开有可能泄漏国家秘密、使政府遭受严重损害、国际条约与协定有相反规定等情况外,必须将合同的订立条件等在一定媒体上公布,并规定反馈意见的时间[2]。法国行政程序上要求行政机关必须将缔结行政契约的意愿向公众公开,以邀请投标者,违反该程序要求将导致合同因越权而被撤销[3]。我们认为,我国行政合同的订立中也应当遵循公开原则,除公开会导致损害国家利益或公共利益的外,行政合同的订立应当公开,订立行政合同的公开原则至少应当包括:(1) 缔结行政合同的条件公开;(2) 参与竞争的条件公开;(3) 合同当事人资格条件的公开;(4) 甄选的过程公开,(5) 甄选

〔1〕 皮纯协.行政程序法比较研究.北京:中国人民公安大学出版社,2000.433.

〔2〕 Emmett E. Hearn. Handbook on Government Contracts Administration(Hearnsociates,1987),P46 -47.

〔3〕 John Bell &Neville Brown. French Administrative Law,P194.

的结果公开;(6) 甄选的理由公开。

(四) 回避原则

为了确保行政合同行使的权威性和公正性,需要将回避原则引入行政合同的缔结阶段。回避的主体为行政机关工作人员。回避的种类分为两种:一是行政机关工作人员与参与竞争订立行政合同的相对人之间存在利害关系,需要回避的情形。否则可能会导致两种结果:要么行政机关工作人员与相对人相互串通,共同损害国家利益、集体利益或第三人的合法权益,要么行政机关的工作人员借履行行政合同百般刁难行政相对人,假公济私,公报私仇。二是行政机关工作人员与受行政合同订立影响的第三人有利害关系,需要回避的情形。否则也可能会产生两种结果:要么行政机关工作人员故意促成行政合同的成立以侵害第三人的利益,要么故意促成行政合同的成立为第三人谋求非法利益。规定回避原则能有效防止以上非法情形的发生,净化行政合同订立的目的和动机。回避的方式分为申请回避和自行回避。申请回避的主动权赋予行政相对人,自行回避的主动权在行政机关工作人员。

(五) 竞争原则

为鼓励行政主体以最低的成本获得最高的行政效益,防止行政腐败,行政法上通常将强制竞争原则作为行政合同的订立中必须遵循的基本原则。其中,招标、拍卖等公开竞争方式是行政合同订立中常用的方式。葡萄牙《行政程序法》第 183 条明确规定,除了规范公共开支运用的法规或特别法中有关保留外,行政合同的订立应先经过公开招标。我国澳门特别行政区《行政程序法》第 162 条亦规定行政合同一般应先经公开竞投后方可订立。行政主体以招标、拍卖等公平竞争的方式选择缔约相对人限制了行政主体在行政合同缔结时自由裁量权的行使,防止了行政合同缔结及履行中的腐败现象,节约使用了公共财政,从而使行政合同更公平、更具效率,竞争原则是行政合同订立中一个十分重要的原则。

（六）协商原则

在我国行政合同制度的构建中，出于保证行政机关所预期的特定行政目标达成考虑，需要赋予行政机关较大的主导性权利，而这在实际操作中又会引发诸多失范，为了预防失范的发生，必须设定协商制度，以搭建一个多方主体平等对话的平台。协商原则对于相对人理解和支持行政机关所欲推行的政策，协调可能发生冲突的公共利益和其他程序参与者的利益，达成相对满意均衡的方案具有重大意义。协商的主体不限于行政合同的双方当事人，还可能包括利益将受到即将订立的行政合同影响的第三人。吸纳第三人参加协商对于减少纠纷的产生，降低行政成本具有举足轻重的作用。协商的内容比较广泛，除法律法规规定不能协商的事项外，均可通过协商加以解决。协商为合同主体提供了充分自由交流的空间，有利于各方主体互相理解，从而确保合同顺利履行。协商的方式也比较多样，可以采用直接磋商、听证会、座谈会等方式，会议应当形成笔录，作为订立行政合同的参考依据。

（七）诚实信用原则

我国《合同法》第 6 条规定，“当事人行使权利、履行义务应当遵循诚实信用原则”。这是我国合同立法首次规定诚实信用原则，人们通常将诚实信用原则作为民事合同的基本原则，而我们则认为，诚实信用原则虽然规定在合同法中，但它是所有合同包括行政合同都应当共同遵守的一般法律原则。关于诚实信用原则的具体含义，中外学者的看法不尽一致。在英美法系国家，大多将诚实信用作为一种行为规则对待。认为“诚实信用，就是在进行商业活动及缔结契约时必须对事实完全诚实坦白、以平等互利为目的、行为通情达理、绝不设意欺诈或乘人之危巧手渔利”[1]，诚实信用原则强调的是主观上的善意，反对的是主观动机上的恶意。我国学者也多将其

---

〔1〕 傅静坤. 论美国契约理论的历史发展. 外国法译评，1995，(1).

视为一种行为规则,认为诚实信用是指合同当事人在从事合同行为时诚实守信,以平等互利为目的,不欺骗他人,不滥用权利,不规避法律和合同义务。诚实信用原则的基本含义包括:(1) 当事人在订立、履行合同时,要以诚相待,恪守信用,把善意作为从事合同行为的基本出发点。(2) 当事人在从事合同行为时,要平等互利,忠于事实真相,不欺骗对方。(3) 当事人在从事合同行为时,不滥用合同权利,主动承担合同义务,不得规避法律〔1〕。我们认为,这些行为规则不仅是民事主体在从事民事合同行为时应当遵循的行为规则,同样也是行政主体与相对人在从事行政合同行为时应当遵循的基本规则。事实上,有的国家和地区已经将这一原则规定在行政程序法中,成为行政主体及相对人在行政活动中必须遵循的基本行为准则,如葡萄牙《行政程序法》即将这一原则作为行政程序法的基本原则规定在该国行政程序法的一般原则中(葡萄牙《行政程序法》第6条将这一原则称之为"善意原则")。

三、行政合同的订立方式

与一般民事合同自由的订立方式相比,行政合同在合同的订立方式上法律要求比较严格。我们根据行政主体在行政合同订立中自由裁量权程度的不同,将行政合同的订立方式划分为三类:一是竞争缔约,二是强制缔约,三是协商缔约。

(一) 竞争缔约

所谓竞争缔约是指必须以招标、拍卖等公平竞争的方式订立的行政合同。竞争缔约的方式通常包括招标、拍卖、竞争性谈判以及邀请发价等形式。

1. 招标。所谓招标,是指由行政主体确定标的和合同主要条款,相对人根据要求竞标,行政主体经法定评标、议标程序,选择、

〔1〕 柴振国,等.合同法研究.北京:警官教育出版社,1999.27.

确定最优者为中标方并与之缔结合同。在法国,招标是最常用的缔结行政合同的方式,金额在一定数目以上的合同,除少数情况特别看重当事人的个人因素或者有紧急需要以外,必须采取招标缔约方式。招标一般有公开招标和邀请招标两种,以公开招标为主、邀请招标为辅。邀请招标是有限制的招标,只有行政主体指定的相对人才可以投标。采取招标方式时,行政机关只能和要价最低的企业或出价最高的企业缔结合同,不能在中标人以外自由选择合同的当事人。为了使行政机关不过分受约束,行政机关对于中标的企业不满意时,可以不批准这次招标而举行第二次招标。但缔约的当事人仍然以第二次中标人为限[1]。招标方式的适用范围也受到一定的限制,以下情形一般不适合招标方式:第一,合同较为重视相对人的个人因素的。第二,签订合同是为了应付紧急需要的。第三,合同标的金额数目较小的。招标这种缔约方式被广泛采用,与招标的自身特点息息相关:(1) 对于行政管理的效益而言,可以最大程度地发挥公共财政的使用价值,较好地实现行政管理的目标。(2) 对于相对人来说,享有充分的选择自由,平等地进行竞争。任何对行政合同标的感兴趣的相对人都可以参加竞标,不受国别、地区的限制。即使在某些有限制的招标中,凡是符合条件的相对人也都可以参加投标。(3) 对于行政主体而言,招标意味着公平竞争,有利于保证政府自身廉洁的良好形象,也有利于对广泛竞标人的选择。在葡萄牙,行政程序法规定除法律有特别规定之外,行政机关与私人订立履行行政职责的合同应优先使用招标,招标的形式有公开招标、事先筛选的限制性招标、免送候选名单的限制性招标和具预先公告的招标,而且,除了规范公共开支运用的法规或特别法中有关保留外,行政合同的订立应先经过公开招标,行政机关应接受符合法律所定的一般要件的任何实体

---

〔1〕 王名扬.法国行政法.北京:中国政法大学出版社,1989.184.

参与公开招标。在我国,招标方式开始在有限自然资源的开发利用、有限公共资源的配置等领域使用,随着行政合同制度的不断健全与完善,招标方式也应当成为我国行政主体订立行政合同的主要方式。

2. 拍卖。与招标一样,拍卖也是一种通过竞争缔约的方式,在行政合同的订立方面,通常是指行政主体以公开竞价的方式,将特定的公共产品、公用事业的特许经营权转让给竞价者的方式。在我国,传统体制下的公共产品、公用事业诸如城市的供水、供电、供气、供热、污水处理、垃圾处理等都是由政府进行经营的,但政府的直接经营无法实现成本的最低化和效益的最大化,因此,实行"政府特许、民间经营"、由政府授权具有独立法人地位的企业尤其是由民营企业进行经营近年来成为我国公用事业改革的趋势。但由于这些领域中的不少经营项目多具有自然垄断性质,如根据建设部的规定,在一个城市天然气的供应只能由一家经营,那么,在一个城市,一项公用事业项目应当授予谁去经营呢?目前我国实践中各级地方政府普遍采用的方式就是拍卖,通过公开拍卖的方式决定经营者并与之签订特许经营协议。当然完全使用拍卖方式转让公用事业的经营权也存在一定的问题,因为在存在多方竞拍的情形下,某一经营项目的价格可能会被抬得很高,而这些项目多与公众的生活密切关联,其产品或服务的价格受到政府的限制,不能任由经营者自由定价,因此,经营者成本回收及营利就会成为问题。我们认为,为了避免出现经营者的经营难以维系的局面,行政机关应当根据各经营领域的不同而采用相应的拍卖方式,对于有比较好的营利的领域可以采取完全的公开拍卖的方式,对于只有微利甚至需要政府补贴的领域可以采用限制性的拍卖方式,如通过预先设定经营价格的方式再去竞争经营权,这样经营权的价格就不会无休止地上扬。

3. 竞争性谈判。所谓竞争性谈判,是指行政主体对不能或不宜采取招标、拍卖等方式缔约的事项，又需要通过一定的竞争方式确定合同的相对人时采用的一种方式，行政主体通过与多个相对人分别谈判，从中选择最合适的人选缔结合同。较之招标、拍卖的方式，竞争性谈判在相对人的选择上具有更大的自主性，行政主体可以通过谈判、比较，确定最佳人选；在合同内容的确立及缔约程序上，竞争性谈判也具有更大的灵活性，通过谈判，能使行政主体的意图和目的得到最充分的体现，从而使合同内容最具有客观性和针对性[1]。

4. 邀请发价。所谓邀请发价，是指行政主体为了实现一定的行政管理目标，在签订合同以前，向一定范围内的相对人发出要约邀请，提出一定的条件，邀请其发价，然后由行政主体综合经济的、技术的和政治的因素，选择自己认为最为恰当的当事人签订合同。这种方式一般也可以采取公开的或限制的招标方式，它吸收了招标方式广泛选择性的优点，同时又与招标不同：邀请发价中没有中标人，行政主体不一定要和要价最低或出价最高的相对人缔结合同。因此，邀请发价在投标的基础上，行政主体可在参加投标的相对人中，综合考虑，择优录取，使行政主体保持了较大程度的选择自由。邀请发价是法国行政合同缔结的一种方式，在日本也有类似的方式，称为指名的竞争契约[2]。

（二）强制缔约

所谓强制缔约是指相对人负有应行政主体要求而与之订立合同的义务。在我国，粮食等农副产品的定购合同即是一种典型的强制性的合同，在国家计划规定收购范围内的粮食等农副产品必须卖给国家委托收购的企业。当然，这种强制性的缔约手段类似于行政命令，因而，实践中使用的领域及范围应有严格限制。

---

〔1〕 应松年. 当代中国行政法. 北京：中国方正出版社，2005. 1022。

〔2〕 曹守晔. 合同管理及诉讼理论与实务. 北京：人民法院出版社，1997. 31－32.

（三）协商缔约

所谓协商缔约，是指行政主体在签订行政合同以前，已有一定的意向，与一个或几个相对人直接就合同内容进行协商，并根据协商的内容与情况与合适的相对人签订行政合同的方式。在这种缔约方式下，行政机关选择合同当事人的自由权最大，因而也容易产生不公或腐败现象，所以法律对此往往详加限制。在法国，直接磋商方式主要用于下列事项：研究、试验和实验合同，招标和邀请发价没有取得结果的合同，情况紧急的合同，需要保密的合同，需要利用专利权或其他专有权利的合同，需要利用特殊的和高度专门技术的合同等。可见，直接磋商虽然受到限制，应用的范围仍然非常广泛。这种缔约方式实际上是最常用的方式。法律还规定行政机关在采取直接磋商这种缔约方式时，也要尽量鼓励竞争[1]。与招标方式相比，直接磋商具有以下几个特点：第一，双方协议的方式所需要的时间较短，由双方当事人面对面协议，可以加快缔约进程，具有经济效益，尤其对于情况紧急的合同更为适合。第二，双方协议的方式不具有公开性，因此特别适合涉及机密事宜的合同。第三，双方协议的方式可以使行政主体更为清楚地了解相对人的有关情况，选择相对人的自由度很大，很少受到什么限制，从而使行政主体选择出来的相对人最适合履行某项合同，从而能够有利于合同目的的顺利实现[2]。在葡萄牙，直接磋商也是行政合同订立的一种法定方式但其使用受到严格限制，按照该国行政程序法的规定，由于直接磋商免除一切咨询，因而，这种方式不是行政合同订立的首选形式，也不是订立行政合同的主要形式。在我国，目前通过直接协商的方式订立行政合同的情形还比较普通，为避免直接协商订立合同所可能引发的诸多问题，立法应对这一方面使

[1] 王名扬.法国行政法.北京：中国政法大学出版社，1989.184。

[2] 曹守晔.合同管理及诉讼理论与实务.北京：人民法院出版社，1997.32.

用的领域和范围进行严格的限制，凡具有直接或间接经济利益的合同一般都应尽量避免使用直接磋商的形式。

四、行政合同订立的程序

行政法从只重视实体控制到实体控制和程序控制兼顾，经历了一个漫长的发展阶段。因为在长期的行政执法实践中，光有制定完备的实体法律并不能产生良好的效果，而事后的司法审查往往也于事无补，对行政行为的规制从事后乏力的审查救济转向事前和事中的有效程序控制，是行政法发展中的一大突出进步。程序本身就在于规范权力的运作，保障权利的实现，形成权力与权利相互制衡的关系。之所以要规定行政合同的订立程序，原因在于行政程序作为行政决定的规范流程，能够提供各方交流的理想空间，促进意见疏通，扩大选择范围，调和彼此利益；能够消除地位不对等的隔阂，使处于弱势的一方能够自由地表达意见，实现合意的自由；能够通过课加行政机关程序上的义务和赋予相对一方程序上的权利，使行政机关主导性权力的行使合乎理性，从而保证由此作出的行政选择是最有效益的。换句话说，行政程序能够通过促使地位不对等的双方当事人实现自由的对话与交流，使行政恣意得到抑制，从而使行政合同从本质上符合合同的根本特性，同时控制政府在契约中享有的主导性权利的行使[1]。关于行政合同订立中应当遵守的程序制度，德国、法国、葡萄牙和我国台湾地区均有规定。结合这些规定，可以将行政合同订立中应当遵守的主要程序性制度概括为下列方面。

（一）公告制度。公告制度与公开原则是相对应的。行政主体在订立行政合同之前应当把相关资讯公开，公告合同当事人应

〔1〕 皮纯协.行政程序法比较研究.北京：中国人民公安大学出版社，2000.427－428.

当具备的资格和标准以及有关的合同内容。事先公告的目的在于及时通知对合同感兴趣的人参加合同的订立,使可能受到合同影响的第三人能适时进行陈述和申辩以维护自身的合法权益,使程序参加者能够了解有关订立合同的详细材料,使参与活动更具目的性。我国台湾地区“行政程序法”第 138 条规定,“行政契约当事人之一方为人民,依法应以甄选或其他竞争方式决定该当事人时,行政机关应事先公告应具之资格及决定之程序”。

（二）听取意见制度。当行政合同必须通过公开招标、拍卖等公开竞争的方式决定缔约相对人时,行政机关在决定缔约相对人时应当听取其他参与投标、竞买的相对人的意见。我国台湾地区“行政程序法”第 138 条不仅规定“行政契约当事人之一方为人民,依法应以甄选或以其他竞争方式决定该当事人时,行政机关应事先公告应具之资格及决定之程序”,而且规定“决定前,并应予参与竞争者表示意见之机会”。行政合同即使通过非竞争性的方式订立时,只要参与协商的相对方当事人为两人以上的,对于未能取得缔约权的相对人,行政主体都应当听取其意见,其意见成立的,应当及时纠正错误的决定。

（三）第三人同意制度。若行政合同的内容影响到第三人、合同的履行可能侵犯到第三人的合法权益的,行政合同的订立应当征询相关利害关系人的意见并应取得其同意。但利害关系人的同意应当是作为订立合同的条件还是作为合同生效的条件认识不一,德国《行政程序法》及我国台湾地区“行政程序法”均规定,行政契约的内容侵害第三人权利者,应该征得该第三人的书面同意后,行政契约始生效力。显然,德国《行政程序法》及我国台湾地区的“行政程序法”均将第三人的同意作为合同生效的要件。但我们认为,为避免不必要的行政资源的浪费,以第三人的同意作为订立行政合同的要件似更为合适。

（四）说明理由制度。它是指行政机关在存在多名符合资格的竞争者中间进行利益的分配时，对最终决定所作的依据解释，或者作为听证的替代方式对主导性权力行使的理由进行书面的阐述。要求行政机关承担这种义务，能够使行政机关在作出决定时更加审慎，同时也便于对决定的正确性进行事后的审查和判断[1]。

（五）书面形式制度。行政合同应当以书面形式订立，如果法律法规对行政合同还有其他的特别要求的，还应当遵守法律法规的特别规定，这几乎是所有实行行政合同制度的国家和地区共有的一项程序制度。德国《行政程序法》第 57 条规定，"公法契约之缔结，应以书面为之，但法规另有其他方式之规定者，不在此限"，葡萄牙《行政程序法》第 184 条规定，"行政合同必须以书面订立，但法律另定其他方式者除外"，我国澳门地区《行政程序法》第 163 条关于合同方式的规定与葡萄牙《行政程序法》第 184 条的规定完全相同，我国台湾地区"行政程序法"第 139 条规定，"行政契约之缔约，应以书面为之"。

（六）参与保留制度。参与保留原则是指当法律规定行政合同在订立时必须征得其他行政机关的批准同意时，必须经其他行政机关批准同意该合同才能发生法律效力的制度。参与保留制度在德国《行政程序法》和我国台湾地区"行政程序法"中均有体现。德国《行政程序法》第 58 条规定，"行政处分之作成，依法规之规定应有其他官署之许可、同意或者协同者，如为代替该行政处分而订立契约时，此项契约于该其他官署依该规定之方式参与后，始能生效"；我国台湾地区"行政程序法"第 140 条规定，"行政处分之作成，依法规之规定应经其他行政机关之核准、同意或会同办理者，代替该行政处分而缔结之行政契约，亦应经该行政机关之核准、同意、或会同办理，始生效力"。而法国行政法上对"参与保

〔1〕 皮纯协. 行政程序法比较研究. 北京：中国人民公安大学出版社，2000. 432.

留”的态度是,如果未获得规定的同意,那么行政合同无效;但如果合同当事人已经部分或者全部履行合同,那么其有权要求按照合理价格支付赔偿;或者合同当事人也可以针对上级机关拒绝同意的决定向行政法院提起请求赔偿或者撤销[1]。法国的这种处理方式兼顾了对公共利益的保护和对善意相对人的救济,值得借鉴。我们认为,由于我国行政立法及实践中需要经过上级行政机关批准、同意或应与其他行政机关联合办理的行政行为不在少数,因此,如果行政主体以行政合同方式替代上述行政行为的,该行政行为也应当经过上级行政机关批准或其他行政机关的同意,行政合同制度中应当确立参与保留制度。我国参与保留原则的适用条件是:被行政合同所替代的行政行为的作出需要其他行政机关的核准、批准、同意或联合办理时,行政合同的订立也需经过相关行政机关的核准、批准、同意或联合办理,否则行政合同无效;但是如果合同当事人已经部分或者全部履行行政合同的,其有权获得相当的赔偿。

五、行政合同的成立与生效

合同成立是合同订立过程的完成,它是指当事人经过协商就合同的主要内容达成一致。在有行政合同制度的国家和地区,对行政合同成立的要件及时间大多未作规定,但由于行政合同在行政程序法未作规定的情形下准用民法的规定,因此,应该认为民法上关于合同成立的规定可以适用于行政合同,而民法上对合同的成立一般都规定得具体明确。在我国,关于合同的成立,《合同法》针对不同情形分别作了详细规定。《合同法》第 25 条规定,“承诺生效时合同成立”,这是对合同成立条件与成立时间的一般规定;第 32 条规定,“当事人采用合同书形式订立合同的,自双方

---

〔1〕 John Bell &Neville Brown. French Administrative Law, P200.

当事人签字或者盖章时合同成立”,这是对当事人采用合同书形式订立合同时合同成立的条件与时间的规定;第33条规定,“当事人采用信件、数据电文等形式订立合同的,可以在合同成立之前要求签订确认书。签订确认书时合同成立”,这是对电子合同成立的特别规定;第36条规定,“法律、行政法规规定或者当事人约定采用书面形式订立合同,当事人未采用书面形式但一方已经履行主要义务,对方接受的,该合同成立”,这是对应当采用书面形式而当事人未采用书面形式订立合同的合同成立的规定;第37条规定,“采用合同书形式订立合同,在签字或者盖章之前,当事人一方已经履行主要义务,对方接受的,该合同成立”,这是对应当签字或者盖章而未签字或者盖章的合同成立的规定。我们认为,在行政法上对行政合同的成立未有特别规定的情形下,行政合同的成立可以准用民法关于民事合同成立的这些规定。

合同生效即合同发生法律效力。合同成立是合同生效的前提,依法不成立或没有成立的合同不发生法律效力,但成立本身并不导致合同必然生效,合同生效必须符合合同的生效要件的要求。关于行政合同的生效要件,行政法学界专门的讨论不多(大多放在行政行为的生效要件中去讨论),我们认为,参照民事合同的生效要件,行政合同的生效要件应当包括实质要件和形式要件两个方面。实质要件是指行政合同必须符合法律规定的实体条件,形式要件是指行政合同必须符合法律规定的程序和形式。行政合同生效的实质要件应当包括:(1) 缔约人具有缔约能力。对行政主体来说,其必须具有订立行政合同的权限和资格并应在法定权限范围内就其所管辖的事务订立合同,对相对人来说,其必须具有行政法上的权利能力和行为能力,如果是代理人代理当事人签订合同,则必须取得当事人的授权且必须在委托授权的范围内代理当事人签订合同,没有取得代理资格而代理当事人签订合同的,事后只有取得当事人的追认合同才能对当事人发生法律效力。(2) 当事人意思表示真实。即缔约人的表示行为应是其内心真实的想法,合同的本质是当事人之间的合意,行政合同也不例外,因此,意思表示真实是行政合同生效的重要构成要件。意思表示不真实通常有两种情形:一是因当事人自身的原因导致的意思表示不真实,主要是基于对合同订立情形或对对方意思表示的误解而引起的意思表示不真实;二是由于当事人意志以外的原因导致的意思表示不真实,如一方当事人使用强制或欺骗的手段而使对方当事人在违背自己真实意志的情形下订立的合同。(3) 内容不违反法律及社会的公共利益。行政合同生效的形式要件包括:(1) 行政合同符合法定形式。在建立起行政合同制度的国家和地区一般均要求行政合同必须采用书面形式,如果法律法规对合同方式另有其他特别规定的,还必须遵循相应的规定。(2) 符合法定程序。当行政法上对行政合同生效的程序有特别规定的,只有在符合法定程序的情形下行政合同才能生效。如我国台湾地区"行政程序法"第 140 条规定,"行政契约依约定内容履行将侵害第三人之权利者,应经该第三人之同意,始生效力;行政处分之作成,依法规之规定应经其他行政机关之核准、同意或会同办理者,代替该行政处分而缔结之行政契约,亦应经该行政机关之核准、同意或会同办理,始生效力"。这些都是对行政合同生效的程序要件的规定。

与生效要件相关的另一个问题是合同生效的时间,一个合同如果符合合同生效要件的要求,那么,该合同应从什么时间起开始生效呢?这一问题我国行政法上同样没有讨论。在《合同法》上,关于民事合同的生效规定了三种情形:一是依法成立的合同,自合同成立时生效。在这种情形下,合同生效的时间与合同成立的时间原则上是一致的,合同成立就产生法律效力;二是法律、行政法规规定应当办理批准、登记等手续生效的,应当自批准、登记完成之日起合同生效;三是关于附条件与附期限的合同的生效。合同的生效如果附生效条件的,自条件成就时合同生效;合同生效附生效期限的,自期限届至时合同生效。在行政法上对行政合同的生效未作特别规定的情形下,行政合同生效的时间同样可以准用民法的一般规定。

那么有效的行政合同具有哪些方面的法律效力呢? 合同法一般理论上将合同的效力分为合同的对内效力和对外效力两个方面。对内效力是指对合同当事人的法律效力,它具体体现为:(1)合同依法成立后,合同当事人应当严格按照合同的约定履行合同。(2)当事人不得随意变更或解除合同。(3)当事人依法享有合同约定的各项权利。(4)当事人的合同权利受法律保护,当这些权利受到侵害时,权利人可以通过法律途径寻求救济和保护。(5)当事人违反合同约定的,应当依法承担违约责任。合同的对外效力是合同对当事人以外的第三人产生的法律效力。具体表现为:合同一旦生效,任何单位或者个人都不得阻挠当事人履行合同约定的义务,不得侵犯当事人的合同权利,根据法律规定第三人对当事人合同的履行负有协助义务的,第三人应当协助当事人履行合同。这些方面的法律效力应当是包括行政合同在内的所有合同都应有的法律效力。

六、行政合同的无效

合同成立以后,其可能引起的法律后果包括四种情形:一是符合法定生效要件,合同产生法律效力;二是欠缺合同的生效要件,合同不发生法律效力;三是合同成立但法律效力不确定,即效力待定合同,如无权代理人以本人名义与相对人签订合同,该合同需经本人追认始生法律效力,在追认之前即为效力待定合同;四是合同因欠缺有效要件而不具有法律效力,即合同无效。合同无效又有绝对无效(即合同自始不发生法律效力)和相对无效(即通过撤销人行使撤销权而使已经生效的合同归于无效,在我国,这类合同又称为可撤销的合同)两种情形。由于合同无效制度是合同制度中十分重要的一项制度,它对当事人的权益影响甚大,而且行政合同的无效与民事合同无效在制度设计方面多有不同,私法上关于合同无效的规定不能完全适用于行政合同,因而对于行政合同的无效有必要进行专门的讨论。

（一）行政合同无效的情形

在建立起行政合同制度的国家和地区,对行政合同无效的情形一般都有明确规定。在德国,依《行政程序法》第59条的规定,行政合同的无效情形有:1. 公法契约如准用民法规定之结果无效者,无效。2. 第54条第2句所谓之公法契约(第54条第2句的内容为“官署尤其得与欲对之为行政处分之相对人订立公法契约,以代替行政处分”),又于下列情形时无效,如:(1) 与其相同内容之行政处分,将无效者。(2) 与其相同内容之行政处分,将不仅有第46条所称之程序上或方式上之瑕疵而违法,且此为订约人所明知者。(3) 未具备缔结和解契约之前提要件,且与其相同内容之行政处分,将不仅有第46条所称之程序上或方式上之瑕疵而违法者。(4) 使官署许依第56条不得准许之对待给付者。在我国台湾地区,“行政程序法”第141、142条的规定,行政合同的无效情形包括下列方面:1. 有民法上无效之原因者(第141条第1项)。2. 依性质或法令规定不得缔结契约者(第141条第2项)。3. 合同未依书面形式缔结或者未遵守其他法定方式者(第141条第2项)。4. 代替行政处分之行政契约,与其内容相同之行政处分有无效或者明知有得撤销之原因者(第142条第1款、第2款)。5. 代替行政处分之行政契约,不符合和解契约或交换契约之要件而缔结者(第142条第3款、第4款)。在葡萄牙,《行政程序法》第185条将行政合同的无效规定为:1. 如果根据本法典规定,决定行政合同订立的行政行为为无效或可撤销,则该行政合同同样为无效或可撤销。2. 民法典有关意思欠缺及瑕疵的规定,适用于所有行政合同。3. 不影响本条第1款的规定,行政合同的非有效性适用下列规定:(1) 如果行政合同标的同样适用于行政行为,适用本法典规范行政行为非有效性的规定。(2) 如果行政合同标的同样适用于私法合同,适用民法典规范法律行为非有效性的规定。我国澳门特别行政区《行政程序法》第164条将行政合同的无效规定为:1. 行政合同中意思之欠缺与瑕疵,以及行政合同之无效与可撤销,适用《民法典》对法律行为之相应规定,但下款之规定除外。2. 如一行政行为为无效或可撤销,则标的与该行为之标的相同,以及对同一具体情况所作之规范与该行为所作者相同之行政合同,亦为无效或可撤销。

从以上国家和地区对行政合同无效的规定看,行政合同无效的情形大致可以概括为下列几方面:1. 行政合同具有民法规定的法律行为的无效及可撤销情形的,该行政合同无效或可撤销。2. 行政合同具有行政程序法规定的行政行为的无效及可撤销的情形的,或者代替行政行为的行政合同,与其内容相同的行政行为为无效或可撤销的,则该行政合同无效或可撤销。3. 根据性质或法律规定不得缔结行政合同,行政主体以行政合同代替其他行政行为的,该行政合同无效。4. 行政合同未依书面形式缔结或者未遵守其他法定方式的,该合同原则上无效。域外行政程序法上关于行政合同无效的这些规定,可以作为我国立法的参考。

此外,合同无效尚有全部无效与部分无效之分。对此,德国《行政程序法》第59条规定,只有契约之一部分无效者,如可认为缺少该无效部分,当事人将不缔结契约者,该契约全部无效;我国台湾地区"行政程序法"第143条规定,"行政契约之一部无效者,全部无效。但如可认为欠缺该部分,缔约双方亦将缔结契约者,其他部分仍为有效"。行政程序法上的这些规定与一般民事合同的规定有重大不同,民事合同部分无效,如果该部分不影响其他内容法律效力的,其他内容仍为有效,但行政合同中一部分无效的,原则上该行政合同全部无效,例外有效仅限于"如可认为欠缺该部分,缔约双方亦将缔结契约者”,其他部分的内容方为有效。

(二)行政合同无效的法律后果

无效的合同是不发生法律效力的合同,但不发生法律效力并不意味着不产生法律后果,无效的合同仍是一种产生法律后果的合同。那么,无效的合同会产生哪些法律后果呢?在建立起行政合同制度的国家和地区一般对行政合同无效的法律后果均未作规定,但由于各该行政程序法中都有关于行政程序法未作规定的适用民法规定的规定,而民法上一般对合同无效的法律后果均有明确的规定。因此,在行政法上对行政合同无效的法律后果未有规定的情形下,可以理解为无效合同的法律后果准用民法的规定。在我国,根据《合同法》的规定,合同无效的法律后果可以归纳为:合同未履行的,不得履行;合同已经履行的,应当恢复原状(恢复原状主要是以返还财产的方式实现的),不能恢复原状的,应当折价赔偿;有过错的一方应当赔偿对方因此所受到的损失,双方都有过错的,应当各自承担相应的责任。在上述关于无效合同法律后果的规定中,返还财产是否完全适用于无效的行政合同是一个值得讨论的问题。在民法上,返还财产是原则,只要是能够返还和有必要返还的,都首先应当适用返还财产,只有在一方取得的财产已经不存在、不可能返还或者没有必要返还的,才应当向对方折价赔偿。民法上这样规定的目的旨在使财产关系恢复到合同订立之前的状态。但在行政合同中,由于行政合同的订立和履行涉及国家利益或社会公共利益,如果采返还财产会导致公共利益受到损害的,应当宜采用折价赔偿的方式替代。因此,民法上关于合同无效首先应当恢复原状的原则在行政法上应当予以必要的修正。此外,如行政合同因有重大的违法情形而导致无效的,当事人除承担相应的合同责任外,如果是因为行政机关工作人员的违法行为导致合同无效的,还应当追究该工作人员的行政法律责任;如果是因为相对人的故意违法导致行政合同无效的,相对人还应当承担行政处罚责任。

第五章　行政主体在行政合同中的特权

一、行政主体在行政合同中的特权概述

在民事合同中,双方当事人的权利一般都是通过合同的约定形成的,一方没有超越于另一方的特别权利,民事法律也不会赋予一方当事人以特别的权利。因此,在民事合同中,双方当事人的权利基本上是对等的,而且都是契约性权利。在行政合同中,人们会发现,作为一方当事人的行政主体,其权利除了来源于合同的约定外,还有一部分源于法律的直接规定,而且这些权利专属于行政主体,行政主体在合同的履行过程中可以根据法律的规定直接行使这些权利,由于这些权利与双方当事人通过合同的约定形成的权利在性质、内容、行使程序、方式等方面都有着很大的区别,故我们将行政主体源于合同约定形成的权利称之为契约性权利,将法律直接赋予行政主体的权利称之为非契约性权利。行政主体在行政合同中的非契约性权利具有以下特点:(1) 法定性。即行政主体的这些权利直接来源于法律的规定,虽然法律规定有些权利必须经过双方当事人在合同中明确约定始得行使,但是,其权利来源仍为法律的直接规定。(2) 专属性。即这些权利是法律赋予行政主体的,它们专属于行政主体,作为相对方当事人的公民、法人或其他组织不可能享有这些权利。(3) 强制性。即行政主体的这些权利的行使受到国家强制力的保障,当行政主体的这些权利的行使遇到相对方当事人的阻抗时,行政主体可以动用国家的强制力量实现这些权利。行政主体非契约性权利的这些特性,说明其实际上并不是普通的权利,而是公法上的权力(即行政权),为使其区

别于行政主体通过合同的约定形成的权利，行政法上通常将这些非契约性权利称之为行政主体在行政合同中的特权，为保持概念上的统一性，我们这里也将法律直接赋予行政主体的这些权利称之为行政主体的特权。行政主体在行政合同中特权的存在与行使常被认为是行政合同与民事合同的重要区别。

行政合同中为什么会允许这些特权的存在呢？这是因为行政主体是公共利益的代表者，行政主体缔结行政合同的目的是基于公共利益的需要，“在公共利益所需要的范围内，行政主体对于合同的履行必须具有特权”〔1〕。因此，在行政合同中，行政主体既是行政合同的当事人一方，又是行政合同履行中的监督者和管理者，作为当事人一方，它享有的是合同约定的权利，作为合同履行的监督者和管理者，它行使的是法律赋予的公权力。

二、域外行政主体在行政合同中特权的分析与比较

（一）法国行政主体在行政合同中的特权

在法国行政合同的订立、履行中，行政主体享有较多的特权，具体为：

1. 要求对方当事人本人履行义务权。一切行政合同，不论缔结的方式如何，都十分重视对方当事人的个人因素。因此，在行政合同的履行过程中，当事人必须本人履行义务，没有得到行政主体的同意，不能由他人代为履行。当事人必须按合同的具体规定履行义务。当事人的合同义务只在不可抗力的情况下才能免除。当事人援引不可抗力免除合同义务必须符合三个条件：(1) 构成不可抗力的事件和当事人的行为绝对无关；(2) 事件的发生不可预见；(3) 合同的履行根本不可能。在不可抗力的情况下，当事人可以请求行政法院宣告解除合同义务。

---

〔1〕 王名扬. 法国行政法. 北京：中国政法大学出版社，1989. 186.

2. 对合同履行的指挥权。在行政合同中,行政机关对合同的履行不仅有监督和控制权力,而且对具体的执行措施有指挥权。指挥权的大小因合同的种类而不同,一般规定在合同的条款中。即使合同中没有规定,最高行政法院认为行政机关仍然具有这种权力。因为行政合同的履行必须符合公共利益,行政机关是公共利益的判断者,哪种履行方式最符合公共利益由行政机关决定。

3. 单方面变更合同标的权。行政机关在合同执行过程中得随时变更对方当事人的给付范围,或扩大其给付义务,或减少其给付义务,对方当事人不能拒绝。因为行政合同的目的在于满足公共利益的需要,公共利益在行政合同执行过程中可能发生变化,行政机关必须根据这个变化调整合同的内容。

4. 单方面解除合同权。行政合同在缔结以后或在履行过程中,由于社会情况变更,原来的合同不再符合公共利益的需要时,行政机关随时可以解除合同。这个解除权属于公共秩序的范畴,行政机关不能事先放弃,行政机关是否行使解除权,何时行使解除权,属于行政机关自由裁量的权限。

5. 制裁权。当对方当事人违反合同时(例如不给付、给付迟延、不完全给付、未经允许的代替等),行政机关对其具有制裁权。行政机关能够采取的制裁手段有以下几种:(1)金钱制裁。主要采取两种方式,即违约金和损害赔偿。违约金是由合同所规定的制裁方式,同时具有处罚和赔偿性质。损害赔偿是行政机关责成当事人赔偿因违约所造成的损害,不论合同中有无规定,行政机关都具有这个权力。(2)强制手段。强制手段的作用在于当事人不履行义务时,由行政机关依职权采取措施实现合同所规定的义务。行政合同中通常适用的强制手段是代执行,即由行政机关或第三人代替对方当事人履行合同义务,费用由对方当事人负担,合同并未解除,对方当事人仍然是合同上权利和义务的主体。强制手段只在对方当事人有重大过失或紧急情况时使用,对方当事人自己履行合同时,代执行即应停止。(3)解除合同。这是最严厉的制裁,只在对方当事人有严重过错时才采用。行政机关因实施制裁而解除合同和因公共利益需要而解除合同的法律后果不一样,因制裁而解除合同时,不给对方当事人任何补偿。为了保护对方当事人,行政机关在行使这种特权时受到一定的限制:行政机关不能采取刑罚手段达到行政合同的履行目的;行政机关只能在催告当事人履行义务无效以后,才能实施制裁,除非有紧急情况或合同中另有规定;对方当事人对行政机关的制裁不服时,可向行政法院申诉。法院审查行政机关的制裁措施是否和对方当事人的过错程度相当,对于不合法的制裁可以判决行政机关赔偿损失[1]。

(二)德国法律关于行政主体特权的规定

与法国不同的是,德国有完整的行政程序法,而且在行政程序法中对行政主体的特权作了明确规定。根据德国行政程序法的规定,德国行政主体在行政合同中的特权主要表现在两个方面:

1. 单方面解除合同的权力。依德国行政程序法的规定,行政主体解除合同的情形有二:一是基于公共利益而解除;二是因情事重大变更而变更或解除;行政主体基于公共利益而解除合同属于行政主体的特权没有疑义,但因情事变更而变更或解除合同是否属于行政主体的特权立法上的规定不很明确。德国《行政程序法》第60条规定:“如确定契约内容之主要关系,自订约后有重大之变更,致不能期待当事人之一方遵守原契约之约定者,则此契约当事人得因变更之关系请求调整契约之内容,如不能调整或者调整不能期待于当事人之一方时,得解除契约。”根据这一规定,因情事变更可能对合同产生的影响包括变更合同和解除合同。就变更合同而言,在形式上变更合同的权力双方是对等行使的,一方要求变更合同的,都应当向另一方提出,而且都必须经过对方同意并

---

〔1〕 王名扬.法国行政法.北京:中国政法大学出版社,1989.188-189.

采取协议的方式。因此,变更合同应不属于行政主体在行政合同中的特权而是双方对等享有的一种请求权,即请求变更合同内容的权利。问题是解除合同,根据该条的规定,合同"解除——只能从属适用——是一种单方意思表示,自对方当事人受领时起生效"[1]。那么,这种单方面解除合同的权力是否是双方都具有的呢?从形式上看,这种单方面解除合同的权力也是双方对等享有的。但相对方当事人能否不经行政主体的同意就解除合同呢?如果回答是肯定的,解除合同的权力也是双方对等享有的,因而,也不是行政主体的特权,但如果相对方当事人要求解除合同只能向行政主体提出请求,经行政主体同意后由行政主体决定解除,或者行政主体认为需要解除合同的,可以不经相对方当事人同意而径予解除,这种解除合同的权力就不是双方对等享有的,而是行政主体的一项特权。

2. 对不履行合同义务的相对一方的直接强制执行权。德国《行政程序法》第61条规定,德国行政程序法允许双方当事人在合同中约定"自愿接受即时执行"来使行政机关与相对人对等地获得强制执行权。但这项权力在实际行使过程中并不是双方对等享有的,因为当行政主体不履行合同义务时,相对人并没有强制行政主体履行合同义务的权力和手段,而是只能根据强制执行的有关规定,通过法院的裁判即借助法院的力量才能实现其合同请求权;而当相对人不履行合同义务时,行政机关可以根据有关强制执行的规定,以行政行为的方式自行执行其合同请求权[2]。从这一点可以看出,对合同的强制执行权实际上是行政主体的一项特权。

---

[1] [德]哈特穆特·毛雷尔. 行政法学总论. 高家伟译. 北京:法律出版社,2000. 380.

[2] 同上. 381.

(三)葡萄牙法律关于行政主体特权的规定

葡萄牙《行政程序法》对行政主体在行政合同中的权力亦作了明确规定。根据该国《行政程序法》第180条的规定,除非法律有相反规定或合同性质不允许,公共行政当局可以:a)单方变更给付的内容,只要尊重合同的标的及其财政的平衡;b)指挥履行给付的方式;c)基于公共利益且经适当说明理由,单方解除合同,但不影响支付合理的损害赔偿;d)监察履行合同的方式;e)科处为不履行合同而定的处罚。

三、我国台湾地区和澳门特别行政区关于行政主体特权的规定

(一)我国台湾地区"法律"关于行政主体特权的规定

我国台湾地区"行政程序法"在行政主体的特权方面亦有明确规定,主要规定在"行政程序法"第144条、第146条及第147条之中,兹概括如下:

1. 行政主体对行政契约的指导与协助。"行政程序法"第144条规定,"行政契约之一方当事人为人民者,行政机关得就相对人契约之履行,依书面约定之方式,为必要之指导或协助"。

2. 行政主体对行政契约内容的调整权。依"行政程序法"第146条及第147条的规定,行政机关于以下情形时,得单方面调整契约:为防止或除去对公益之重大危害;情事重大变更,非当时所得预料,而依原约定显失公平者。

3. 行政主体单方面终止契约的权力。依"行政程序法"第146条及第147条的规定,行政机关于以下情形时,得单方面终止契约:为防止或除去对公益之重大危害;情事重大变更,非当时所得预料,而依原约定显失公平,且不能调整契约内容者。

4. 命令相对人继续履行原约定的权力。"行政程序法"第147条规定,行政机关如系因情事重大变更之情形,为调整或终止契约时,行政机关为维护公益,得于补偿相对人之损失后,命其继

续履行原约定之义务。

（二）我国澳门特别行政区法律关于行政主体特权的规定

我国澳门特别行政区由于受葡萄牙影响,因此其行政程序法中关于行政主体在合同履行中的权力完全照搬了葡萄牙《行政程序法》关于行政主体特权的规定。

四、我国学界对行政主体特权的认识

以上分析可以看出,尽管凡建立起独立行政合同制度的国家和地区立法上都承认行政主体在行政合同中特权的存在,但是,具体到行政主体应有哪些特权各国(地区)的认识并不一致,立法上的规定也不尽相同。由于行政合同中的特权是行政合同的核心问题,我国行政法学界对此的讨论也比较多。由于我国目前尚没有关于行政合同的专门立法,学者一般多在借鉴域外行政合同制度的基础上,归纳、总结我国行政主体在行政合同中的特权。我们在归纳和概括学界主要观点的基础上,将我国学界认为的行政主体在行政合同中的特权分为行政主体在行政合同订立中的特权和行政主体在行政合同履行中的特权。其中,行政主体在行政合同订立中的特权包含选择合同对方当事人的权力和决定合同标的的权力。而行政合同履行中的特权包含监督检查权、要求对方当事人本人履行合同的权力、对行政合同的解释权、在情事变更的情况下单方面变更合同的权力、在情事变更的情况下单方面解除合同的权力以及对违约当事人实施制裁的权力。兹分述如下:

1. 行政主体在行政合同订立中的特权

行政主体在行政合同订立中的特权主要体现在以下方面:

(1) 选择行政合同对方当事人的权力。行政主体在决定订立行政合同时,可以根据实际情况和要求选择适当的合同相对人。任何负有行政法上法定义务的组织、机构和个人,没有法律规定的理由和依据,一般不能拒绝行政主体选择其为某个行政合同的相对人。在行政合同中行政主体处于较为优越的地位,合同缔结的发动权在于行政主体一方。通过行政合同的方式执行公务以及与哪些当事人协商,也是由行使国家行政权的行政主体根据执行公务的需要决定的。行使国家行政权的一方当事人如决定就某些事项缔结行政合同时,可以依法律或职权,根据需要选择适当的当事人。这是行政主体在行政合同中所特有的权力,也是行政合同区别于民事合同的重要方面。但行政主体在拥有这项权力时必须依法行使,否则对方有权拒绝为合同当事人。作为非行使国家行政权的一方当事人在有能力履行合同任务的情况下,一般无权拒绝作为当事人〔1〕。

(2) 决定合同标的的权力。在民事合同中,其标的是双方当事人经过充分协商,经由意思表示一致而确定。但是在行政合同中,由于行政主体是公共利益的代表者,因而合同的内容、原则、范畴及标准只能由行政主体决定,相对人无权对合同标的产生实质性影响。如果双方当事人对合同标的无法达成一致,行政主体可以另行选择合同的对方当事人,而不能为了强求订立合同而依照对方当事人的意思对合同标的进行变更。行政相对人对已经确定的合同标的,只能表示接受,否则相对人可以退出行政合同的缔结过程。但合同动议之发出,须出于公共利益之需要,不得出于私利之考虑。而且,行政主体在决定合同标的时,必须严格遵守法律法规的规定,而不能滥用职权,擅自决定。

2. 行政合同履行中的特权

在行政合同的履行中,行政主体一般享有下列特权:

(1) 监督检查权。监督检查权是指行政主体对行政合同的履行过程及其履行情况进行经常性的检查,借以掌握或了解行政合同履行的数量和质量以及合同的履行是否符合公共利益要求的一

〔1〕 曹守晔.合同管理及诉讼理论与实务.北京:人民法院出版社,1997.59.

项基本权力。英国学者奥格斯曾指出:“如果申请人知道不必一定要遵从合同条款,那么就会促使他们作出过于乐观的投标,从而损害‘公平竞争’的理念。”[1]因而,赋予行政机关对合同的监督检查权,对于督促相对人一方切实履行其所承担的契约义务,减少因履行而产生的纠纷,保证行政合同的执行向着行政机关所预期的方向发展,保障公共利益的实现具有重要的意义。我国在行政合同的实际运作过程中对行政机关的此特权已有过尝试性的规定。比如,农业部在《关于加强农业承包合同管理的意见》(1992年9月12日由国务院批转)中指出:“目前,全国共签订3亿多份农村承包合同。几年来,各级人民政府及其农业主管部门始终把农业承包合同管理作为巩固农村改革成果,维护农村的安定团结的基础工作来抓,在指导合同签订,进行合同鉴证,监督合同履行,调解处理合同纠纷等方面做了大量深入细致的工作。”[2]

(2) 要求对方当事人本人履行合同的权力。行政合同无论采取何种方式缔结,都十分重视对方当事人的个人因素。行政合同通常是行政主体为了公共利益、执行公务,实现国家行政管理目标而缔结的,出于公共利益的考虑,对当事人有着特殊的要求。行政合同总是在综合考虑相对人的能力、履行行政合同的条件等各种因素的基础上选择那些能够确保公共利益得到实现的公民、法人或者其他组织签订合同。因此,在行政合同的履行过程中应当坚持自己履行的原则。如果由他人代为履行行政合同义务,就可能失去行政合同的目的,可能成为一个新的行政合同。即行政合同对行政相对方的非任意性和选择性,决定了行政合同相对人的特定性。此外,行政合同相对人还必须按行政合同的具体规定履行行政合同义务,只有在不可抗力的情况下才能免除。因此,未经行

[1] Anthony Ogus. Regulation—Legal Form and Ecomomic Theory, P333.
[2] 皮纯协. 行政程序法比较研究. 北京:中国人民公安大学出版社,2000. 419.

政主体同意，当事人不能自行更换，也不能委托其他人代为履行[1]。

(3) 对行政合同的解释权。在行政合同的履行过程中，有可能发生双方对原订合同条款理解分歧或条款规定不明确的情况，这就需要对有分歧的合同条款进行必要的解释。基于行政合同是推行行政政策的手段而行政机关对行政目的的理解具有权威性之考量，可以将解释权赋予行政机关，但与此同时，为保障相对人合法权益不致因为行政机关滥用解释权而受到侵害，行政主体的解释权应受到严格的限制。

(4) 在情事变更情况下单方面变更合同的权力。在行政合同的履行过程中，根据国家法律、政策或计划的变更以及公共利益的需要，行政主体有权改变合同的内容，对合同双方当事人的权利义务进行调整。行政主体有权随时对合同的内容加以改变，或扩大其给付义务，或减少其给付义务，对方当事人不能拒绝。行政合同的目的是为了实现国家行政管理的目标和社会的公共利益，但公共利益不是一成不变的，它在合同的履行中可能会发生某些变化，当合同的履行可能会损害国家行政管理的目标和社会公共利益的实现时，行政主体有权根据国家行政管理目标、公共利益或政策在合同履行过程中的某些变化来调整行政合同的内容。当然，行政主体单方面变更行政合同的权力是有限制的，这种限制具体体现为：第一，行政主体对合同变更权的行使必须确实是基于国家行政管理与公共利益的需要。第二，行政主体对合同的变更权只能在国家行政管理与公共利益需要的限度内行使，不能变更和公共利益无关的内容。第三，因行政主体单方面变更行政合同而加重行政合同相对人负担的，行政主体必须对变更给相对人造成的损失进行补偿或赔偿，以维护合同相对人经济利益的平衡，但因相对人

---

〔1〕 曹守晔. 合同管理及诉讼理论与实务. 北京：人民法院出版社，1997. 60.

过错造成的损失除外。第四,行政主体对行政合同的变更不能超出一定的限度。当单方面的变更超过一定的限度或接近一个全新的义务时,相对人可以请求另订合同,行政主体应与合同相对人另订合同[1]。我国学界一般把这种单方面变更合同的权力视为一种当然的法定权力,只要符合公共利益的目的,行政机关就可以行使,但是为了保障相对人的合法权益,必须要求行政机关对变更合同的理由进行书面说明,并且对给相对人造成的不应有的损失进行补偿。

(5) 在情事变更情况下单方面解除合同的权力。合同的解除指在行政合同尚未履行或尚未全部履行时,当事人提前结束约定的权利、义务关系。单方面解除合同在民事合同中是双方当事人均享有的权利,而在行政合同中则是行政机关所享有的权力。行政主体在行政合同缔结后或履行过程中,由于社会情况的变化,原合同的履行不再符合公共利益的需要时,可以随时解除合同。当然,行政主体是否行使解除权,如何行使解除权,都受到严格的限制。这种限制主要体现为:第一,行政主体单方面解除合同权力的行使必须有合法的依据,这种依据主要有:① 因情事变更致原合同的履行不再符合公共利益的需要,如果履行原合同会对公共利益造成损失。② 直接依据法律而享有解除合同的权力。依据合同规定的解除条件解除合同。如果行政合同中规定了行政主体解除行政合同的条件,当规定的条件出现时,行政主体可以单方面解除合同。第二,行政主体单方面解除行政合同而给相对人造成损失的,行政主体应当进行补偿或赔偿,但因相对人过错造成的损失除外。第三,行政主体在行使合同解除权时,应当严格依照规定的法律程序进行,而不能任意自由裁量[2]。

---

〔1〕 曹守晔. 合同管理及诉讼理论与实务. 北京:人民法院出版社,1997. 62 – 63.
〔2〕 同上. 64 – 65.

（6）制裁权。在行政合同的履行过程中，行使国家行政权的行政主体有权对不履行或不适当履行合同义务的相对人进行制裁，以促使其实际并正确地按照合同的规定履行义务。这种制裁可以在合同履行的任何阶段实施，实施制裁以后并不解除或减轻受制裁者履行合同的责任。行政主体行使这一权力虽带有惩罚的性质，但不能以惩罚为目的，更主要的是促使相对一方当事人主动、积极、实际地履行合同，以保证国家行政管理目标的实现和公务的实施。因此，制裁权是行政主体保障行政合同履行的一种特权〔1〕。行政合同的制裁具有以下特点：一是行政机关依职权进行制裁，不论合同中有无规定，行政机关都具有制裁权，不必事先请求法院判决，制裁权是行政机关保障行政合同履行的一种特权；二是行政机关还具有私法合同所没有的多种制裁手段，除金钱制裁以外，还可以使用强制手段和解除合同作为制裁方式〔2〕。

（7）强制执行权。当相对人不履行合同义务而该义务又必须得到履行时，行政主体可以根据行政法上强制执行的规定强制相对人履行合同义务。强制权的行使通常有两种情形：一是间接强制，包括代履行和执行罚，一是直接强制，如强制扣划款项。但作为行政合同义务的强制执行，通常认为直接的强制执行更有助于实现合同目的。

上述行政主体的特权是我国学界对行政主体特权的概括。行政主体在行政合同中特权的存在，对于行政目的的实现、公共利益的维护是必要的。但立法上如何配置行政主体的特权是一个难题。倘若行政主体在行政合同中的特权过小，不足以有效维护社会的公共利益；倘若特权过大，不仅容易侵犯相对方当事人的合法权益，而且会大大改变行政合同的性质。当特权过大时，会导致相

〔1〕　曹守晔.合同管理及诉讼理论与实务.北京人民法院出版社，1997.65.
〔2〕　王名扬.法国行政法.北京：中国政法大学出版社，1989.188－189.

对方当事人在多数情形下不是在履行行政合同,而是在履行行政主体的行政决定或行政命令,这会大大降低行政合同在行政执法中的效用,导致行政合同流于形式。因此,我国未来的行政立法在配置行政主体行政合同中的特权时应当注意两个方面的问题:一是特权的配置仅应以公共利益的需要为限。行政主体不能超过公共利益的界限去随意行使特权;二是应当确保公共利益的实现与相对人利益维护的平衡。事实上,上述不少特权都不是所有建立起行政合同制度的国家或地区所共有的,如强制执行权,葡萄牙《行政程序法》对此就持否定态度,第187条规定"只有借行政法院,才可对未履行的合同上的给付进行强制执行";有的特权只是存在于个别国家,如作为制裁手段使用的解除合同的权力只存在于法国;还有的能否称之为"特权"都值得怀疑,如选择合同相对方当事人的权力,事实上不少国家和地区立法上都将公开招标等公平竞争的方式作为选择合同相对方当事人的首要方式,如葡萄牙《行政程序法》第183条规定,"除了规范公共开支运用的法规或特别法中有关保留外,行政合同的订立应先经过公开招标",在这种法定方式下行政主体自由选择和决定对方当事人的权力十分有限甚至几乎没有自由选择对方当事人的权力。再如对行政合同的解释权,立法上明确规定行政主体可以对行政合同行使解释权的只有葡萄牙及我国澳门特别行政区的《行政程序法》的规定,但这些规定对行政主体的合同解释权进行了严格的限制,葡萄牙《行政程序法》第186条规定,"解释合同条款或就合同条款是否有效发表意见的行政行为,属不确定且不具执行力,对此问题未得到合同另一方同意,行政当局须借向有管辖权的法院提起诉讼,才可获得有关答案",我国澳门地区对此的规定亦完全相同。因此,我国的行政主体在行政合同中应当具有哪些特权、立法上应如何配置行政主体在行政合同中的特权值得认真讨论。

五、行政主体解除合同的权力及其限制

行政合同解除是指行政合同成立并生效后，当具备解除合同的条件时，行政主体或其他法定主体依法使合同关系自始消灭或将来消灭的一种行为。行政合同的解除有两种情形：一是行政主体决定解除，二是法院根据当事人的请求判决解除。我们这里讨论的是行政主体决定解除合同的情形。虽然在不同的国家和地区行政主体在行政合同中所享有的特权内容及范围不完全一致，有的国家如法国，行政主体享有的特权相对较大，而在德国，行政主体的特权相对有限，但无论是哪一国家或地区，解除合同的权力却是行政主体普遍具有的一项权力。在行政合同中，行政合同的解除大致有三种情形：一是行政主体基于公共利益的需要解除合同；二是因情事重大变更致合同无法履行而解除；三是因相对人违约而解除。无论哪种情形下的解除，都会对当事人的合同利益产生重大的影响，因而，有必要进行专门的讨论。

从单独建立起行政合同制度的国家和地区的立法及司法实践看，作为一项由行政主体单方面作出的行政决定，行政主体解除行政合同必须具备一定的条件，而不同情形下的合同解除其条件是不完全相同的。兹分述如下：

（一）行政主体基于公共利益解除合同的条件

行政主体基于公共利益的需要可以解除合同，这几乎是域外一致的做法。在法国，“行政合同缔结以后或在履行过程中，由于社会情况变更，原来的合同不再符合公共利益的需要时，行政机关随时可以解除合同……行政机关是否行使解除权，何时行使解除权，属于行政机关自由裁量的权限”〔1〕；在德国，根据德国《行政程序法》第60条的规定，“官署为防止或免除对公共福祉之重大

〔1〕　王名扬．法国行政法．北京：中国政法大学出版社，1989．188．

损失，得解除契约。解除契约如法规另无其他方式之规定者，应以书面为之，解除契约应说明理由”；葡萄牙《行政程序法》第 180 条规定，“除非法律有相反规定或合同性质不允许，公共行政当局可以基于公共利益且经适当说明理由，单方解除合同，但不影响支付合理的赔偿”；我国台湾地区“行政程序法”第 146 条规定，“行政契约当事人一方为人民者，行政机关为防止或除去对公益之重大危害，得于必须范围内调整契约内容或终止契约。前项之调整或终止，非补偿相对人因此所受之财产上损失，不得为之。第一项之调整或终止及第二项补偿之决定，应以书面叙明理由为之”；我国澳门特别行政区《行政程序法》关于合同解除的规定与葡萄牙《行政程序法》第 180 条规定完全相同。从上述各国（地区）的立法及司法实践看，行政主体基于公共利益的需要单方面解除合同的条件主要有下列方面：(1) 必须确实是基于公共利益的需要。只有当合同的履行确实会损害到社会公共利益时，行政主体为了避免公共利益受损才有权力解除合同。当然，公共利益的判断是一个复杂的问题，而且是否损害公共利益又是由行政主体单方面去判断的，为了防止行政主体假借公共利益滥用权力解除合同从而损害相对人的合法权益，行政法上需要建立相应的机制对行政主体解除权的行使进行进一步的约束。(2) 解除合同必须为法律或合同性质所允许。换言之，如果法律或合同性质不允许，那么，行政主体不得解除合同。(3) 解除合同应使用法定方式。当法律对合同解除的方式有特别规定的，行政主体应当遵循法律的规定并使用法定方式，如果法律对合同解除的方式没有特别规定的，行政主体必须使用书面形式。(4) 解除合同必须说明理由。行政主体在解除合同时应当以书面形式向相对一方当事人说明解除合同的理由。(5) 必须补偿或赔偿相对人因合同解除受到的财产损失。当行政主体合法行使解除权解除行政合同使相对人受到损害的，行政主体对相对人的损害应给予相应的补偿，当行政主体违法行使解除权解除合同而使相对人的合法权益受到损害的，应当赔偿相对人因此受到的损害。

（二）因情事变更解除合同的条件

情事变更原则起源于12、13世纪注释法学著作《优帝法学阶梯注释》中的"情事不变条款"，16、17世纪受自然法思想影响，曾被广泛应用，到18、19世纪因运用泛滥而受到严厉批评，并逐渐被摈弃。但在第二次世界大战期间，由于物价飞涨、市场动荡无序等原因，情事变更又被学者们所发掘，发展至今，已经成为大陆法系的重要原则。所谓"情事"，是指订约时作为合同基础和环境的客观情况；所谓"变更"，是指订约时的客观情况发生异常变动。情事变更原则指合同有效成立后至其履行完毕前这一段时间内，因不可归责于双方当事人的原因发生重大变化，致使合同的基础动摇或丧失，若继续维持合同原有效力显失公平，允许变更合同内容和解除合同的原则。这一原则是大陆法系国家民法中的一项涉及合同履行的原则，究其实质，则为诚实信用原则的具体运用，目的在于消除合同因情事变更所产生的不公平后果，协调合同当事人之间的利益冲突，维护社会公平、经济流转及法律秩序。

从情事变更原则的沿革和各国（地区）的立法来看，该原则源于私法领域，但随着行政合同等制度的发展，该原则向行政法领域扩展，成为解除行政合同的一种重要的法定情形和原则。到目前为止，立法上明确将情事变更作为合同解除的情形进行规定的是德国及我国台湾地区。依照德国《行政程序法》第60条的规定，"如确定契约内容之主要关系，自订约后有重大之变更，致不能期待当事人之一方遵守原契约之约定者，则此契约之当事人得因变更之关系请求调整契约之内容，如不能调整或调整不能期待当事人之一方时，得解除契约。解除契约如法规另无其他方式之规定，应以书面为之。解除契约应说明理由"。我国台湾地区"行政程序法"第147条规定，"行政契约缔结后，因有情事重大变更，非当时所能预料，而依原约定显失公平者，当事人之一方得请求他方适当调整契约内容。如不能调整，得终止契约。前项情形，行政契约当事人之一方为人民时，行政机关为维护公益，得于补偿相对人之损失后，命其继续履行原约定之义务。第一项之请求调整或终止与第二项补偿之决定，应以书面叙明理由为之。相对人对第二项补偿金额不同意时，得向行政法院提起给付诉讼”。从德国《行政程序法》及我国台湾地区“行政程序法”的规定看，因情事变更解除合同的条件规定比较严格，包括实体条件和程序条件两个方面。实体方面的条件包括：首先，应有情事变更的事实发生，即作为合同成立基础的客观情形确实发生了变化；其次，该情事变更须发生在行政合同订立之后实际履行完毕之前；再次，该情事变更的情形为当事人所没有预见且主观上不能预见；复次，该情事变更系因不可归责于当事人的事由而产生，如果系因可归责于当事人的事由而产生，如因当事人迟延履行义务致情事变更则应由该当事人自负其责，而不应该适用情事变更原则；最后，须由情事变更导致原合同的履行显失公平。因情事变更解除合同除必须具备上述实体条件外，还应当遵守程序性的规定，符合下列程序条件：首先应当协商调整合同内容，如果双方经协商达成调整合同内容的协议的，则不应再解除合同；其次，只有在合同内容不能调整或者调整不能满足当事人的利益期待的，才能解除合同。当然，因情事变更而解除合同仍存在下列问题：一是关于解除权的归属。从德国《行政程序法》及我国台湾地区“行政程序法”的规定看，关于解除权的归属都是不明确的，包括当事人双方是只有解除合同的请求权、实际解除必须由法院等其他机关裁决呢？还是当事人可以直接决定解除？从规定的表面意思看，合同的解除权似乎应当归属于当事人。如果当事人可以不经法院等第三机关裁决而直接解除，那么，解除权是双方当事人对等享有的呢还是专属于行政主体的呢？正如前面所述，如果解除权归属于双方当事人，那么，因情事变更解除合同的权力就不应是行政主体的特权而应是双方当事人对等享有的合同权利，如果合同解除权仅归属于行政主体、相对方当事人认为需要解除合同的，必须向行政主体提出请求，经行政主体同意并由行政主体决定解除的，那么，这种解除合同的权力就是行政主体的特权了。二是关于合同解除后相对人损失的补偿。合同解除后相对人能否获得损失的补偿？这又细分为两种情形：一是相对人要求解除合同的，行政主体在合同解除后是否应对其所造成的损失给予补偿？二是行政主体决定解除并因此给相对人造成损失的，是否应当给予相对人以补偿？德国《行政程序法》对此未作规定，而我国台湾地区"行政程序法"规定似乎由行政机关自由裁量决定，可以补偿可以不予补偿；但如果给予补偿的话，行政机关为了维护公益，得于补偿相对人的损失后，命其继续履行原约定的合同义务。从这一规定看，似乎又将补偿作为合同不解除的一种条件。

（三）作为对相对人违约制裁手段的合同解除

在凡有行政合同专门立法的国家和地区，目前尚未见有关于以解除合同作为制裁手段的规定，只有在法国，可以将解除合同作为对相对人违约制裁的一种手段使用，而且合同的解除是作为最严厉的制裁，只有在对方当事人有严重过错时才能够使用，而且对于公务特许合同，行政机关不能解除〔1〕。因此，作为对相对人违约制裁手段使用的解除合同在行政机关的特权中不具有普遍性和代表性，只是个例。

六、关于行政主体特权的其他几个问题

（一）行政主体的法定特权是否需要在行政合同中约定？换言之，行政主体能否直接依据法律的规定行使特权

行政主体的法定特权是否需要在行政合同中另行约定？对此

〔1〕 王名扬. 法国行政法. 北京：中国政法大学出版社，1989. 190.

各国的规定和做法不完全一致,而且不同性质的权力法律上的要求也不尽相同,大致有三种情形:一是行政主体依法可以直接行使权力,无需在行政合同中进行约定。譬如,行政主体单方面变更、解除合同的权力一般均不需要在合同中约定而被视为行政主体当然享有的一项法定权力,在法国,"行政主体是否行使解除权,何时行使解除权,属于行政机关自由裁量的权限"[1]。在德国及我国台湾地区,行政程序法上对于行政主体因情事变更而变更、解除合同或因避免公共利益受损而变更、解除合同的权力都没有规定应当事先在合同中订明。二是法律仅原则规定行政主体可以行使的特权,但能否行使应在行政合同中订明。如在德国,《行政程序法》明确规定行政主体如要以行政行为的方式强制执行合同的内容必须在行政合同中订明。该法第 61 条规定,"契约当事人得于第 54 条第 2 句所称之公法契约中订明,自愿接受即时执行"。因此,一旦合同中作出这样的约定,该合同就会成为强制的依据。行政机关可以直接根据行政强制执行的有关规定,以行政行为的方式自行执行其合同请求权(由于公民本身并没有强制执行权。因此,即使合同中约定了行政主体不履行合同义务的强制执行,公民也只能根据强制执行的有关规定,通过法院裁决——即借助法院——实现其合同请求权。因此,自行强制执行权实际上是行政主体单方面享有的一项权力);反之,如果合同中没有订明自愿接受即时执行,行政主体即无权以行政行为方式确认或强制实现其合同请求权。如果合同当事人拒不履行约定的给付义务,行政机关只能像公民那样向行政法院起诉[2]。又如我国台湾地区"行政程序法"第 144 条规定,"行政契约当事人之一方为人民者,行

---

〔1〕 王名扬. 法国行政法. 北京:中国政法大学出版社,1989. 188.

〔2〕 [德]哈特穆特. 毛雷尔. 行政法学总论. 高家伟译. 北京:法律出版社,2000. 381 -382.

政机关得就相对人契约之履行,依书面约定之方式,为必要之指导或协助”,根据这一规定,虽然“法律”上规定了行政主体对合同相对人合同的履行有权进行必要的指导或协助,但行政机关对相对人契约履行的指导与协助权的行使也应以书面的形式在合同中约定。三是行政主体的特权原则上需要在合同中订明,但如果合同中没有订明,法律上也对这种权力的行使予以确认。如在法国,行政主体对合同的履行有指挥权,“指挥权的大小随合同的种类而不同,一般规定在合同的条款中。即使合同中没有规定,最高行政法院认为行政机关仍然具有这种权力。因为行政合同的履行必须符合公共利益,行政机关是公共利益的判断者,哪种履行方式最符合公共利益由行政机关决定”〔1〕。

(二) 行政主体能否超越法律的规定在行政合同中约定特权

在单独建立起行政合同制度的国家和地区,立法上基本上都没有规定行政主体可以在没有法定依据的情形下通过约定行使特权,但立法上也都没有禁止性的规定。因此,实践中行政主体能否通过约定行使特权是一个不明确的问题。我们认为,特权的本质是一种公权力的运用。因此,应当遵循依法行政的原则,在没有法律依据的情形下原则上禁止行政主体通过约定去享有和行使特权;另一方面,防止行政主体利用行政合同去获取法外特权,从而将行政合同演变成为单方面的行政行为。

(三) 行政合同中能否约定行政主体放弃法定特权

就法律所明确赋予的公权力来说,行政主体是不能随意放弃的,因为行使这样的权力不仅是行政主体的职权,也是行政主体的法定职责,擅自放弃权力意味着失职并可能导致公共利益受损。因此,各国(地区)的立法及司法实践中一般均将法定特权同时规定为法定职责,规定行政主体“得”依法行使特权。如德国《行政

〔1〕 王名扬.法国行政法.北京:中国政法大学出版社,1989.187.

程序法》第60条规定,“官署为防止或免除对公共福祉之重大损失,得解除契约”;我国台湾地区“行政程序法”第146条亦规定,“行政契约之当事人一方为人民者,行政机关为防止或除去对公益之重大危害,得于必要范围内调整契约内容或终止契约”。在法国,司法实践中亦认为行政主体不得随意放弃特权的行使,“因为行政合同的目的在于满足公共利益的需要,公共利益在合同执行过程中可能发生变化,行政机关必须根据这个变化调整合同的内容。最高行政法院认为行政机关的这种权力属于公共秩序范围,行政合同中放弃这种权力的条款无效”,同样,“行政合同缔结以后在履行过程中,由于社会情况变更,原来的合同不再符合公共利益的需要时,行政机关随时可以解除合同……这个解除权属于公共秩序范围,行政机关不能事先放弃”〔1〕。

〔1〕 王名扬. 法国行政法. 北京:中国政法大学出版社,1989. 187－188.

第六章　行政主体的合同责任

一、行政主体的合同责任概述

行政主体的合同责任，即在行政合同的缔结、履行过程中，行政主体依法或依约定所应承担的法律责任。与民事合同一样，行政合同在订立与履行的过程中，同样存在当事人因违反合同的约定或法律规定等原因而应承担合同责任的情形，但行政合同与民事合同有所不同的是，当合同的相对人为非行政主体的公民、法人或其他组织时，行政主体具有通过强制手段实现合同内容的权力或直接惩罚相对人的权力，而行政主体一旦违反了合同的约定或者因为特权的行使损害了相对人的合法权益时，除行政主体主动承担责任外，相对人不具有使行政主体承担责任的能力。因此，在行政合同中，行政主体的合同责任以及如何追究行政主体的法律责任问题成为行政合同制度中的一项重要内容。

在以民事合同为基础的合同责任理论上，以责任发生的原因作为划分标准，广义上大致可以将合同责任划分为缔约责任、合同无效责任、有效合同的违约责任、合同中的侵权责任、后合同责任等。缔约责任又称缔约过失责任。它是指当事人为订立合同而在进行协商的过程中，一方违反其所承担的先合同义务而产生的法律责任。严格意义上说，缔约过失责任并不是一种合同责任，因为它先于合同的成立而存在，本质上应是当事人在合同订立过程中的一种侵权责任；合同无效的责任是指因合同的无效所产生的法律责任，主要是过错的赔偿责任，合同无效的法律责任属于合同责任的范畴；违约责任是指合同有效成立后，一方因不履行合同义务所产生的法律责任,违约责任属于合同责任的范畴,而且是一种主要的合同责任;合同中的侵权责任是指当事人的违约行为侵犯了另一方当事人的合法权益,侵权人应当按照侵权法的规定承担的责任;后合同责任是指在合同终止后当事人违反法律规定的后合同义务所产生的法律责任,主要是一种损害赔偿责任。在上述合同责任中,缔约过失责任在行政合同中同样存在,但因其不属于合同责任的范畴,故这里不作讨论,合同无效的法律责任和后合同法律责任也是行政合同责任的两个方面,但它们相对比较简单,以当事人的过错作为归责原则,主要是过错的赔偿责任,故我们在本章中也不作详细讨论。在行政主体的合同责任中,我们着重讨论行政主体的违约责任。此外,在行政合同中还有一般的民事合同所没有的法律责任,这些法律责任由两个方面构成:一是行政主体因违法行使法定特权侵犯相对人的合法权益时所应当承担的行政侵权赔偿责任;二是相对方当事人在合同履行中非因自己的行为造成损失的,行政主体应当承担的补偿责任。在本章中,我们将对这两方面的法律责任进行讨论。严格意义上说,行政主体的侵权责任和补偿责任虽然都产生于行政合同的履行过程中,但其本身并不是行政主体因合同行为产生的法律责任,但为了研究的方便,我们将其纳入行政主体合同责任的范围。这里需要注意的是,行政主体因违法行使特权的侵权责任与民事合同中所谓的侵权责任本质不同,民事合同中的侵权责任是因当事人的违约行为所致,是违约责任与侵权责任的竞合,而行政主体违法行使特权的侵权行为本身并不是违约行为而是违法行为,其只能按照法律规定承担行政侵权的赔偿责任。

此外,当法律要求行政主体的特权必须经过合同约定始得行使、而合同中对行政主体的特权作了约定,行政主体根据合同的约定行使特权而致相对人的权益受损害的,或者行政主体违反合同的约定行使特权致相对人的合法权益受损害的,行政主体应当承担什么样的法律责任呢？这里实际上包括了两种情形：一是行政主体违约且违法行使特权侵犯了相对人的合法权益，二是行政主体合法行使特权但却损害了相对人的合法权益。当行政主体违反合同约定行使特权时，行政主体的这种行为既是一种违约行为，因为它违反了合同的约定，又是一种侵权行为，因为它违反了法律的规定，但对行政主体来说，它仅是一个行为，一般只能要求行政主体承担一种法律责任，这就产生了违约责任与侵权责任的竞合问题，在这种情形下，相对人如何向行政主体主张权利呢？或者说行政主体应当承担什么样的法律责任呢？对此，我们认为，对于行政主体承担的法律责任可以参照我国合同法上违约责任与侵权责任竞合的规定，由受害人择一请求[1]。当行政主体合法行使特权但相对人却因此受到损害，这种情形下行政主体的行为既不违约亦不违法，因而，只能依法或依约承担相应的补偿责任，合同对补偿有约定的，按照约定承担补偿责任，合同没有约定的，按照法律规定进行补偿。

二、行政主体的违约责任

（一）行政主体违约责任的概念

合同目的的实现，有赖于双方当事人对合同义务的全面正确地履行。因此，当一方当事人不履行合同的义务时，对方的合同目的就无法实现。为了保护双方当事人的合同利益，法律上规定合同一旦成立后，当事人应当按照合同的约定全面适当地履行合同义务，当事人不履行合同义务的，应当承担相应的法律责任，即所谓的违约责任，违约责任是合同责任中的主要责任。在行政合同

〔1〕 我国《合同法》第122条规定，“因当事人一方的违约行为，侵害对方人身、财产权益的，受损害方有权选择依照本法要求其承担违约责任或者依照其他法律要求其承担侵权责任”。

中,合同的双方当事人都有可能实施违约行为,因而,都有承担违约责任的可能性,但由于行政主体通常具有单方面追究相对人违约责任的权力,因而,对相对人的违约责任本文不作讨论,我们着重讨论行政主体的违约责任问题。行政主体的违约责任是指行政主体没有合法理由不履行、拒绝履行、拖延履行、不正确履行合同义务所应当对相对人承担的法律责任,它具有下列特征:

第一,行政主体违约责任以合法有效的行政合同的存在为前提。而所谓合法有效的行政合同,是指行政合同的订立与履行不违反法律的规定和社会公共利益的需要,如果合同本身非法无效,那么,行政主体应当按照合同违法无效的法律规定承担相应的合同责任。

第二,行政主体的违约责任是行政主体不履行合同约定义务所应当承担的法律后果。违约责任的产生以合同义务的存在为前提,是合同当事人不履行有效合同约定义务的法律后果,这是违约责任不同于其他法律责任的重要特点。在行政合同中,行政主体除了违约责任外,还有可能产生侵权责任,而违约责任与侵权责任的区别就在于违约责任是行政主体违反合同约定义务的法律后果,而侵权责任是行政主体违法行使特权的法律后果。

第三,关于行政主体的违约责任可否在合同中约定的问题。在民事合同中,按照私法自治的基本原则,合同当事人可以在法律允许的范围内约定违约责任,包括违约责任的形式、违约赔偿的范围、幅度、损失赔偿的计算方式以及免责情形等。在行政合同中,当事人双方可否就违约责任特别是对行政主体的违约责任进行约定,理论及实践中均不明确。我们认为,在不违反法律、法规强制性规定及社会公共利益的前提下,双方当事人应可以基于公平合理的原则对包括行政主体在内的违约责任进行约定,违约责任可以由缔约人在法律允许的范围内在合同中进行约定,这也是违约责任区别于侵权责任的特点之一。

(二)行政主体违约责任的构成要件

行政主体的违约责任必须具备下列构成要件:

1. 行政主体实施了违约行为

行政主体在合同履行中实施了违约行为,这是行政主体承担违约责任的首要条件。违约,即违反合同约定义务的行为。违约的判断,以行政主体存在合同义务为前提,而是否存在合同义务,以行政主体对合同的履行是否有承诺为标准。在行政合同中,行政主体的合同义务主要是给付合同价款或报酬的义务、提供优惠条件的义务(如为相对方当事人提供无息或低息贷款)、给予当事人利用公共设施的义务,等等。行政主体违反合同义务的情形大致有如下两种:(1)不履行合同义务。广义上的不履行包括完全不履行、拒绝履行、不完全履行和迟延履行。完全不履行是指行政主体不履行全部的合同义务,如在相对人已经履行合同义务的情形下行政主体不按照合同的约定给付相应的价款或报酬;拒绝履行是指在合同履行期限届至时或在合同履行期限届至前,行政主体以口头或书面的形式告知或通知相对方当事人其将不履行所承担的合同义务;不完全履行是指行政主体没有完全按照合同的约定全部履行合同义务,如仅履行部分给付义务;迟延履行是指行政主体没有按照合同约定的期限履行义务。(2)不正确履行。不正确履行是指行政主体义务的履行不符合合同约定的履行要求,如以其他方式替代金钱的给付义务。

2. 行政主体对违约行为的产生存在过错

过错是行为人对自己行为所可能产生后果的一种心理状态。在行政合同中,行政主体仅应当对自己的过错行为所产生的后果承担违约责任,因此,过错既是行政主体承担违约责任的基本条件,又是行政主体承担违约责任的归责原则,也是行政主体违约责任与侵权责任的不同之处(我国行政主体侵权责任的归责原则是违法责任原则)。但考虑到行政主体主观心理状态的复杂性,为有效保护合同相对方当事人的合法权益,对行政主体的主观心理状态可以实行过错推定原则,并实行举证责任的倒置。在行政主体的行为违约的情形下,法律上可以推定行政主体对该违约行为存在过错,行政主体若不能举证证明自己没有过错,即应当依法承担违约责任。行政主体对违约行为不存在过错的情形通常包括下列方面:(1) 不可抗力。所谓不可抗力,是指当事人不能预见、不能避免、不能克服的客观情形,如自然灾害。对于不可抗力,行政主体是客观上无法履行其义务,而非主观上不履行,因而,对于因不可抗力导致行政主体不能履行合同的,行政主体免于承担违约责任。(2) 相对方当事人的原因。如果行政主体不履行合同是由于相对方当事人的原因造成的,则行政主体不承担违约责任。(3) 第三人的原因。由于合同之外第三人的原因导致合同不能履行的,由第三人对相对方当事人承担赔偿责任。(4) 符合约定情形的免责事由。当合同中对特定情形下行政主体合同不履行免于承担违约责任的,行政主体对符合该种约定情形下的合同不履行免于承担违约责任。但为防止行政主体在行政合同中滥用免责条款,立法上应对行政主体的免责条款进行严格的限制。譬如,合同中不得约定行政主体故意或过失违约的免责。这里需要说明的是,行政主体对违约行为没有过错只是表明行政主体不承担相应的违约责任。但并不等于行政主体没有责任。在双方当事人对损害的发生都没有过错的情形下,行政主体基于公平的原则也有可能需要分担相对方当事人的部分损失。

3. 行政主体的违约责任是否必须以有损害后果为条件

损害结果是否是违约责任的构成要件?在民事合同中,理论上对这一问题存有争议:有的主张损害结果并不是违约责任的构成条件,无论有无损害结果的发生,只要存在违约行为,违约主体就应当承担违约责任;有的主张违约责任必须以损害结果为构成条件,无损害即无违约责任。在立法上,各国的做法也不尽相同,譬如，在对违约金的定性上：凡主张损害不应作为违约责任的构成要件的国家，立法上多将违约金作为一种惩罚性或兼具惩罚与补偿双重性质的法律责任进行规定，凡主张损害应作为违约责任构成要件的国家，立法上多将违约金作为一补偿性的法律责任。在行政合同中，行政主体的违约责任是否必须以损害作为构成要件，我国理论界对此几无涉及。我们认为，基于对公共利益的保护，在行政主体的违约责任中，宜将损害结果作为违约责任的构成要件为妥。

（三）行政主体承担违约责任的方式

1. 继续履行

继续履行又称实际履行，当行政主体不履行合同义务时，相对方当事人可以要求行政主体履行合同义务，行政主体拒绝履行的，相对方当事人可以通过行政复议或行政诉讼等方式强制行政主体继续履行合同义务。履行合同义务是包括行政合同在内的所有合同中违约主体承担违约责任的重要形式，唯有合同得到完全的履行，各方当事人订立合同的目的才能实现，行政合同亦是如此。

2. 解除合同

当行政主体不履行合同义务而继续履行合同义务已显然不可能或者对相对方当事人已没有实际意义的情形下，相对方当事人可以要求解除合同。由于相对方当事人没有单方面解除合同的权力，如果行政主体既不履行合同义务、又拒不解除合同的，相对方当事人可以通过行政复议或行政诉讼等法定程序诉请解除合同。

3. 赔偿损失

当行政主体的违约行为给相对方当事人造成损害的，行政主体应当赔偿当事人因此所受的损失。在行政主体的违约赔偿中，如何确定损害赔偿的范围是一个核心问题。由于行政主体的违约可能给相对人造成的损失包括实际损失和利润损失两个方面，实际损失又称积极损失，是指相对人因行政主体的违约所直接受到的损害,包括现有财产的灭失、损坏和费用的支出等;利润损失又称消极损失,是指相对人因合同的履行本应获得的、却由于行政主体的违约而丧失的利益。对于实际损失行政主体应当给予赔偿这不是问题,问题是对于利润损失是否应当赔偿以及哪些利润损失可以请求赔偿?我国《合同法》第113条第1款对民事合同违约损失的赔偿范围的规定是:当事人一方不履行合同义务或者履行合同义务不符合约定,给对方造成损失的,损失赔偿额应当相当于因违约所造成的损失,包括合同履行后可以获得的利益,但不得超过违反合同一方订立合同时预见到或者应当预见到的因违反合同可能造成的损失。从这一规定来看,我国合同法对民事合同违约的赔偿包括了利润损失,但有两个方面的限制:一是利润损失的最高额包括合同履行后可以获得的利益;二是这种损失必须是当事人在订立合同时预见到或者应当预见到的损失。我们认为,在行政法上对行政主体的违约赔偿缺少规定的情形下,行政主体的赔偿范围可以参照合同法违约赔偿范围的规定。确定违约赔偿范围涉及的另一个问题是在行政主体违约的情形下相对方当事人是否负有减损的义务和责任以及能否就扩大的损失要求赔偿?民事合同在一方当事人违约的情形下,非违约方不得消极地等待损失的扩大,而应当采取适当措施积极减少损失,否则,不得就扩大的损失请求赔偿。我国《合同法》第119条规定:"当事人一方违约后,对方应当采取适当措施防止损失的扩大;没有采取适当措施致使损失扩大的,不得就扩大的损失要求赔偿。当事人因防止损失扩大而支出的合理费用,由违约方承担。"我们认为,在行政法上对此未有明确规定的情形下,合同法关于非违约方减损义务的规定同样可以适用于行政合同中的违约赔偿。

4. 关于违约金的适用问题

违约金是双方当事人在合同中约定一方违反合同时,应当按照合同的约定向另一方支付的一定数量的货币,由于违约金与赔偿金相比具有简便易行的优点，因而，它是民事合同中广泛适用的一种违约责任形式。但关于违约金的性质，学界的认识不尽相同。一种观点认为，违约金是对当事人不履行合同的一种制裁，具有惩罚性质，按照这种观点，当事人违约的，不管有没有实际的损害结果，守约方均可以要求违约方偿付违约金，如果造成损害的，还可以要求违约方赔偿损失；另一种观点认为，违约金是双方当事人预先约定一方违约时，付给另一方一定金额的货币作为预约定的损害赔偿，其作用在于发生违约时，避免双方当事人在确定损害赔偿数额问题上产生分歧，因此，违约金仅具补偿性，不具惩罚性[1]。我国合同法对违约金的性质未作规定，但从具体规定看，违约金既具赔偿性，又有惩罚性，惩罚性违约金主要适用于当事人迟延履行的情形。如《合同法》第 114 条第 3 款规定："当事人就迟延履行约定违约金的，违约方支付违约金后，还应当履行债务。"在行政合同中，对行政主体的违约是否适用违约金以及应当适用什么性质的违约金理论上同样没有涉及。我们认为，违约金可以适用于行政合同中，但应当以赔偿性违约金为主，除非立法上明确规定可以适用惩罚性违约金的违约情形外，行政合同中的违约金应作为赔偿性的违约金。与此相关的一个问题是，在合同的履行过程中违约金能否调整以及应当经过什么程序进行调整？由于赔偿性违约金是在订立合同时双方预先约定的损害赔偿，所以当实际发生违约行为并造成损害时，可能会出现违约金与实际损失不一致的情形，特别是在两者之间差距巨大的情形下如果不能够进行调整显然不符合违约金的性质，对此，我国《合同法》第 114 条第 2 款的规定是，"约定的违约金低于造成的损失的，当事人可以请求人民法院或者仲裁机构予以增加；约定的违约金过分高于造成的损失的，当事人可以请求人民法院或者仲裁机构予以适当减少"。

〔1〕 柴振国，等. 合同法研究. 北京：警官教育出版社，1999. 331.

在行政合同中,如果出现约定的违约金高于或低于实际造成的损失的,也应当允许当事人进行调整,在程序上可以根据行政合同的特点采下列方式:行政主体如认为违约金高于实际损失的,可以单方面决定下调,当事人对下调违约金的决定不服的,可以通过行政复议和行政诉讼进行救济;相对方当事人如果认为违约金低于实际损失的,可以请求行政主体上调,行政主体拒绝上调的,当事人同样可以通过行政复议和行政诉讼解决双方之间的争议。

三、行政主体的侵权责任

(一) 行政主体侵权责任的概念

行政主体的侵权责任即在行政合同的履行过程中,行政主体因违法行使特权侵犯了另一方当事人的合法权益所应该承担的法律责任。行政主体在行政合同中的特权行为虽然发生在行政合同的履行中,但这些特权行为的本质不是合同行为,而是行政机关以行政主体的身份单方面行使公权力的行为,这种权力行为与行政主体在其他行政法律关系中的公权力行为没有区别。因此,行政主体违法侵权的法律责任主要适用国家赔偿法的规定,由行使该权力的行政主体承担行政侵权的国家赔偿责任。

(二) 行政主体侵权责任的构成要件

一般来说,行政主体在行政合同中的侵权责任必须具备下列条件:

(1) 必须有特权行为的存在。特权行为是认定行政主体侵权构成的基础。如单方面变更、解除合同,强制相对人继续履行合同,对违约的相对人单方面进行制裁,等等。这里有一个问题需要明确,立法上赋予行政主体在行政合同中可以行使某项权力,但规定此权力的行使以合同中订明为条件。如当事人不履行合同义务的强制执行权,这种情形下行政主体行使该项权力的行为是特权行为还是合同行为呢?从表面看,似乎既是合同行为,又是特权行为,但我们认为,由于这一权力本质上不是经由双方当事人的约定而是经由法律赋予产生的,合同的约定只是将这一权力具体化从而使其在特定的合同中具有可操作性。因此,我们将这种情形下的行为也认定为特权行为。

(2) 特权行为具有违法性。即行政主体的特权行为违反了法律、法规的规定,包括没有法律依据或合同依据行使特权,超越法律、法规规定的权限范围或合同约定的权限范围行使特权,滥用特权行为,违反法定程序行使特权,等等。行政主体特权行为的违法性既是行政主体承担行政赔偿责任的构成要件,又是行政主体承担行政赔偿责任的归责原则,同时也是区分行政赔偿与行政补偿的重要标准,行政主体因合法行使特权致相对人的利益受损的,行政主体承担的是补偿责任。

(3) 相对人因特权的行使遭受了损害。包括行政合同利益的不能实现或者因此受到了额外的损害,行政合同利益是指相对人因行政合同的履行所能够实现的利益,如果由于特权的介入导致相对人期待的合同利益不能实现,或者因此受到了额外的损害,那么,这些不能实现的利益或者因此造成的损害即构成了行政合同利益之外的损害。

(4) 侵权行为与损害结果之间具有因果联系。即这种损害结果必须是因为行政主体的特权行为造成的,特权行为与损害结果之间具有因果关系,如果是因为违约行为造成的,则行政主体应按合同的约定承担相应的违约责任。

(三) 行政主体侵权责任的法律形式

行政主体侵权责任的法律形式是指行政主体承担侵权责任的法律方式,由于行政主体的侵权责任主要适用行政诉讼法、国家赔偿法的规定,因而,行政主体主要按照行政诉讼法、国家赔偿法规定的责任方式对相对人承担法律责任。其侵权责任主要有下列几种形式:

（1）停止侵权。这是一种行为性的侵权责任，以责令行政主体的不作为或禁止行政主体的作为为主要责任方式，主要适用于其行为的实施具有持续性、行政主体正在实施并仍在延续的行政侵权行为，停止侵权既可以单独采用，主要针对尚未造成实际损失的侵权行为，同时也可以和其他责任承担方式合并适用，如赔偿损失，以全面保护相对人的合法权益。但由于行政侵权行为是一种公权力行为，一经作出即产生法律效力，因此，必须经过法定机关经由法定程序并使用法定形式才能停止行政主体的这种侵权行为。在我国，除侵权机关自己可以决定停止正在实施的侵权行为外，法定机关是行政复议机关和人民法院，法定程序是行政复议与行政诉讼程序，法定形式是撤销该行政行为或确认该行政行为违法。

（2）返还财产、恢复原状。这是一种财产上补救性的侵权责任，适用于行政主体的侵权行为非法剥夺了相对人对财产的所有，或者变更了相对人财产原状的情形下由侵权机关采取措施返还相对人财产权益或者将财产恢复到原始状态的一种法律责任形式。根据我国《国家赔偿法》第28条的规定，这一法律责任形式主要有三种情形：（1）返还财产，即行政主体将收缴、罚没的财产返还相对人；（2）恢复原状，应当返还的财产损坏但能够恢复原状的，行政主体予以恢复原状；（3）解除对财产的强制措施，行政主体解除违法查封、扣押、冻结的财产。

（3）金钱赔偿。这是一种财产上补偿性的侵权责任，适用于行政主体的侵权行为侵犯了相对人的财产权益，而该侵权损害又无法以返还财产、恢复原状等方式承担侵权责任的情形，它是我国行政侵权责任的主要法律形式。根据我国《国家赔偿法》第28条的规定，这一法律责任形式主要有三种情形：（1）对财产进行查封、扣押、冻结，造成财产损坏或者灭失的，依法给予赔偿；（2）应当返还的财产损坏不能恢复原状的，由行政主体按照损害程度给付相应的赔偿金；(3) 应当返还的财产灭失的，给付相应的赔偿金；(4) 对财产权造成其他损害的，按照直接损失给予赔偿。

(4) 消除影响、恢复名誉、赔礼道歉。这是一种精神性的侵权责任，适用于行政主体的侵权行为给相对人的名誉权、荣誉权造成损害的情形。它既可以单独适用，也可以与其他责任形式合并适用。

四、行政主体的补偿责任

(一) 行政主体补偿责任的含义

所谓行政主体的补偿责任，是指在行政合同履行中，相对人由于自己的行为以外的原因受到损失，行政主体在没有过错及违法的情形下所承担的一种补偿责任。在行政合同中，建立健全补偿责任制度具有特别重要的意义，因为在行政合同的履行中，行政主体享有一般民事合同主体所没有的特权，而这些特权的行使不可避免地影响到相对人的利益，当相对人的利益因行政主体特权的行使而受到损失时，行政主体应当给予相应的补偿；此外，在行政合同的履行中，有时会出现双方在合同订立时未预见的特殊情况致使相对人因合同的履行而增加不可预见的负担或受到重大损失。在这种情形下，为了平衡公共利益与私人利益，行政主体也应当给予适当的补偿，“对方当事人在履行行政合同的过程中，由于自己行为以外的原因而受到不能预见的重大损失时，即使行政主体没有过失也能得到补偿，以恢复履行合同时的经济平衡。行政主体的特权和对方当事人的经济利益平衡，可以说是行政合同在履行时两个主要的特点”[1]。

(二) 行政主体补偿责任的条件

由于行政主体的补偿责任建立在行政主体没有过错及违法的情形下，是平衡公共利益与私人利益的需要，所以，为了防止公共

〔1〕 王名扬. 法国行政法. 北京：中国政法大学出版社，1989. 186.

利益受到不适当的损害，行政法上应当对这种补偿责任给予必要的限制，并明确行政主体承担补偿责任的条件。

从域外行政主体补偿责任的规定看，行政合同中行政主体承担补偿责任必须具备下列条件：

第一，受偿主体必须是非行政主体的公民、法人或其他组织。由于行政合同不仅发生在行政主体与作为相对人的公民、法人或者其他组织之间，而且也可以发生在行政主体之间以及行政主体与公务人员之间。从域外行政合同补偿的受偿主体的规定看，一般均规定只有在行政主体与相对人之间签订的合同在履行过程中发生重大损失时行政主体始发生补偿责任，对于行政主体之间以及行政主体与公务人员之间签订的行政合同在履行中另一方当事人受到损失的一般均没有关于特别补偿的法律规定。因此，行政合同中的补偿是行政主体对外部相对人承担的一种法律义务和责任。

第二，相对人必须是在合同的履行中发生了不可预见的重大的经济损失。这一条件又包含了这样两层含义：首先，相对人必须是发生了重大的经济上的损失，行政补偿责任是结果责任，损失结果的发生是确定补偿责任的前提条件，而且这一损失并非一般的损失，而是超出了相对人承受范围的重大损失；其次，这一损失必须是在订约时不可预见的，如果损失后果是合同主体在合同订立时就已经预见到的，不构成补偿的法律依据。

第三，相对人所受损失不可归责于双方当事人。也就是说，双方当事人对这一损失的发生均没有过错，如果相对人对损失的发生存有过错，如相对人因怠于履行合同义务或不正确履行合同义务所致损失不构成行政补偿的理由和依据；如果行政主体对损失的发生存在过错、违约或者违法情形的，则应当依约定承担违约责任或者依法承担行政赔偿责任，也不构成补偿的依据。

（三）行政主体补偿责任的情形和范围

在行政合同履行中，行政主体应当给予补偿的情形通常包括下列几方面：

1. 行政主体因合法行使特权而使相对人受到损失的补偿

行政主体因合法行使特权而使相对人受到损失的，行政主体应当给予相应的补偿，这是所有建立行政合同制度的国家和地区立法及司法一致的态度。在法国，行政主体的特权行为又被称为统治者行为，因为行政主体出于公共利益需要行使的这些特权行为，合同的对方当事人只能接受，但对方当事人由于行政主体的统治者行为而增加的全部负担，可以请求行政主体补偿。“对方当事人的这种补偿权利是行政合同的基本原则，不论具体合同中有无规定都可请求。最高行政法院还认为当事人为了避免计算实际损失困难起见，可以在合同中预先规定一个补偿数额”〔1〕。但对方当事人要求补偿的范围只以全部实际损失为限，不能要求可以期待的利益。在德国，依《行政程序法》第60条的规定，官署为防止或免除对公共福祉之重大损失，得解除契约，但应当按照《行政程序法》第49条规定的条件给予补偿，有关补偿之争讼，由普通法院审理。在我国台湾地区，“行政程序法”上将行政合同履行中的补偿分为缔约机关所属公法人之其他机关因行使契约外公权力致相对人受损的补偿和缔约机关单方面调整和终止契约致相对人受损的补偿两种情形：关于缔约机关所属公法人之其他机关于契约外行使公权力致相对人利益受损的补偿。第145条规定，行政契约当事人之一方为人民者，其缔约后，因缔约机关所属公法人之其他机关于契约关系外行使公权力，致相对人履行契约义务时，显增费用或受其他不可预期之损失者，相对人得向缔约机关请求补偿其损失。但公权力之行使与契约之履行无直接必要之关联者，不在此限。且关于补偿之争议及补偿之金额，相对人有不服者，得向行政法院提起给付诉讼；关于缔约机关单方面调整和终止契约

〔1〕 王名扬. 法国行政法. 北京：中国政法大学出版社，1989. 192－193.

致相对人受损的补偿。第 146 条规定,行政契约当事人之一方为人民者,行政机关为防止或除去对公益之重大危害,得于必要范围内调整契约内容或终止契约。前项之调整或终止,非补偿相对人因此所受之财产上损失,不得为之。相对人对补偿金额不同意时,得向行政法院提起给付诉讼。

2. 因情事变更致相对人受到损失的补偿

在行政合同履行中,情事变更是导致合同可能被变更或解除的法定事由之一,但合同被变更或解除后,行政主体是否应对相对人因情事变更导致的损失进行补偿以及在什么样的范围内予以补偿呢? 对此,各国(地区)的规定和做法不尽相同。在法国,行政法上将合同履行过程中因不可预见的客观情形的变化导致合同履行困难的情形称之为不可预见理论,与此相适应的制度称之为不可预见情况制度,而补偿制度是这一制度的重要内容之一。根据法国行政法的理论与实践,对于一个长期的行政合同,在履行过程中如果出现不可预见的情况从而使合同的履行变得极端困难时,当事人不能协商解决困难,行政法院的判例认为对方当事人有权请求行政主体共同承担损失。根据法国的行政法理论,行政主体对不可预见情况负补偿责任的法律根据是维护行政合同当事人经济利益平衡原则,而且这个原则是行政合同中的法的一般原则,不论合同中是否规定都能适用。因为行政合同的对方当事人也是行政机关的合作者,有共同的利害关系,补偿对方当事人的损失也是保证行政职务的实施。但与统治者行为(行政主体的特权行为)不同的是,行政主体对统治者行为所造成的损失,负全部补偿责任,由于不可预见情况的损失不是由于缔结合同的行政机关的行为所引起的,故行政机关只分担部分损失〔1〕。在德国,《行政程序法》第 60 条明确规定行政契约自订约后有重大之变更,致不能

〔1〕 王名扬. 法国行政法. 北京:中国政法大学出版社,1989. 193 – 195.

期待当事人之一方遵守原契约之约定者,则此契约之当事人得因变更之关系请求调整契约之内容,如不能调整或调整不能期待于当事人之一方时,得解除契约。由于情事变更而导致合同的变更或解除并非出于行政主体的原因,因此,该法并未对因合同的变更或解除而致相对人一方受损的补偿进行规定。我国台湾地区的“行政程序法”第147条的规定,行政契约缔结后,因有情事重大变更,非当时所能预料,而依原约定显失公平者,当事人一方得请求他方适当调整契约内容。如不能调整,得终止契约。前项情形,行政契约之当事人一方为人民时,行政机关为维护公益,得于补偿相对人之损失后,命其继续履行原约定之义务。从该条的规定看,似乎因情事变更而导致契约内容调整或终止时行政主体可以承担也可以不承担补偿责任,但若为了公益需要相对人继续履行原合同的义务的,行政主体应当予以补偿。

3. 其他特殊情形的补偿问题

在法国行政法上,除了行政主体特权行为的损失补偿和不可预见情况的损失补偿外,还有所谓的“不能预见的物质困难的补偿权”,这种所谓的不能预见的物质困难是指在合同的执行过程中所遇到的巨大的不能预见的物质困难从而大大增加了对方当事人履行合同的负担的情形。这种情形与不能预见的情形相似,但其法律性质不同。这里的困难是执行行为本身所遇到的困难,如工程建设中所不能预见的复杂的地质结构,这种情形下的补偿是私法合同也可能有的补偿权,而不能预见的情况是对方当事人在合同履行中所遇到的特殊的经济风险,如价格出现巨大的波动导致合同履行负担的增加,是行政合同特有的补偿权〔1〕。

(四) 行政主体补偿争议的处理机制

当行政主体与相对人之间就补偿事宜发生争议时,需要通过

〔1〕 王名扬. 法国行政法. 北京:中国政法大学出版社,1989. 191.

启动相应的争议纠纷的处理机制去解决,而关于补偿纠纷的解决机制,各国(地区)的规定不尽相同,大致有两种情形:一是作为行政争议由当事人向行政法院提起给付诉讼,法国和我国台湾地区均循这一机制;二是作为普通的民事争议由当事人向普通法院提起民事诉讼,由普通法院审理和解决,德国采这一模式。在我国,虽尚无行政合同的专门立法,但因公权力合法行使所致损失的补偿一般均作为行政补偿由当事人通过行政诉讼机制处理和解决。

第三部分　主要行政私法合同制度研究

第七章　政府采购合同

一、政府采购合同的含义与性质

所谓政府采购合同,是指采购人或采购代理机构与供应商之间签订的以货物、工程和服务的购买、租赁、委托、雇佣等为主要内容的、明确相互间权利义务的协议。

在关于政府采购合同的理论中,争议最大的莫过于对政府采购合同性质的认识。在我国学界,关于政府采购合同的性质大致有这样几种看法:第一种看法认为,政府采购合同属于民事合同,"在政府采购合同关系中,双方当事人的权利义务平等……,合同的订立是基于市场竞争机制,合同的内容以等价有偿和平等互利为基础"[1];第二种看法认为,"政府采购行为虽然具有民事行为的某些特征,但又不同于普通的民事行为,它在本质上属于行政行为的范畴,具有行政行为的许多性质,但又不同于一般的行政行为,政府采购行为实质上是一种行政合同行为"[2];第三种看法认为,政府采购合同不是单纯的民事合同或行政合同,而是所谓的"政府 + 商事、行政 + 经济的经济合同"或政府商事合同,"经济合同或者政府商事合同,本质上是国家或政府在经济活动或者经济管理中,将其意志直接体现到原本由私人自治的契约关系中

〔1〕 杨汉平.政府采购法律制度理论与实务.北京:西苑出版社,2002.153.

〔2〕 湛中乐,杨君佐.政府采购基本法律问题研究.法制与社会发展,2001,(3).

去……经济合同或政府商事合同既非当事人自治的单纯的民事，也非可以不顾及经济和市场的单纯的行政"〔1〕；第四种看法认为，"政府采购合同是政府利用商业机制实现经济和社会政策的工具，具有维护公共利益、实现公共职能和在商业市场中平等有偿交易的双重特征，将政府采购合同简单和绝对地归属于普通的民事债权合同，或者一般的行政合同，都不能全面地反映政府采购合同的上述特征和功能"〔2〕，但这种具有双重特征的合同到底是一种什么性质的合同的看法没有明示。在上述诸看法中，第一和第二种看法比较绝对，而第三及第四种看法则都注意到了政府采购合同的民事和行政方面的双重属性。由于对政府采购合同的定性直接涉及到政府采购合同的功效、法律规范及法律适用，因而，有必要对此予以明确。由于政府采购合同同时涉及到其与民事合同及行政合同的关系，所以，我们的讨论从政府采购合同与民事合同及行政合同的关系开始。

（一）政府采购合同与民事合同

在我国，民事合同是指平等主体的自然人、法人、其他组织之间设立、变更、终止民事权利义务关系的协议。民事合同的核心和基石是当事人的意思自治〔3〕，意思自治原则的核心是契约自由，即当事人有根据自己的意志决定契约内容和选择契约形式的自由。在普通的民事合同中，之所以强调意思自治，是因为民事合同的各方当事人都是基于自己的利益（即私益）去订立和履行合同的，而只要不违反法律的强制性规定，当事人应享有充分的合同自

〔1〕 史际春，邓峰. 经济（政府商事）合同研究——以政府采购合同为中心. 经济法学评论（第一卷）. 北京：中国法制出版社，2000；史际春，姚海放. 让政府采购法真正成为阳光法. 正义周刊，(120).

〔2〕 于安. 政府采购合同. 法制日报，2002 - 07 - 07.

〔3〕 在大陆法系国家，由于意思自治原则不仅在契约法中具有支配地位，而且在整个私法体系中居于支配地位，因此，这一原则又被称之为私法自治.

由。基于以上分析,我们可以明显看出政府采购合同与普通民事合同的不同:

第一,从订立合同的目的看,当事人订立民事合同的目的比较单一,其出发点和归宿都是基于私益;而在政府采购合同中,作为政府一方的采购人订立合同的目的系基于国家利益或社会公共利益的需要,是政府向社会输送公共产品的一种方式,是政府实现经济和社会目标的一种手段。

第二,从合同订立的原则看,如上所述,意思自治是民事合同的基本原则,而其核心是契约自由,它包括缔结自由、相对人选择自由、内容决定自由、方式自由;而在政府采购合同中,由于采购资金源于公共财政即纳税人的税款,而采购的标的物又主要服务于国家利益或社会公共利益,因此,无论是用于采购的资金还是采购的标的物都与政府负责采购的人员没有切身的利益关系。为了保证采购人使用最节约的资金采购到高质量的货物、工程和服务,防止政府采购中的寻租现象,在政府采购中必须贯彻强制竞争的理念。因此,公开、公平、公正和充分有效的竞争是政府采购原则的核心。对于采购人来说,它通常没有自由选择供应商的余地,政府采购合同最终只能是在众多参与竞争的供应商中胜出的供应商与采购人之间签订。它也没有选择合同内容的自由,政府采购合同必须根据事先发布的采购目录和采购标准按照中标、成交书规定的条件和内容签订。它也没有选择合同方式的自由,《政府采购法》第44条规定,"政府采购合同应当采用书面形式"。

第三,从合同解除的情形看,在普通的民事合同制度中,合同的解除有三种情形:一是协商解除;二是约定解除;三是法定解除。在上述三种情形中,除双方协商解除合同的情形外,对于约定解除和法定解除,一方行使该权利而另一方有异议时,可以诉请法院或仲裁机构确认和裁决。在政府采购合同中,由于合同的履行涉及国家利益或社会公共利益,因此,当合同的履行可能损及国家利益或社会公共利益时,立法上往往赋予采购方单方面变更、解除合同的权利。这一点与民事合同的解除有着极大的不同。首先,民事合同的解约权是双方当事人对等享有的,而政府采购合同的解约权是采购人单方面的权利。其次,民事合同的解除无论是协商解除、约定解除还是法定解除,其条件都是明确而具体的,而政府采购合同解除条件中的"国家利益"或"社会公共利益"是由采购人单方面判断和解释的。再次,在民事合同中,若另一方当事人对合同的解除有异议的,可以提起诉讼或仲裁,而诉讼或仲裁的结果可能会导致对一方解约权的否定,在这种情形下,合同仍需继续履行下去,但在政府采购合同中,采购方解除合同的,供应商一般不能就合同是否应当解除诉诸法律,而只能就合同解除引起的损失的补偿或赔偿问题进行协商或诉讼。

第四,从合同争议的解决机制看,民事合同的争议在协商或调解不成的情形下都是通过仲裁或普通的民事诉讼解决的;而在政府采购制度健全和完善的国家(地区),因虑及政府采购合同争议的特殊性,或在普通民事诉讼之外构建专门的争议解决机制(如美国),或建立起民事或行政的双重救济机制(如我国的台湾地区),只有个别国家将政府采购合同的争议完全纳入普通民事诉讼的范畴去解决(如英国)。

上述这些不同和差异说明,政府采购合同尽管采用了民事合同的形式,但是,由于它以国家利益或社会公共利益的实现为目标,因而,以实现私益为目标的普通的民事合同制度不能完全适用于它,政府采购合同制度中注入了诸多具有公法性质的制度和规定,从而使政府采购合同具有了公法合同的性质和特征,那种认为政府采购合同属于民事合同的观点忽略了政府采购合同的公法特征。

(二)政府采购合同与行政合同

源于大陆法系国家的行政合同(又称公法合同、公法契约、行政契约)制度在改革开放后开始传到我国,尽管我国立法上至今未正式使用“行政合同”一词,但是,学界普遍认为行政合同在我国现实生活中大量存在。从表面上看,行政合同与政府采购合同之间存在着很多相同或相似之处。譬如,签订合同的主体一方必须是行政机关或法律法规授权的组织,合同的内容都涉及社会的公共利益,合同都是双方当事人意思表示一致的产物,合同从内容到形式都受到法律的限制,作为政府的一方在合同的履行中都享有单方面变更、解除合同的权利,等等。但是,政府采购合同与行政合同之间又有着诸多的差异,而正是这些差异将政府采购合同与行政合同区别开来。

政府采购合同与行政合同的差异具体体现在以下方面:

首先,从主体上看,虽然政府采购合同与行政合同的主体一方都是行政机关或法律法规授权的组织,但是,它们在两个合同中的主体地位是不同的。在政府采购合同中,行政机关或法律法规授权的组织是立于民事主体的地位与相对人订立合同的,而在行政合同中,行政机关或法律法规授权的组织是以行政主体的身份与相对人订立合同的。

其次,从订立合同的目的看,政府采购合同的订立主要是为了实现公共产品的供给,满足公共需要,它们尽管都涉及国家利益或社会公共利益,但是,就政府本身的这种采购行为而言,它还不是一种直接的行政管理活动或执行公务的行为;而行政合同大多与行政主体的管理活动相联结,或者说它是行政主体实施行政管理的一种手段和方式〔1〕。

再次,从合同的内容看,政府采购合同是采购人以合同方式有

〔1〕 当然这种划分又不是绝对的,它因国而异.譬如在法国,通常将公共工程承包合同视为行政合同,受公法支配.参见王名扬著.法国行政法.中国政法大学出版社,1989,409.

偿获取货物、工程和服务的行为,而仅就货物、工程和服务而言,它与民事合同中的货物、工程和服务并没有区别。正因为如此,这种有偿获取货物、工程和服务的合同具有民事合同的一般特征,也就是说,政府采购合同在内容上仍被视为设立、变更、终止民事权利义务关系的协议;而行政合同是行政主体与相对一方当事人之间设立、变更、终止行政法上权利义务关系的协议〔1〕,这一点是行政合同与政府采购合同最大的区别。

第四,从合同的法律适用看,由于政府采购活动涉及公共财政的支出,采购标的涉及公共利益,因而,它不能完全适用民法的一般规定。在政府采购法律制度健全和完善的国家和地区,一般都订有专门的政府采购法,而政府采购法因其注入了诸多行政法的原理原则,不能简单地将其视为民法或民法的特别法,它实际上是界于民法与行政法之间的一类特别的法律制度。但又由于政府采购毕竟是以私法上合同的形式去完成的,其采购内容与民法上的合同内容亦没有区别,因而,在政府采购法未有规定的情形下,政府采购合同往往适用民法而不是行政法的规定〔2〕。这种情形表明政府采购合同仍受到私法规则的支配和作用,政府采购合同的当事人不能擅自超越私法规则去订立和履行采购合同;而行政合同的订立和履行则完全超越了私法规则,它的订立和履行完全适用不同于私法规则的行政法规则(公法规则)〔3〕,只有在公法规则未予规定时,才可能考虑援用民法上的规定,但是,“民法上的

〔1〕 如德国《行政程序法》第54条规定,“公法上之法律关系,得以契约设定、变更或废弃之(公法契约)”;又如葡萄牙《行政程序法》第178条第1款规定,“行政合同为一合意,基于合意而设定、变更或消灭一行政法律关系”.

〔2〕 如我国《政府采购法》第43条规定,“政府采购合同适用合同法.采购人和供应商之间的权利和义务,应当按照平等、自愿的原则以合同方式约定”.

〔3〕 譬如德国、葡萄牙、我国台湾地区、澳门特别行政区都将“行政合同”单列规定,以专门规范行政合同的订立和履行.

规定不是作为民法规则直接适用，而是作为法的一般原则适用，行政法官是否采用有自由裁量权”〔1〕。

第五，从合同争议的解决机制看，由于政府采购合同兼具公法与私法的双重性质，因而，其争议的解决往往同时包含了行政救济与民事救济两种不同的路径，而且，在有的国家（地区），当事人可以自由选择解决争议的路径。而发生在行政主体与相对人之间的行政合同争议则属于行政争议的范畴，在建立起独立的行政诉讼制度的国家（地区），行政合同争议必须通过行政复议或行政诉讼的途径解决。

从以上分析可以看出，政府采购合同与行政合同也有着极大的不同，所以，那种认为政府采购合同属于行政合同的观点忽略了政府采购合同的私法属性。

（三）政府采购合同实际上是一种兼具行政与私法性质的合同

政府采购合同既不能简单归于普通的民事合同，又有别于行政合同，那么，它是一种什么性质的合同呢？政府运用合同的方式完成国家的采购任务并不是我国的创造，那么，其他国家是如何认识和界定这类合同的性质的呢？

在政府采购制度非常发达的美国，行政机关为购买物品和获取服务所签订的合同被统称为“政府合同”（government contract）。美国尽管没有公私法的划分，但是，“在所有的政府合同中，都需要在公共利益——即正当使用纳税人所纳税款和确保公法合同的正当性（integrity）——与政府订立合同的另一方当事人的利益之间做出平衡”。因此，“尽管政府合同制度汲取了诸多民事合同法原则，但它却是在一套与私法合同相异的优先规则下运作的，而且

---

〔1〕　王名扬．法国行政法．北京：中国政法大学出版社，1989．409．

也远比私法合同制度规则严格”〔1〕。所以,在美国,政府合同制度事实上已发展成为一类独立的合同制度,从政府合同的原则到订立合同的程序、争议纠纷的解决机制等都形成了自己独立的制度。

在大陆法系的德国,习惯上将政府行政分为公权力行政与私经济行政,公权力行政又称高权行政,“指国家居于统治主体适用公法规定所为之各种行政行为……所使用之行政作用方式为行政命令、行政处分、行政契约(公法契约)或地方自治规章,于行政作用中占最主要之地位”〔2〕。私经济行政又称国库行政,“指国家并非居于公权力主体地位行使其统治权,而系处于与私人相当之法律地位,并在私法支配下所为之各种行为”〔3〕,它包括行政辅助行为、行政营利行为和行政私法行为。所谓行政私法行为,“即系除以私法之形式所为之行政辅助性活动及营利性活动之外,就公行政利用私法上之形式以直接追求行政上目的所加以公法限制或拘束之法律关系总称”〔4〕。简单地说,行政私法行为就是以私法行为去完成国家的任务,政府采购行为即属于典型的行政私法行为。行政私法理论最初由德国学者 H. J. Wolff 于 1956 年提出,“按此理论行政主体在法定职权内,为了直接达到国家任务,可使用私法行为之方式。但是私法自治原则,必须受到公法的限制及修正。尽管如此,这种行为的外在形式,依旧维护着私法关系及受普通法院之管辖”〔5〕。由于它从公私法分离的角度将政府的各

〔1〕 [美] Daniel · J · Mitterhoff. 建构政府合同制度——以美国模式为例. 行法学研究 2000,(4).

〔2〕 吴庚. 行政法之理论与实用. 台北:三民书局,2000.10.

〔3〕 同上.12.

〔4〕 转引自台湾行政法学会主编. 行政法争议问题研究(上). 台北:五南图书出版有限公司,2000.231.

〔5〕 陈新民. 行政法学总论. 台北:三民书局,1997.28.

类行政活动做了准确的划分和定性，因此，这一理论受到广泛关注，我国台湾地区的行政法学界亦接纳了这一理论。而其"政府采购法律制度"正是这一理论的实践，它在形式上沿用了私法的法律模式，但是，又根据公法（行政法）的原理原则对私法上的意思自治（特别是契约自由）原则进行了修正，它之所以被称之为行政私法合同，是因为它既不同于普通的私法合同（民事合同），又有别于传统意义上的公法合同（行政合同），而是介于公法合同与私法合同之间的、兼具公法与私法性质的一类特殊的合同。

从以上的介绍可以看出，无论是英美法系的美国还是大陆法系的德国，其共同点在于他们都看到了政府采购合同与传统民事合同的区别，都主张政府采购法律制度应在汲取民事合同制度的基础上根据行政法的原则进行修正。但与美国不同的是，在大陆法系国家，还有独立的行政合同制度的存在，因此，在大陆法系国家，仅仅说明政府采购合同与民事合同的区别是不够的，它还必须说清楚政府采购合同与行政合同的不同之所在。行政私法理论正是适应了这种要求而产生的，它不仅能够说明政府采购合同与普通民事合同的不同，而且能够解释政府采购合同与行政合同的差异，从而在理论上和立法上将政府采购合同与民事合同和行政合同区别开来。我国虽然没有公私法划分的传统，但是，我国的法律制度与大陆法系国家非常接近，将政府采购合同从一般的合同法中分离出来单独规定的做法表明我国立法上更倾向于将这一类合同作为一种相对独立的合同制度。因此，政府采购合同与民事合同、行政合同的不同和区别同样需要理论上的清晰说明，为此，借鉴大陆法系国家的行政私法理论，将政府采购合同定性为一种行政私法合同或许能够比较清晰地看清政府采购合同的本质。

最后需要提及的是，将政府采购合同定性为"经济合同"或"政府商事合同"的观点看到了政府采购合同与民事合同及行政合同的区别，但是，将这种区别于民事及行政合同的政府采购合同称之为“经济合同”或“政府商事合同”，则没有能够清晰地反映这一类合同的本质特征，故笔者不敢苟同。首先，“经济合同”是我国在体制转型时期使用的一种模棱两可的、不规范的称呼，它的主要内容实际上就是民事合同，但又含有其他性质的合同（如指令性计划合同、指导性计划合同等）。随着我国经济体制的逐步定型，这种不规范的称呼随着统一的合同法的颁布已在立法上被废止，其中的民事合同部分被统一到合同法，而其他性质的合同则由相应的立法去规范，再将立法已经废止的概念拿到学术上去使用容易引起理论上的混淆。至于政府商事合同，它同样没有说清楚这一合同的性质，因为并不是政府参与的所有商事合同都兼具民事与行政的双重性质，除政府采购合同外，政府还可能会完全立于私人的地位与其他的民事主体经过平等协商订立普通的民事合同，那么这类合同是否属于政府商事合同呢？如果只要是有政府参与的合同都属于政府商事合同的话，那么政府采购合同与政府参与的其他民事合同之间就没有什么区别和不同了。因此，这种结合了民事和行政双重性质的合同唯有以“行政私法合同”谓之方能准确反映其本质特征。

二、政府采购合同的法律适用

政府采购合同适用何种法律这一问题从根本上取决于对政府采购合同性质的认定。如前所述，学界对政府采购合同的性质形成了民事合同说、政府商事合同说、行政合同说、行政私法合同说等诸多学说，而对政府采购合同性质的不同界定，将直接引起政府采购合同不同法律的适用。如果把政府采购合同认定为民事合同，则当然适用《合同法》等私法规则；如果把政府采购合同认定为行政合同，则应适用行政法等公法规则。我们认为，政府采购合同从根本性质上说，是一种兼具行政和私法双重性质的合同。对此类双重性质的合同，单一适用私法或者公法已无法解决此类合同的特殊问题。在我国,政府采购合同应当总体适用《合同法》,但又受《政府采购法》和《招标投标法》等法律中公法规则的约束。

（一）政府采购合同总体上适用《合同法》,但又受《政府采购法》和《招标投标法》等法律中公法规则约束的原因分析

一方面,政府采购合同之所以总体上适用《合同法》,主要基于以下原因:首先,政府采购合同的内容与一般民事合同的内容基本相同。由于政府采购毕竟是以私法上的合同形式去完成的,其采购内容与民法上的合同亦没有不同,因而在政府采购法未有规定的情况下,政府采购合同往往适用民法而不是行政法的规定[1]。其次,政府采购合同当事人不能超越私法规则。从政府采购合同的订立与履行看,合同总体上仍需遵循私法规定,接受私法的约束,当事人双方都没有超越私法规则以外的特权。在这一点上,行政合同则完全超越了私法规则,适用完全不同于私法的公法规则或者行政法规则。第三,民法一般法理可适用于政府采购合同。对此,我国台湾学者罗昌发认为,不论对采购合同的性质采取何种看法,相关采购法规定不完整的部分,应有民法的适用,而且认为在无法律明文规定的情形下,民法所揭示的有关缔约及损害赔偿等原则,应可以被法理适用到公法契约等合同中[2]。第四,立法上已有明确的法律依据。根据我国《政府采购法》第43条规定:“政府采购合同适用合同法。采购人和供应商之间的权利和义务,应当按照平等、自愿的原则以合同方式约定。”这一规定已表明,政府采购合同应当适用《合同法》。另一方面,政府采购合同又受《政府采购法》和《招标投标法》等法律中公法规则的约束。因为政府采购合同具有双重性质,单纯依靠民事法律规范不能完全满足需要,所以,政府采购合同不能完全适用《合同法》

[1] 王克稳.经济行政法基本论.北京:北京大学出版社,2004.208.

[2] 罗昌发.政府采购法与政府采购协定论析.台北:元照出版公司,2004.75.

的所有规定,在适用《合同法》基本原则及基本规则的同时,应当受到公法规则的约束。

(二) 正确处理《合同法》与《政府采购法》、《政府采购法》与《招标投标法》的关系,选择适用政府采购合同的法律

从上面的分析可知,调整政府采购合同的法律主要有《合同法》等私法规则和《政府采购法》、《招标投标法》等特殊规则。而这些法律对政府采购合同的规定不尽相同,有的甚至存在冲突,因此在这种情况下,政府采购合同的法律适用更具有复杂性。对此,首先要对《合同法》与《政府采购法》、《政府采购法》与《招标投标法》的关系有正确的把握,在此基础上正确适用具体的法律。

1. 在《合同法》与《政府采购法》关系上,总体上适用《合同法》,但如果《政府采购法》有规定的,优先适用《政府采购法》。政府采购合同属于合同的一种,根据《政府采购法》的规定,政府采购合同适用《合同法》。这里所指的政府采购合同适用《合同法》,主要是指合同法总则[1]。具体而言,首先,政府采购合同应当适用《合同法》的基本原则。《合同法》的基本原则主要包括:契约自由原则、诚实信用原则、公平原则、公正原则。当然,政府采购合同所具有的行政权力性,决定它还必须适用《政府采购法》,遵循公开原则、竞争性原则、公共利益原则和保护民族工业原则等行政法原则[2]。其次,政府采购合同的订立、履行、变更、中止、终止也适用《合同法》的一般原则或规则,如政府采购合同的订立过程也要经过要约和承诺过程等。但是《政府采购法》如对政府采购合同作了特别规定的,这些特别规定应当优先适用于政府采购合同。如政府采购合同必须采用书面形式;合同签订之日起 7 日内必须

〔1〕 王周欢. 政府采购合同的性质及其法律适用. 中国政府采购,2002,(5).

〔2〕 有关这些原则的表述可参见何红锋主编. 政府采购法详解. 知识产权出版社,2002,23 - 24.

报有关部门备案;如果合同已经履行,即使合同违法也可能不予撤销,合同当事人仍可继续履行,过错方仅承担损害赔偿责任;签订补充合同的,金额不能超过原合同金额的10%;双方当事人不能擅自变更、中止、终止合同,除非合同继续履行将损害国家和公共利益。所有这些特别规定,都应当在政府采购合同中优先适用。关于这一点,我国台湾学者也有类似的看法,"政府采购事项,除受一般民事法规定之规范外,尚受到政府采购相关法规的规范。而政府采购的相关法规,虽亦有基于契约双方的权利义务关系加以考量(如公平合理原则),但更包括由管制采购行为的效率性及对相关供应商的公平性加以考量"〔1〕。

2. 在《政府采购法》与《招标投标法》关系上,分工配合、交叉适用《政府采购法》和《招标投标法》。我国《招标投标法》第2条规定,"在中华人民共和国境内进行招标投标活动,适用本法。"据此在中国境内进行的所有招标投标活动均应适用《招标投标法》。因此,《政府采购法》确定的政府招标采购范围,也应适用《招标投标法》,换言之,在立法没有特别规定的情形下,《招标投标法》适用于任何政府招标采购活动,包括货物、工程、服务招标采购活动。同时,《政府采购法》也适用于《招标投标法》所管理的符合《政府采购法》所定义的政府采购项目,除非《政府采购法》明确规定只适用于货物和服务采购〔2〕。由此我们可以看出,在以招标投标方式订立的政府采购合同法律适用方面,《政府采购法》与《招标投标法》交叉适用。当然,这两部法律在相互协调配合方面也存在一定的不足,对某些相同的法律问题(如分包问题)规定得不尽一致,导致法律适用的困难。对此应根据特别法优于一般法,后法

〔1〕 罗昌发.政府采购法与政府采购协定论析.台北:元照出版公司,2004.75.

〔2〕 曹富国.〈中华人民共和国政府采购法〉释义.北京:机械工业出版社,2002.9.

优于前法的原则，确定适用何种法律。有学者为此在政府采购合同的法律适用方面排出了这样的顺序：《政府采购法》、《招标投标法》、《合同法》[1]，这似乎在一定程度上有助于法律冲突的解决。

三、政府采购合同的主要内容

政府采购合同的内容从法律关系而言，是指当事人的权利和义务，也就是合同之债的内容，从内在结构而言，是指合同的各项条款。合同条款是合同内容的外在的具体表现。合同内容上述两个方面含义是密切相联的，如果将合同理解为一种法律关系，合同当事人的权利义务正是通过合同条款确定和反映出来的[2]。当然合同条款与合同关系的内容仍然存在区别。合同条款与合同的成立相联系，而合同的权利义务则表示合同已成立且已经对当事人发生法律上的约束力。由于合同当事人双方的权利义务在本章其他部分已有论及，在此不再赘述。这里仅对政府采购合同的条款进行解释。

基于对政府采购合同的性质和公共利益的考虑，政府采购合同不仅应具备一般民事合同的必备条款，还需要具备特别的必备条款。根据《合同法》第 12 条的规定，合同的内容由当事人约定，一般包括当事人的名称和住所、标的、数量、质量、价款或报酬、履行期限、地点和方式、违约责任、解决争议的方法等。从本条规定看，合同法并未对民事合同的必备条款作出法律要求，但一般认为合同中当事人的名称和住所、标的、数量是必备的，而对于其他因素，则可通过补充协议、合同的其他条款或交易习惯来确定[3]。上述条款自然也应成为政府采购合同的必备条款，问题在于，政府

〔1〕 于安. 我国政府采购法的合同问题. 法学，2002，(3).

〔2〕 郭明瑞，房绍坤. 新合同法原理. 北京：中国人民大学出版社，2000. 129.

〔3〕 参见《合同法》第 61 条.

采购法对合同的必备条款作出了更为严格的要求。政府采购合同条款一般不是由当事人协商确定的结果,而是由政府事先公布完整的合同条件条款,然后邀请供应商根据这些条件进行竞争性投标而缔结的;在此过程中,政府采购合同的条件和条款具有先定性,具有格式合同或格式条款的性质,当事人意思自治受到很大限制。另外,政府采购合同需要体现公共利益的特别要求,故法律对政府采购合同所提出的要求,必须成为政府采购合同的一部分。正是基于以上原因,《政府采购法》第45条规定:"国务院政府采购监督管理部门应当会同国务院有关部门,规定政府采购合同必须具备的条款。"这些必备条款具有强制性,采购人和供应商都应遵照执行。同时,根据合同类型的不同,由有关部门分别制定政府采购标准合同。

根据我国《合同法》有关合同一般条款的规定,结合我国政府采购法律、法规的规定,拟将政府采购合同应该具备的基本内容概括如下:

（一）当事人的名称、姓名和住所。当事人的名称、姓名和住所条款是一切合同的必备条款,政府采购合同也不例外。因为当事人是合同的主体,没有当事人,合同就不能成立,更无法确定权利义务的承担。但与一般合同不同的是,政府采购合同当事人中有一方必定为国家机关、事业单位、团体组织,具体包括利用财政性资金进行采购的国家权力机关、行政机关、审判机关、检察机关、政党组织、工青妇组织以及文化、教育、科研、医疗、卫生、体育等事业单位,但不包括国有企业、国有控股企业和军事机关。供应商应符合以下条件:具有独立承担民事责任的能力;具有良好的商业信誉和健全的财务会计制度;具有履行合同所必需的设备和专业技术能力;有依法缴纳税收和社会保障资金的良好记录;参加政府采购活动前三年内,在经营活动中没有重大违法记录;法律、行政法规规定的其他条件。

（二）标的。合同标的是合同法律关系的客体，是合同双方的权利义务指向的对象。政府采购合同的标的包括依法制定的集中采购目录以内的或者采购限额标准以上的货物、工程和服务。合同标的是政府采购合同的必备条款。

（三）数量。数量是合同标的量的尺度，数量条款直接决定了当事人的基本权利和义务，如数量不确定，当事人双方权利义务的多少、合同是否完全履行都无法确定。因此，数量条款也是政府采购合同的必备条款。但由于商品的特性、货源变化、包装等因素的影响，特别是对于那些需要较长时间履行的采购合同来说，要求准确地约定采购的数量有时存在一定困难。为了使交货数量具有一定范围的灵活性和便于履行合同，采购机构可以和供应商在合同中约定数量的合理浮动幅度。

（四）质量。政府采购合同的质量条款决定着政府采购的商品的质量标准，由于政府采购的商品主要是供不特定公众反复消费和长时期消费的公共产品或供行政主体公务执行之用的公共产品，因此，与普通的商品相比，政府采购的商品对质量的要求更高。在政府采购合同中，质量条款亦是十分重要的条款，而且，政府采购商品的质量标准一般都是由行政机关单方面规定或是由法律、法规直接规定的。

（五）价款或者报酬。价款或者报酬是当事人一方向交付标的的另一方支付的货币。虽然价款或者报酬条款对于一般合同而言，并不是合同成立的必备条款，但对于政府采购的成立而言，价款或者报酬条款却有非同寻常的功能。一般而言，政府采购合同的订立主要应经过公开招标，投标人的报价直接关系到供应商能否最终中标。而投标人的报价是采购文件之一，是采购人与中标供应商得以签订合同的主要条款。

（六）履行期限、地点和方式。履行期限是采购人与供应商约定的合同当事人履行合同义务的时间。履行期限不仅直接关系到政府采购合同义务完成的时间，也是确定违约与否的客观依据之一。履行地点是合同约定的当事人履行合同的场所。履行方式是指当事人履行政府采购合同的方法，它规定着政府采购合同如何履行，如是一次交付还是分期分批交付，是现实交付还是简易交付。

（七）违约责任。违约责任是当事人不履行或者不适当履行合同规定的义务而应承担的法律责任。当事人可在政府采购合同中约定，一方当事人违反合同时向另一方支付一定数量的违约金，或者约定违约损害赔偿的计算方法。

（八）解决争议的方法。解决争议的方法是当事人解决政府采购合同纠纷的手段。由于政府采购合同主要适用合同法的规定，因此，其争议纠纷的解决主要循民事争议的解决路径，包括协商、调解、仲裁和诉讼等。

四、政府采购合同的订立与履行

（一）政府采购合同的订立

与民事合同的订立过程一样，政府采购合同也要经过要约和承诺。但政府采购合同的要约和承诺有其法定性，各有关国家（地区）政府采购法和国际规则都详细规定了政府采购的招标投标程序。此外，还有竞争性谈判、询价、单一来源采购等。政府采购合同应以何种方式订立，法律法规都有明确的规定。因此，采购人选择合同订立方式的自由受到严格限制，在这里我们主要对政府采购合同以招标投标方式订立的一般程序和有关法律问题进行论述。

政府采购一般先由采购机构发布采购信息，以此来吸引供应商前来竞争，并针对采购机构的采购信息进行报价，由采购机构对各个供应商进行评审，最终选定成交人。因此，在要约之前，政府采购合同的订立存在一个要约邀请阶段[1]。根据《政府采购法》的立法精神，政府采购应当尽可能采用招标投标方式选定成交人，招标行为应属于要约邀请，而在其他方式中，采购人向供应商的询价行为属于要约邀请。在采用招投标方式的政府采购合同中，投标人的投标行为属于合同订立的要约行为，而招标人在确定中标人后向中标人发出的中标通知书，就其性质而言，属于合同订立过程中的承诺行为，发生合同法上关于承诺的效力。有关投标人的投标、招标人发出的中标通知书的生效、效力及中标通知的变更等行为，理应符合我国《合同法》的有关规定。问题在于，我国政府采购法上中标通知的生效采用的是发信主义，而不是《合同法》上的到达主义。因为根据我国《合同法》第 26 条的规定，承诺通知到达要约人生效，采行的是到达主义，而《政府采购法》第 46 条第 2 款规定："中标、成交通知书对采购人和中标、成交供应商均具有法律效力。……"这就意味着在招标采购和其他采购合同的订立中，规定了承诺生效的时间依发信主义，而不是《合同法》上的到达主义，因而《合同法》中有关承诺撤回等规定不适用于政府采购中的招标采购，只要采购人在发出中标通知书时，其承诺就生效，不存在承诺撤回的问题。笔者认为，立法之所以作出这种生效时间的特殊规定，主要是基于保护公共利益的需要。如果规定中标、成交通知自中标、成交供应商收到后才具有法律效力，就有可能因中标、成交供应商在传递过程中出现的延误、丢失或者错投，造成中标、成交供应商在有效期后才收到中标、成交通知书，这样就会使采购人丧失了对中标、成交供应商的约束力。实际上这与《联合国贸易法委员会货物、工程和服务采购示范法》的做法是一致的。由此可看出，政府采购合同的承诺与一般合同的承诺不同，正是这种不同和差异，体现了政府采购合同的特殊之处。

---

〔1〕 何红锋. 政府采购法详解. 北京：知识产权出版社，2002. 157.

中标通知书是一种承诺行为,那么这种承诺行为在采购人和供应商之间产生什么样的法律效果呢?根据我国《合同法》第25条的规定,承诺生效时合同成立,但该法第32条又规定,当事人采用合同书形式订立合同的,自双方当事人签字或者盖章时合同成立。而招标采购合同应当以书面形式订立,所以中标通知书发出后,并没有产生采购合同成立的法律后果,但却在招标人与中标人之间产生了订立合同的义务,因为根据《政府采购法》第46条第1款规定,“采购人与中标、成交供应商应当在中标、成交通知书发出之日起30日内,按照采购文件确定的事项签订政府采购合同”,当事人必须在发出中标通知后订立政府采购合同。与此相关的一个问题是,如果中标、成交通知书发出后,采购人改变中标、成交结果的,或者中标、成交供应商放弃中标、成交项目的,应当承担何种性质的法律责任呢?对此我国《政府采购法》并没有明确规定,实践中对此也有不同的理解,但根据合同成立的规定和上文对中标通知书效力的分析,这种责任实际上是合同订立过程中的一种缔约过失责任。所谓缔约过失责任,是指当事人在订立合同中,因违反诚实信用原则而致另一方当事人的利益受损时所应承担的损害赔偿责任。对此,《招标投标法》第59条规定,招标人与中标人不按照招标文件和中标人的投标文件订立合同的,或者招标人、中标人订立背离合同实质性内容的协议的,责令改正;可以处中标项目金额千分之五以上千分之十以下的罚款。该法第60条规定,中标人不履行与招标人订立的合同的,履约保证金不予退还,给招标人造成的损失超过履约保证金数额的,还应当对超过部分予以赔偿;没有提交履约保证金的,应当对招标人的损失承担赔偿责任。因此,从这种意义上说,“中标通知书发出后对投标人和招标人所产生的法律效力并不是合同成立的约束力,更不是生效合同的法律约束力,而是约束招标人和中标人签订招标合同的法律约束力"〔1〕。

另外,从中标通知发出之日到正式签订政府采购合同之时,这中间存在一个不超过30日的期间。在这个期间内,合同尚未成立,那么招标人、中标人能否再进行谈判以改变合同实质性条件或签订其他实质上改变合同的协议呢?根据我国《政府采购法》的规定,采购人与中标成交供应商应当按照采购文件确定的事项签订政府采购合同,这就排除了招标人、中标人再行谈判,改变原采购文件的可能性。如果允许再行谈判,改变原有文件内容,那么就可能对其他投标供应商造成不公,而且供应商也可能在以后的招标投标中提高价格,因此法律不允许在这期间再行谈判,改变采购文件实质性条款或订立实质上改变采购文件实质性条款的合同,这实际上蕴含了提高政府采购资金的使用效益,维护国家利益和社会公共利益以及保护招标人、投标人双方合法权益的立法精神。在世界范围内,在确定中标人和授予合同前,不允许同中标人进行谈判,已成为政府采购的一项主要原则。如《世界银行采购指南》明确规定,不应该要求投标商承担招标文件以外或修改原提交的投标书作为授予合同的条件。《联合国贸易法委员会货物、工程和服务采购示范法》同样规定,禁止在开标后和授予合同前同投标商进行谈判,其目的也是为了防止向投标商施加额外的条件。WTO《政府采购协议》和《欧盟采购指令》也有类似的规定。

一般而言,政府采购合同自采购人与供应商签订书面合同时成立并生效。虽然《政府采购法》并未对合同是否应当办理批准、登记手续才生效这一点作出具体规定,但是根据《合同法》的有关规定,如果法律、法规规定或者当事人约定应当办理批准、登记手续才生效的,合同只有在办理相关手续后才能生效,但是无论合同

〔1〕 曹富国.〈中华人民共和国政府采购法〉释义.北京:机械工业出版社,2002.245.

是否应当办理批准、登记手续,政府采购合同的副本都应当一律报有关部门备案。为此,我国《政府采购法》第47条规定:“政府采购项目的采购合同自签订之日起7个工作日内,采购人应当将合同副本报同级政府采购监督管理部门和有关部门备案。”但并未对备案的具体内容、要求、目的作出明文规定,而实践中对此理解不一。我们认为,政府采购合同的备案性质并不是批准、登记,也不是审查本身,而只是归档备查,即由同级政府采购监督管理部门和有关部门归档,以备审查。通过这种备案制度,采购监督管理部门能全面了解采购活动的情况,加强对政府采购行为的事后监督,提高财政资金的使用效率,对资金浪费严重、效益低下的政府采购及时予以制止,防止消极腐败现象的发生。从这个意义上说,政府采购合同备案制度的目的,归根到底还是为了保障公共财产的合理支出,维护公共利益。由此,我们也可看出政府采购合同与民事合同的区别,前者具有明显的公法色彩,在7个工作日必须将合同副本报有关部门备案,表明了政府采购合同必须受到有关部门的监督。

(二) 政府采购合同的履行

政府采购合同成立后,在当事人之间产生法律效力,债务人应按照合同的约定或法律的规定,全面正确地履行自己所承担的义务。如前所述,政府采购合同是一种兼具行政和私法双重性质的合同,因此合同的履行除了应符合《合同法》的有关规定,还应遵循《政府采购法》、《招标投标法》的有关规定。但是,由于《政府采购法》、《招标投标法》的有关规定与《合同法》的规定不尽一致,所以这就导致合同履行过程中的问题颇多,在此我们围绕合同分包、履约担保和合同违约等法律问题展开讨论。

问题之一:有关《政府采购法》、《招标投标法》对合同分包法律适用的竞合和处理问题。根据《政府采购法》的有关规定,政府采购合同不仅应当适用《合同法》,而且应适用《政府采购法》。而对于政府招标采购项目，除了适用上述两部法律外，还应适用《招标投标法》。对于合同分包履行问题，《政府采购法》、《招标投标法》都作了明文规定。然而通过对比两部法律的有关规定[1]，却发现两者在适用前提、分包项目范围、再分包以及责任承担等方面均存在重大的区别。比如，对于分包的适用前提，《招标投标法》规定须在招标文件中规定或经招标人同意，而《政府采购法》规定只需征得采购人的同意即可；对于分包项目范围，《招标投标法》规定不得将主体、关键性的工作分包，而《政府采购法》则没有这样的规定，实际上存在将主体、关键性的工作分包给他人的可能；对于再分包，《招标投标法》禁止再次分包，而《政府采购法》对再次分包未作规定；有关法律责任，《招标投标法》规定中标人和分包人就分包项目承担连带责任，而《政府采购法》规定分包供应商并不直接向采购人承担责任，由中标、成交供应商承担责任后向分包供应商追偿。以上两部法律的不同规定将给政府采购合同的法律适用造成困难。如果政府采购合同同时受《政府采购法》、《招标投标法》调整，那么在这种情况下，到底是适用规则要求更为严格的《招标投标法》，还是适用规则要求更为宽松的《政府采购法》呢？这有待立法进一步予以明确。有人指出，“如果采购项目同时受到两部法律的管理，则在分包问题上采购项目仍然适用《招标投标法》较严格要求的约束。而对于仅由《政府采购法》管理的项目，则适用《政府采购法》比较放松的管理要求的约束”[2]，这不失为一种解决办法。

问题之二：关于政府采购合同是否应设立履约担保以及如何设立履约担保的问题。这一问题在《政府采购法》中找不到答案，

---

〔1〕 分别见《政府采购法》第48条、《招标投标法》第48条.

〔2〕 曹富国.〈中华人民共和国政府采购法〉释义.北京：机械工业出版社，2002. 256.

但因为履约担保一则可避免繁杂的谈判程序或冗长的诉讼，二则可迅速救济受损害的一方，保障合同的顺利履行，所以政府采购合同似应对此作出规定。一般来说，政府采购领域相对于一般的民事采购，项目一般更大、周期更长、价格的变动因素更大；而且项目本身又与公共利益息息相关，因此，如何确保合同的顺利履行是政府采购法律所应考虑的首要问题，而规定履约担保是最佳的解决办法〔1〕。因为履约担保一般与担保法规定的担保大体一致，担保法中所规定的担保方式均可适用，但由于履约保证金具有救济迅速的优点，因而在政府采购合同中最为常见和有效的是规定履约保证金条款。在此需要注意的是，履约保证金并不是合同法上的定金，定金重在对违约方的惩罚所适用双倍返还的规则，而履约保证金重在对合同履行的保障机制，因此并不适用双倍返还的惩戒机制。此外，还有学者认为，政府采购合同可以适用履约保函，该保函由银行签发，并承诺对中标方的违约承担责任的保证文书〔2〕。总之，为了更好地实现政府采购合同的采购目的，今后在修改《政府采购法》时可以考虑设立履约保证金条款。

问题之三：关于政府采购合同的违约问题。违约是任何合同在履行过程中都有可能碰到的问题，政府采购合同亦是如此。但《政府采购法》对合同的违约基本上未做规定。在《政府采购法》对违约未做规定的情形下，政府采购合同中违约争议的处理是否也适用《合同法》的规定呢？

在政府采购合同违约争议的处理方面常引发争议的一个问题是采购人是否享有单方面处罚和制裁供应商的权力，特别是在供

〔1〕 肖北庚. 国际组织政府采购规则比较研究. 北京：中国方正出版社，2003. 135－136.

〔2〕 方芳，赵海洋，方强. 政府采购招标投标指南. 上海：上海财经大学出版社，2001. 259.

应商违约的情形下采购人是否可以单方面作出终止合同的决定以及在什么样的情形下可以作出终止合同的决定？在政府采购制度比较完善的美国，作为采购人的政府享有单方面决定终止合同的权力，“如果认定缔约人不当履行、履行过分迟延或者违约，政府可以作出因不履行终止合同(Termination of the Contract for Default)的决定，其后政府可自行完成项目或者缔结另一合同完成项目建设，政府可要求未履约的缔约人支付合同所需附加费用”〔1〕。但为了防止政府滥用这一权力，立法上对这一权力的行使规定了严格的程序要求，“在可能因不履行终止合同时，政府有义务通知缔约人，给予缔约人解释的机会，如果合适，还应给缔约人改过的机会。这些程序都是强制性的，除非缔约人放弃工程或表明其没有意向如约履行义务”〔2〕。而在我国台湾地区，机关对厂商的惩罚权力仅限于得标厂商违反规定将工程转包其他厂商的情形，其惩罚权力包括解除契约、终止契约或没收保证金等〔3〕。在我国大陆，根据分散的政府采购方面的有关规定，供应商有严重违约的，政府机关除给予处罚外，还可以取消其政府采购市场准入资格，并实行一定时期的施禁，但这些权力如何被有节制地使用是需要立法上明确的问题。

与此相关的另一个问题是当采购人违约时，供应商可以就因此造成的损失请求赔偿，而争议的焦点是供应商能否就合同履行后的预期利益或间接损失请求赔偿。在美国，“缔约人有权要求政府赔偿其履行合同已支付的费用、已完成工作的报酬(profit

〔1〕［美］Daniel·J·Mitterhoff. 建构政府合同制度——以美国模式为例. 行政法学研究，2000，(4).

〔2〕同上.

〔3〕我国台湾地区“政府采购法”第65条第1项规定，“得标厂商应自行履行工程、劳务契约，不得转包”；第66条规定，“得标厂商违反前条第1项规定，将工程转包其他厂商时，机关得解除契约、终止契约或没收保证金，并得要求损害赔偿”.

due）以及解决分合同请求的费用。然而，缔约人无权主张在私法合同中另一方合同当事人可以要求的预期利润或间接损失赔偿”〔1〕；在英国，法院处理的赔偿损失主要由以下因素组成：投标费用、丧失机会的损失和收益损失〔2〕，显然英国的赔偿范围较美国要广。在我国，《政府采购法》对此未做规定，而《合同法》第113条规定，“当事人一方不履行合同义务或者履行合同义务不符合约定，给对方造成损失的，损失赔偿额应当相当于因违约所造成的损失，包括合同履行后可获得的利益”。因此，在我国，关于政府采购的赔偿，如果完全适用合同法，则赔偿应当包括预期利益或间接损失，如果赔偿范围排除预期利益或间接损失，则需要另行制定相关法律明确。

（三）政府采购合同的无效

合同无效是合同制度的一个重要内容，政府采购合同也不例外。在政府采购合同中，合同无效涉及的内容包括判断合同无效的法律标准、确认合同无效的主体、无效合同的法律效果等方面。

关于政府采购合同无效的情形，《政府采购法》未做明确规定，但《政府采购法》对采购人、采购代理机构和供应商在签订政府采购合同中的违法行为做了规定〔3〕，而《合同法》对合同的无效则做了明确的规定〔4〕，既然政府采购合同适用《合同法》，那么，在政府采购合同的法律效力的判断方面是否也应完全适用《合同法》的规定呢？《政府采购法》对此未做规定。根据《合同法》第52条的规定，违反法律、行政法规的强制性规定的，合同无效。《政府采购法》属于国家的法律，根据《合同法》的这一规定，

〔1〕［美］Daniel · J · Mitterhoff. 建构政府合同制度——以美国模式为例. 行政法学研究，2000，(4).

〔2〕孟春主编. 政府采购理论与实践. 北京：经济科学出版社，2001. 164.

〔3〕《政府采购法》第71、72、77条.

〔4〕《合同法》第52、53、54条.

违反《政府采购法》规定的合同自然应是无效合同，但是，从《政府采购法》第 73 条对违法的政府采购合同的处理结果的规定看，显然不是所有违反政府采购法的合同都是无效合同。与此相关的另一个问题是，政府采购合同无效的情形是仅应限于《政府采购法》中规定的违法情形呢，还是同时包括了《合同法》上无效的情形，特别是《合同法》有规定而《政府采购法》未规定的情形是否能够构成合同的无效？如依《合同法》第 54 条的规定，对于意思表示不真实的合同，当事人可以行使撤销权而使已经生效的合同归于无效，这一规定对于政府采购合同的当事人是否适用，譬如，供应商在订立合同之后能否以重大误解或显失公平为由申请撤销合同呢？如果适用，则意味着《政府采购法》中规定的违法情形只是构成政府采购合同无效的情形之一；如果不适用，那么，《政府采购法》中所谓的"政府采购合同适用合同法"在这方面是有限制的，如是，那么，政府采购合同在哪些方面不适用《合同法》的规定呢？适用和不适用《合同法》之间的原则界限应如何划分？《政府采购法》对此应有明确的说法。我们认为，政府采购合同无效应当同时适用合同法和政府采购法的规定，也就是说，政府采购合同凡具有合同法及政府采购法规定的无效情形的，都应当认定为合同无效，但在对无效合同的处理方面，基于对公共利益的保护，如果撤销该合同会导致公共利益遭受重大损失的，可以不撤销该合同而由有过错的一方赔偿另一方因此受到的损失。

确认合同无效的主体是合同无效制度中一个至关重要的方面。在普通的民事合同中，确认合同无效的权力归属于仲裁机构或法院，换言之，当事人双方中的任何一方均不具有确认合同效力的权力。政府采购合同法律效力的确认是否也应适用《合同法》的规定呢？这又是一个悬而未决的问题。《政府采购法》从主体的角度将合同中的违法分成采购人（包括采购代理机构）的违法、供应商的违法和采购人与供应商的共同违法三种情形。其中对采购人的违法的行政处罚和处分是由其行政主管部门或者有关机关决定的,对供应商的行政处罚也是由行政机关作出的,但对合同本身的处理包括法律效力的确认只规定了处理结果而没有规定处理的主体。从《政府采购法》的规定看,似乎采购人、采购人的主管行政机关和采购监督管理部门都具有确认合同效力和处理合同争议的权力。譬如,供应商提供虚假材料谋取中标并成交的,采购人可否直接宣告该合同无效;采购人与供应商恶意串通订立的合同,其主管部门可否直接宣告合同无效;供应商向采购人行贿或提供其他不正当利益订立的合同采购监督管理部门可否宣告其为无效;等等。如果采购人、行政主管部门或采购监督管理部门可以不经过司法程序而直接宣告合同无效或撤销合同,那么,这一权力的行使不仅过于分散,而且随意性极大,那么当事人对这种分散和随意的宣告或撤销的行为不服又如何寻求救济和保护呢?

合同无效的效果是合同无效涉及的又一个问题,合同无效的效果通常包括无效合同的法律效力和无效合同的法律责任两个方面。

在合同无效的法律效力方面,我国《合同法》第 56 条规定,"无效的合同或者被撤销的合同自始没有法律约束力。"依照该条规定,合同一旦被确认无效或者撤销后,将导致合同自始无效,即从合同成立时起就无效。但在《政府采购法》中,对供应商的违法和对采购人的违法所导致的合同的法律效果的规定是不一样的。按照该法第 77 条的规定,供应商在订立合同中有违法情形的,中标、成交无效;而采购人在订立合同中有违法情形的,该法第 73 条是按采购合同是否履行去确定合同的效力的[1]:即采购合同订

〔1〕 该条实际上按中标、成交供应商是否确定和采购合同是否已经履行,将政府采购合同违法的处理结果分为三种情形:一是未确定中标、成交供应商的,终止采购活动:二是合同订立后尚未履行的,撤销合同;三是合同已经履行的,合同有效.第一种情形实际上不涉及合同的效力,因为此时合同尚未订立,因此,只有第二和第三种情形涉及合同的效力问题.

立后尚未履行的，撤销合同，即尚未履行的合同为相对无效合同；合同已经履行的，合同有效并继续履行，由此造成的损失通过赔偿责任去解决。这种按照订立合同的主体及合同是否履行去确定合同效力的规定不仅与《合同法》关于合同无效的规定完全相悖，而且，其自身亦存在着无法克服的矛盾：首先，有些违法情形是采购人与供应商共同实施的，譬如恶意串通，供应商向采购人行贿或提供其他不正当的利益、采购人接受贿赂或其他不正当利益，在招标过程中采购人与供应商进行协商谈判或向供应商泄露标底等，对于这些由采购人和供应商共同实施违法行为所订立的合同其法律效力是按照第 73 条的规定还是按照第 77 条的规定去确定呢？按照第 77 条的规定，这些合同都是无效合同，而按照第 73 条，应按合同是否履行再去确定合同的效力。其次，对于那些恶意串通损害国家、集体或者第三人利益的合同如果只是因为其已经开始履行了就确认其为有效合同不仅完全与立法上关于合同无效制度的设定背道而驰，而且这样的合同如果还允许其继续履行下去无异于立法对这种损人利己的违法行为的鼓励和支持。

在无效合同的法律责任方面，它包括合同双方之间的责任和因无效合同给第三方造成损害的责任两个方面。根据我国《合同法》第 58 条的规定，合同当事人的责任包括返还财产、折价赔偿、赔偿损失三个方面，在合同当事人对第三人的法律责任方面，根据《合同法》第 59 条的规定，包括收归国家所有或者返还第三人两个方面。而在《政府采购法》上，在合同当事人的法律责任方面，由于该法将已经履行的合同视为有效合同，而无效合同只限于尚未履行的合同，而尚未履行的合同立法者可能认为无损失可言，故未对当事人之间的法律责任作出规定（这一规定事实上是存在问题的，对于当事人来说，合同虽尚未履行，但当事人在招、投标及在订立合同过程中的开支同样是存在的，而一些合法合理的开支应当构成法律上的损失，对于主观上无过错客观上有损失的一方当事人来说,合同被确认无效后这些损失是否应当由导致合同无效有过错的一方去承担赔偿责任呢?这是立法上应当明确的问题)。在对第三人的责任方面,该法第79条规定,"政府采购当事人有本法第71条、第72条、第77条违法行为之一,给他人造成损失的,并应依照有关民事法律规定承担民事责任",从该条的规定看,立法者应是从违法的角度而不是从无效的角度将其作为一种侵权赔偿责任规定的,因而,它不适用《合同法》上关于无效合同对第三者责任的规定。

(四)政府采购合同中的特权

作为一种具有私法性质的合同,政府采购合同遵循合同的基本原则,按照合同的基本规则设立、变更、终止民事权利和义务。但政府采购合同毕竟不同于一般的私法合同,政府采购的资金属于财政性资金,采购目的是为了实现国家利益和社会公共利益,采购的对象是公共产品或服务,为了确保维护国家和社会公共利益,有必要在尊重供应商的利益,并在补偿供应商损失的基础上,赋予采购人或者采购管理部门在政府采购合同中相应的行政特权或行政优益权。正是这种"特权"的存在,以及这种"特权"与当事人私法权利义务的交融,才形成了政府采购合同独具行政、私法双重性质的景观。政府采购合同的特权主要表现为以下几个方面:

1. 检查监督权。在合同订立、履行过程中,采购人或采购管理部门有权对合同文件进行检查,只有检查无异议,才可签订与履行合同。如财政部《政府采购合同监督暂行办法》第2条规定,政府采购管理机关收到合同草案后7个工作日后如无异议,采购机关方可签订合同。政府采购管理机关应从下列方面对合同文件进行检查:是否符合政府采购的有关法律和政策;是否符合政府采购预算的要求;合同的主要条款是否符合招标文件的要求;合同中是否包括政府采购管理机关对政府采购合同的履行验收提出的特别要求。此外,为了更好地了解采购合同的履行情况,该办法第3

条还规定,政府采购合同签订 7 日内,采购机关应当将合同副本报政府采购机关备案。

2. 审核调查权。政府采购管理机关对政府采购项目的执行,可以独立进行全面的审查、调查,并对发现的问题进行处理。

3. 单方面变更、中止、终止合同权。政府采购合同的履行将损害国家利益或者社会公共利益时,采购人有权变更、中止、终止合同,但对供应商造成的损失应予补偿。从中外有关立法看,变更、中止、终止合同权力为一种典型的公法上的权力,是由作为采购人的行政机关行使的,而我国《政府采购法》却赋予双方当事人变更、中止、终止合同的权利,不仅在理论上说不通,在实际上也无法做到。关于这一点,请见本章第五部分相关内容。

4. 标准条款制定权。为了促进政府采购合同的规范化和标准化,采购人或者政府采购监督管理部门有权规定政府采购合同的必备条款。我国《政府采购法》第 45 条规定:"国务院政府采购监督管理部门应当会同国务院有关部门,规定政府采购合同必须具备的条款。"

5. 违法处罚权。在政府采购合同的订立与履行过程中,供应商违反法律规定(如恶意竞标、订立虚假合同、不履行合同等等)导致政府采购目的不能或难以实现的,采购机关有权对供应商进行制裁。这种制裁权的行使无需司法机关的同意,而由采购人直接行使。不过,这种处罚权仅限于经济处罚,并且处罚的幅度应视违法行为的后果确定[1]。

五、政府采购合同的变更、中止或终止

合同的变更是指合同成立后,当事人在原合同的基础上对合同的内容进行修改或者补充,合同的中止是暂停合同的履行,合同

〔1〕 李振华. 论政府采购合同. 成都行政学院学报,2002,(3).

的终止是指合同权利义务的消灭，在引起合同终止的情形中，合同解除是引起合同终止的主要情形之一。我国《政府采购法》第50条规定，“政府采购合同的双方当事人不得擅自变更、中止或者终止合同。政府采购合同继续履行将损害国家利益和社会公共利益的，双方当事人应当变更、中止或者终止合同。有过错的一方应当承担赔偿责任，双方都有过错的，各自承担相应的责任”。尽管《政府采购法》第43条规定，“政府采购合同适用合同法”，但是，由于该条的规定与《合同法》关于合同变更、终止的规定不尽一致〔1〕，因而，关于政府采购合同的变更、中止或终止显然不适用《合同法》的规定，但该条的规定疏漏明显，因而，它的实际执行问题甚多。

问题之一：关于合同变更、中止或终止的条件。

根据《政府采购法》的规定，合同变更、中止或终止的条件是当合同的继续履行将损害国家利益和社会公共利益的情形。但是，立法上的这一标准实际上非常抽象，如果对此不加控制的话，它甚至有可能成为采购人随意变更、中止或终止采购合同的借口，因为国家利益和社会公共利益并不是一个有明确边际的概念，“用共同的习惯语言来说，公共利益是指那些广泛地被分享或能够最好地由集体行动所提供的利益。由于对任何人来说，没有什么曾经是平等利益的东西，任何公共利益……的概念必然是粗略的、灵活的”〔2〕。实践中的很多情形都可以以国家利益或社会公

〔1〕《合同法》第77条规定，合同的变更必须经当事人协商一致；对合同的中止合同法上未做规定；而《合同法》第91条规定的合同终止的情形是：(1) 债务已经按照约定履行；(2) 合同解除；(3) 债务相互抵销；(4) 债务人依法将标的物提存；(5) 债权人依法免除债务；(6) 债权债务同归于一人；(7) 法律规定或者当事人约定终止的其他情形.

〔2〕［澳］休·史卓顿，莱昂内尔·奥查德著. 公共物品、公共企业和公共选择. 北京：经济科学出版，2000. 189.

共利益去概括,如果出现诸如此类的情形都会导致政府采购合同的变更、中止或终止的话,那么政府采购合同特别是那些需要较长时间去践约的合同将会处于一种不确定、不稳定的状态,政府采购即无信誉可言,而在我国,政府采购尚处于起步阶段,政府采购的信誉对于政府采购制度的发展至关重要。而且,政府采购合同不仅涉及国家利益和公共利益,它同时涉及供应商的私人利益,政府采购合同应当是公共利益与私人利益的统一,在保证公共利益不受损害的同时,对供应商的利益也应当予以充分的保护,立法上在设定政府采购合同变更、中止或终止的条件时应当注意公共利益与私人利益的平衡,即便是为公共利益而变更、中止或终止合同,但如果因为合同的变更、中止或终止而使私人利益受损的程度远远超出了所要保护的公共利益时,这样的变更、中止或终止同样应当被立法所禁止,这就意味着并不是所有损及公共利益的情形都当然构成变更、中止或终止合同的条件,为此,有学者认为,"只有当这种公共利益大到值得以伤害供应商的利益为代价时,才有必要赋予采购方这种单方变更和解除合同的权利"〔1〕。

相比较而言,我国台湾地区"政府采购法"对政府采购合同的终止或解除所设定的条件要具体和严格得多,第 64 条规定,终止或解除政府采购合同的条件包括:(1)因政策变更;(2)厂商依契约继续履行反而不符合公共利益者;(3)机关得报经上级机关核准;(4)终止或解除的条件必须在采购契约中订明;(5)应补偿厂商因此所生之损失。在这些条件中,政策的变更是致契约终止或解除的前提条件;必须报上级机关核准可以防止采购主体滥用该权利;要求在合同中订明终止或解除的条件可以使合同的终止或解除具有可预测性,以最大限度地防止和减少因契约的终止或解除而给供应商造成的损失;而补偿厂商因此所生之损失则体现了

〔1〕 杨汉平. 政府采购法律制度理论与实务. 北京:西苑出版社,2002. 153.

对私人利益的保护。

问题之二：合同变更、中止或终止的权力归属以及如何制约该权力的行使。

从《政府采购法》第50条关于"双方当事人应当变更、中止或者终止合同"的规定看，"变更、中止或者终止合同"似乎是双方当事人的义务，而这一规定是一种完全脱离实际的规定，因为合同的变更、中止或者终止系基于国家利益或社会公共利益的需要，而实际代表国家利益或社会公共利益的只是作为合同一方当事人的采购人，作为合同另一方当事人的供应商订立和履行合同系出于私人利益的需要，要求供应商为了维护另一方当事人的利益（即公共利益）而必须放弃或牺牲私人利益这是荒唐的，在实践中也是无法做到的。而且，各国（地区）有关政府采购立法中变更、中止或者终止合同的权力实际上都是作为一种特权由采购人（政府）单方面享有的，而且，这一权力的行使有两个典型特征：一是不需要征得供应商的同意，不需要以双方的合意为基础，相反，供应商只有"应当变更、中止或者终止合同的义务，而没有不同意的权利"；二是在双方通过协商无法就合同的变更、中止或终止达成一致的情形下，采购人不需要通过仲裁或诉讼等途径即可变更、中止或终止合同〔1〕。由于这是法律赋予采购人的一种单方面享有的特权，为了防止这一权力的滥用，必然要有相应的制约，比如在变更、中止或终止合同之前应当报上级主管部门审核或批准，应当向供应商公开说明变更、中止或终止合同的理由，应当对供应商因此受到的损失给予相应的补偿，供应商对合同的变更、中止或终止不服的，可以依法提起行政或司法救济，等等，而这些都需要立法上

〔1〕 在普通的民事合同中，合同的解除双方协商一致的以外，当事人一方按照合同的约定或者法律的规定解除合同而对方有异议的，可以请求人民法院或者仲裁机构确认合同的效力．参见我国《合同法》第96条的规定．

予以明确。

问题之三：因合同的变更、中止或终止引起的争议是什么性质的争议、应通过什么途径解决。

这一问题在《政府采购法》中找不到答案，但它又非常重要，因为对争议性质的界定直接决定该争议应循什么样的程序去解决。笔者认为，如果政府机关可以不需经双方当事人的协商、无需对方当事人的同意就可以单方面依法变更、中止或终止合同，那么，这一权力是一项典型的公法上的权力而不是私法（《合同法》）上的权利（在私法上特别是合同法中是找不到这样的权力的），如果因此而引起争议的话，该争议应属行政争议，应当通过行政复议或行政诉讼去解决；退一步讲，就是变更、中止或终止合同的条件在合同中订明（即约定终止或解除），供应商对采购人终止或解除合同的行为有异议的，也不影响合同的终止或解除。由此引起的另一个问题是，如果经行政审查或司法审查认为政府变更、中止或终止合同的行为不符合法定条件，也就是说，政府变更、中止或终止合同的行为违法，那么，这种违法行为是构成行政侵权呢还是构成合同履行中的违约，该合同是否需要继续履行呢？由于政府单方面变更、中止或终止合同的权力不需要在合同中约定，因此，当政府行使这一权力时也就无违约可言，当出现上述情形时，笔者认为对合同是否继续履行应由供应商自由选择，但对政府单方面违法变更、中止或终止合同所引起的损失按行政侵权赔偿处理。为此，笔者建议在《政府采购法》第 50 条第 1 款中应当增加规定"采购人违法变更、中止或终止政府采购合同给供应商造成损失的，应当赔偿供应商的损失"。

问题之四：合同变更、中止或终止后的法律责任及其归责原则。

在政府采购合同的变更、中止或终止的法律责任方面，《政府采购法》的规定是"有过错的一方应当承担赔偿责任，双方都有过错的,各自承担相应的责任”。这一规定说明,因合同的变更、中止或终止所引起的法律责任为赔偿责任,承担赔偿责任的原则是过错原则。然而,政府采购合同的变更、中止或终止是出于国家利益或社会公共利益的需要,而因国家利益或社会公共利益的需要引起合同的变更、中止或终止,在一般情形下对双方当事人均无过错可言(采购人违法变更、中止、终止合同的情形除外),特别是对供应商来说更谈不上所谓的过错。既然双方均无过错,那么,即使因此而给当事人造成了损失,按照该法规定,也无赔偿责任可言。因此,如果政府采购合同变更、中止或终止后应当按照过错原则对当事人的损失给予赔偿的话就会出现这样两方面的问题:一是导致过错赔偿责任的空置;二是导致供应商因此受到的损失得不到相应的补偿。正因为如此,我国台湾地区“政府采购法”规定在合同终止或解除后由机关“补偿厂商因此所生之损失”。这一规定明确而清楚地表明,合同因公共利益的需要而被终止或解除,双方均无过错可言,因此,合同在被终止或解除后,只要厂商有损失,机关就应当予以补偿(而不是过错产生的赔偿),而且,这种补偿也不是以过错而是以损失(结果)为原则的。在大陆,如果双方对合同的变更、中止或终止都没有过错,采购人是否应当补偿供应商因此所受的损失呢?我国《政府采购法》对此又未做规定。为此,笔者认为应将该条的法律责任修正为“采购人应当补偿供应商因此所受到的损失”。

问题之五:关于合同变更所引发的问题。

在实践中,政府采购合同的变更可能会有两种情形:一是双方当事人协商一致的变更;二是采购人单方面的变更。两种情形下的变更都有可能引发相应的问题。先说双方协商一致的变更,当双方对合同内容的变更太过重大,譬如,将原合同的主要条款都加以变更或者增加了原合同所没有的全新的内容,以致于实际上构成了一个全新的合同时,这种情形已不是一般意义上的变更,而极可能是双方借变更订立了一个全新的合同,而当一个全新的合同又是必须经过公开的招标始能订立时,这种变更实际上可能就会成为双方规避公开招标的一种手段,如何防止此类情形的出现是将来《政府采购法》修正时必须注意的[1]。再说采购人单方面变更合同的情形。合同是双方当事人协商一致的产物,当双方当事人无法就合同的变更协商一致时,采购人可以单方面变更合同。而供应商不管是否愿意,都必须履行这种变更决定,因此,当变更的内容过于重大以致于完全超越了原合同的内容和范围时,政府采购合同实际上被行政决定所取代了,供应商已不是在履行采购合同而是在履行采购人单方面作出的行政决定。因此,如何防止政府通过行使变更合同的权力而将合同变更为单方面的行政决定,同样是一个值得注意的问题。

六、政府采购合同争议的解决机制

(一)政府采购争议的种类

从争议的主体角度看,因政府采购引发的争议包括以下几方面:一是采购人与得标供应商之间因订立和履行政府采购合同所引起的争议;二是采购人与其他供应商关于招标、评标、决标或中标、成交结果所引发的争议;三是政府采购当事人在政府采购活动中实施违法行为给他人造成损失所引发的争议;四是采购人、供应商或其他单位、个人在政府采购活动中实施违法行为而受到行政处罚、处理所引起的争议。在上述争议中,第二项争议为一种特殊的侵权争议,我国《政府采购法》明确规定这一争议是通过质疑、

---

〔1〕 在这方面,新加坡立法对政府采购合同变更的限制值得借鉴. 根据新加坡《政府采购法案》及相关立法的规定,政府采购合同的变更受到严格限制:对于设备合同,变动的幅度不超过合同原值的5%;工程建筑合同,变动的幅度不超过合同原值的10%;对土木工程合同,变动的幅度不超过合同原值的20%.

投诉、行政复议和行政诉讼等行政救济途径解决的；第三类争议为民事侵权纠纷，我国《政府采购法》第79条明确规定此类争议由侵权人依照有关民事法律规定承担民事责任；第四类争议为行政争议，受处罚人对处理结果不服的，应当通过行政复议和行政诉讼去解决，这三类争议都是政府采购活动中发生的争议，但它们都不是政府采购合同的争议，而且解决争议的路径在我国《政府采购法》中已有明确规定，故这里不再复述。政府采购合同的争议指的是上述第一项争议，这里所要讨论的也就是这类争议纠纷的解决机制。

（二）域外有关政府采购合同争议的解决机制

一般来说，"争议解决机制或权利救济机制在政府采购中一般都有两种：政府采购民事争议解决机制救济民事权利和政府采购行政争议解决机制救济行政权利"[1]。但我们认为，这两种机制并非泾渭分明，而是存在交叉和混用的状况。正是基于这一点，本书以下对有关国家政府采购合同争议解决机制的论述，是着眼于争议解决机制的主体部分或代表部分而言的，并不意味着这种机制截然排斥另一种解决机制。

1. 以GPA协定为代表的质疑程序与争端解决机制双重救济机制

GPA协定即WTO《政府采购协定》，它的救济机制的特色在于由质疑程序与争端解决机制所构成的双重救济机制。所谓质疑程序，即要求缔约方以书面形式规制一套保障供应商获得采购活动中期待利益的"非歧视的、及时、透明且有效的程序"，并用法院或其他公开、独立的审查实体以确保程序的实现。它完全独立于世界贸易组织争端解决机制之外，反映了和平友好解决经济争端

---

〔1〕 王亚琴. 政府采购与行政权利救济. 北京：人民法院出版社，2004. 226.

和尽可能运用国内救济的国际法原则[1]。其具体内容为GPA协定第20条所规范,内容为:"如一供应商就一项采购过程中存在违反本协定情况提出申诉,则每一参加方应鼓励该供应商与采购实体进行磋商以寻求解决其申诉,在此类情况下,采购实体对任何此类申诉以公正和及时的考虑,且以不损害在质疑制度下获得纠正措施的方式进行。"这种质疑应当由法院或者对采购结果无利害关系的、公正独立的机构受理;如果这种审查机构不是法院,则该机构必须使用当事人参与和内容公开的程序,且该机构可接受司法审查。因此,这种质疑程序还引入了司法审查,质疑程序要求缔约国为了保证及时、有效裁判质疑,规定受理质疑的主体如果不是法院则这类主体必须能接受司法审查,从而将争端解决与司法审查进行了有机联系[2]。由于质疑程序具有使私法主体与采购主体的争端不能转化为缔约国之间的争端的功能,因而有助于使争端扼止在萌芽状态下,是对传统争端解决方式的一种创造。除质疑程序外,GPA协定还应适用WTO争端解决机制,这种争端解决机制有助于促使因GPA协定而发生争端的解决更程序化和司法化,提高规则导向系统的可预测性和效力。因WTO争端解决机制在国际法中已有大量论述,在此不再赘述。

2. 以德国为代表的民事诉讼解决机制

德国法院与学者都将政府采购契约及与之有关的采购行为纳入私法调整,由此引发的诉讼由民事诉讼机制解决。但是,根据实际存在的救济对象、已有救济制度的效益、法学理论的发展以及外来文化的影响等等,德国的这种救济模式与其他救济模式存在混同的状况。虽然德国不愿根本改变其原来的私法救济模式,但为

[1] 肖北庚.国际组织政府采购规则比较研究.北京:中国方正出版社,2003.172.

[2] 同上.176.

执行欧盟的救济指令，不得不对预算原则法作若干修改，并建立对政府采购及其合同的司法外的审查制度。据此，德国建立了两个层次的审查制度：一是建立签约审查机构，该机构属行政机关，审查也具有行政性质；二是组建签约复议委员会，来审查签约审查机构的决定，该机构属准司法性质〔1〕。因此我们说，在德国，对于政府采购合同引发的纠纷，依然保留了民事诉讼的最终解决机制，但已经融进了具有行政救济性质的争议解决机制。

3. 以美国为代表的行政、司法并列的争议解决机制

在政府采购制度比较健全和完善的国家尤其是美国，因虑及政府采购合同的特殊性，因而都形成了比较独特的政府采购合同争议纠纷的解决机制。在美国，为解决政府采购合同的争议纠纷而专门在大型的行政机关中设有合同上诉委员会（Board of Contract Appeals），这一机构实际上是一个专门处理政府采购合同争议的行政裁判所；同时，美国还有一个专门处理政府合同争议的法院——联邦索赔法院（U. S. Court of Federal Claims），该法院享有对大部分来自或与政府合同有关的诉讼请求的初审管辖权。政府采购合同争议纠纷通常在这样的机制下解决：首先，由缔约人向缔约官提出“请求”，“向缔约官提出请求要求其作出最终决定的程序属强制性要求，缔约人不遵守这些程序，将丧失进一步请求行政复议（administrative review）或司法审查的权利”〔2〕；如果缔约官全部或部分拒绝了缔约人的请求，对缔约官作出的决定缔约人有权在90日内向相应的合同上诉委员会提出申诉，或在一年内向美国联邦索赔法院提起诉讼，对合同上诉委员会和美国联邦索赔法院的裁决不服，可继续上诉至美国联邦巡回法院，由联邦巡回法院

〔1〕 余凌云. 行政契约论. 北京：中国人民大学出版社，2000. 241－243.

〔2〕［美］Daniel · J · Mitterhoff. 建构政府合同制度——以美国模式为例. 行政法学研究，2000，(4).

作出最终裁决。从美国政府采购合同争议纠纷的解决机制看,它实际上存在着两条并行的争议纠纷的解决机制:一是合同上诉委员会的行政裁决机制;二是司法审查机制。而按照美国学者的看法,前一种机制带有明确的行政复议性质,可视为一种行政救济途径,后一种机制也是一种有别于普通的民事诉讼的司法救济机制。在两种争议纠纷的解决机制中,当事人享有选择的权利。所以,在美国,"政府合同制度无论是合同的订立、管理或合同争议的解决,都更是一种行政程序,因而此项制度与私法合同相关的程序有重大区别"[1]。

（三）以我国台湾地区为代表的行政、司法分工解决机制

在我国台湾地区,"政府"采购合同争议的处理机制与美国有相似之处,在处理"政府"采购合同的争议中,台湾地区在"政府"内专门设立采购申诉审议委员会,接受"政府"采购当事人申请调解或提出申诉的履约争议。依其"政府采购法"的规定,机关与厂商因履约发生的争议应先行协商解决;如协商未能达成协议的,采购当事人可向采购申诉审议委员会申请调解;同时,厂商与机关之间关于招标、审标、决标、履约或验收之争议,可以依法向采购申诉审议委员会提出申诉,其中得标厂商与机关之间的争议也可以循司法程序提请仲裁或提起民事诉讼。根据台湾地区"政府采购法"第83条的规定,采购申诉审议委员会的审议判断依其性质,得视同诉愿决定或调解方案。从上述规定看,台湾地区解决"政府"采购合同争议的途径也有两种:一是行政程序途径(诉愿和行政诉讼);二是普通的司法诉讼或仲裁途径。两条途径也是并行的,由"政府"采购当事人自由选择,不过与美国不同的是,由于台湾地区存在独立的"行政诉讼制度",因此,两条途径最终仍是分开的,当事人一旦选择了行政救济渠道,就意味着放弃了普通的司

---

〔1〕［美］Daniel · J · Mitterhoff. 建构政府合同制度——以美国模式为例. 行政法学研究,2000,(4).

法救济途径。

此外,为了鼓励公众监督政府采购行为,防止采购活动损害国家利益和社会公共利益,有些国家还建立了公益代位诉讼。在美国,所谓公益代位诉讼,系指联邦政府契约法制为防止政府契约之承包商向"政府"为不实请求以获取不当利益,于联邦防制不实请求法中所引用之独特法制,谓私人或团体,依法得以"政府"之名义,并为自己之利益,以对"政府"为不实请求行为之法人或个人为被告,代位政府提起告发诉讼,于胜诉或经和解后,取得"政府"受偿金一定比率之报酬分配权利〔1〕。

(四) 我国政府采购合同争议解决机制的选择

在我国,关于政府采购合同争议的处理机制《政府采购法》未做详细规定,但财政部发布的《政府采购管理暂行办法》规定,财政部门对政府采购合同的履行情况进行监督,政府采购当事人认为自己的合法权益受到损害,可以向财政部门提出书面投诉,财政部门应当在收到投诉书之日起30日作出处理,对财政部门作出的投诉处理或者处罚,当事人不服的,可以依法申请行政复议或者提起行政诉讼;同时,由于《政府采购法》规定采购合同适用合同法,因而,因履行合同引起的争议当然也可通过民事诉讼解决。但是,如果所有政府采购合同发生的争议或纠纷都按《合同法》处理,会产生一些难以解决的问题。如《政府采购法》明确规定:"政府采购合同的双方当事人不得擅自变更、中止或者终止合同。"但"法律责任"一章中却并没有违反上述规定的法律责任,这就可能造成采购人随意变更、中止或者终止合同而无须承担责任。因此,在我国大陆,不仅行政救济机制和司法救济机制将来是并列运行还是分工运行尚需进一步明确,而且司法救济之间的关系也有待进一步厘清,不过,由于大陆现行处

〔1〕 尹章华,刘家荧.政府采购法逐条释义.台北:汉兴书局有限公司,1998.221.

理政府采购合同争议的机制与台湾地区有相似之处,所以大陆不妨借鉴台湾地区的有益制度,以进一步完善政府采购合同争议纠纷的解决机制。

第八章　国有土地使用权出让合同

土地作为一种稀缺性的自然资源、公共资源和战略资源，对一国的经济发展、政治稳定、文化勃兴、社会和谐、生态文明、人民安康、民族团结等具有巨大的物质保障作用和基础支撑功能。我国的土地资源十分稀缺和珍贵，应当得到合理规划和有效利用〔1〕。根据《宪法》的有关规定，我国的土地所有权属于国家和集体。而这并不意味着土地使用权也只归属于国家和集体。根据有关法律的规定，我国境内外法人、非法人组织和自然人均可以依法取得国有土地使用权。于是，土地使用权出让制度应运而生，作为其法律形式的土地使用权出让合同的广泛运用，有利于土地资源的优化配置、充分利用和有序流转，有利于土地交易的规范运作和土地制度的深化改革，有利于市场经济结构的调整和诚信体系的建构。本章着重围绕土地使用权出让合同的含义、性质、法律适用、订立、履行、特权及其规制、争议纠纷的解决机制等问题进行讨论。

---

〔1〕 2005年全国耕地12208.27万公顷（18.31亿亩），园地1154.90万公顷（1.73亿亩），林地23574.11万公顷（35.36亿亩），牧草地26214.38万公顷（39.32亿亩），其他农用地2553.09万公顷（3.83亿亩），居民点及独立工矿用地2601.51万公顷（3.90亿亩），交通运输用地230.85万公顷（0.35亿亩），水利设施用地359.87万公顷（0.54亿亩），其余为未利用地．与2004年相比，耕地面积减少0.30%，园地面积增加2.31%，林地面积增加0.30%，牧草地面积减少0.21%，居民点及独立工矿用地面积增加1.11%，交通运输用地面积增加3.37%，水利设施用地面积增加0.26%．参见国土资源部门户网站（http://www.mlr.gov.cn）．

一、土地使用权出让合同的含义

根据《城市房地产管理法》的有关规定，土地使用权出让指国家将国有土地使用权在一定年限内出让给土地使用者，由土地使用者向国家支付土地使用权出让金的行为。土地使用权出让应当签订书面出让合同。土地使用权出让合同由市、县人民政府土地管理部门与土地使用者签订。根据《城镇国有土地使用权出让和转让暂行条例》的有关规定，土地使用权出让合同应当按照平等、自愿、有偿的原则，由市、县人民政府土地管理部门与土地使用者签订。最高人民法院《关于审理涉及国有土地使用权合同纠纷案件适用法律问题的解释》第 1 条规定，本解释所称的土地使用权出让合同，是指市、县人民政府土地管理部门作为出让方将国有土地使用权在一定年限内让与受让方，受让方支付土地使用权出让金的协议。

根据上述法律的有关规定及司法解释的定义，我们认为，所谓"土地使用权出让合同"，是指市、县人民政府土地管理部门代表国家作为出让方将依照法律批准的国有土地使用权在一定年限内让与符合法律规定的受让方，并由受让方向国家支付土地使用权出让金，从而确立出让方与受让方权利义务关系，以维护和实现土地公共利益和土地使用者的土地使用权的一种合同。这一含义主要包括如下几个方面的内容：第一，土地使用权出让合同是国有土地使用权出让的法律形式，是土地使用者取得国有土地使用权的法律依据；第二，土地使用权出让合同的一方是作为土地使用权出让方的代表国家享有土地所有权的市、县人民政府土地管理部门（其他部门、组织或者个人不可作为国有土地使用权的出让方），另一方是作为土地使用者的法人、非法人组织和自然人；第三，土地使用权出让合同的标的是经依法批准的符合土地利用总体规划、城市规划和年度建设用地规划的国有土地（国有建设用地、农用地或未利用地)使用权,而不是未经任何批准的国有土地使用权,也不是集体土地使用权;第四,土地使用权出让合同的内容是国有土地使用权出让方和受让方各自的权利与义务;第五,土地使用权出让合同签订的目的,就出让方而言,主要在于使国有土地所有权与使用权相分离,促进土地资源优化配置,提高土地利用效率和经济效益,实现土地的固有价值和国家对国有土地的有效管理,从而最大限度地维护和实现土地公共利益;就受让方而言,主要在于取得对国有土地的占有权、使用权,并依权利取得方式不同而享有不同的收益权和处分权,从而最大限度地获得通过使用该土地获得的私体利益;第六,土地使用权出让合同双方当事人的法律地位平等。作为土地使用权出让方的市、县人民政府土地管理部门与作为土地使用权受让方的土地使用者,都是被法律所承认并自愿签订合同的当事人,在土地使用权出让合同关系中的法律地位应当是平等的;第七,土地使用权出让合同双方当事人的权利义务不对等。土地使用权出让合同本身的特性决定了出让方在土地使用权出让合同中享有一定的行政权力,出让方与受让方的权利义务不完全对等;第八,土地使用权出让有一定的期限限制,出让期限届满后,国家有权收回该土地。在特殊情况下,如基于公共利益的需要国家还可以提前收回出让的土地使用权;第九,土地使用权的受让方应当按照市场交易规则支付一定量的土地使用权出让金,而不是无偿取得土地使用权。

二、土地使用权出让合同的性质

土地使用权出让合同是国有土地使用权制度改革的产物,是国有土地使用权出让的法律表现形式。对土地使用权出让合同性质的科学判断和正确把握,有助于合理厘清合同法律关系,准确适用法律,及时解决纠纷。

（一）众说述评

学界关于土地使用权出让合同性质的认识存在分歧，较具代表性的学说有：民事合同说、行政合同说、民事兼行政合同说。这里，我们试图对各说逐一进行如下述评：

1. 民事合同说。该说认为，土地使用权出让合同是一种民事合同。其基本理由如下：土地是一种商品，国家作为土地所有者将土地使用权出让给土地使用者，这与一般的商品买卖在性质上是一样的。土地使用权出让合同是政府以民事主体而非行政主体的身份代表国家（具有双重身份）作为卖方，土地使用者作为买方，双方按照平等、自愿、协商的原则签订合同，二者法律地位平等，均受合同条款的约束，也可互究对方责任，反映的是平等主体间等价有偿的法律关系。土地使用权出让合同的签订反映国家与土地使用者之间商品经济关系的确立，标志着土地所有权与使用权的分离，并创设了土地使用权这种独立物权〔1〕。我们认为，民事合同是平等主体的公民、法人或者其他组织之间为实现一定的经济目的，而设立、变更、终止民事权利与义务关系的协议。民事合同说以土地使用权出让合同签订主体的法律地位及土地所有权的性质作为界定合同性质的依据有失偏颇，因为根据我国土地管理法等法律的规定，市、县人民政府土地管理部门除了作为合同的一方当事人参与签订土地使用权出让合同外，它还可以根据土地管理法等法律赋予的权力对受让人是否根据合同的约定及法律的规定合理使用土地进行监督管理，并对违反法律规定和合同约定使用土地的当事人实施法律制裁，包括征收土地闲置费，无偿收回土地等，这些权力显然不是普通民事合同的当事人所具有的权力，因此，民事合同说忽视了土地使用权出让合同所具有的公法属性。

---

〔1〕 史贤英. 国有土地使用权出让合同若干法律问题研究. 北京房地产，2000，(9)；叶秀如. 土地使用权出让是一种民事法律行为. 发展研究，2004，(11).

2. 行政合同说。该说认为,土地使用权出让合同是一种行政合同。其基本理由如下:第一,国有土地使用权的出让是由行政机关通过行政权来实现的,是国家实施土地管理的基本形式,土地管理部门与土地使用者之间的基本关系是管理与被管理的关系,土地使用权出让实际上只是国家配置土地资源、管理土地的一种方式,基于出让行为的土地使用权出让合同自然是一种行政合同;第二,合同中的出让方是代表国家行使土地管理权的土地管理机关;第三,合同签订的目的在于实现公共利益,即合理开发和利用土地资源;第四,土地使用权出让合同双方当事人所处的法律地位不平等,土地管理机关代表国家作为出让方在法律允许的范围内享有和行使诸如单方面解除、变更合同等特权;第五,从出让程序看,国家对出让行为实行严格的审批和管理制度,作为出让方的国家在现行土地使用权制度下显然是在行使政府的管理职能;第六,从出让金数额看,现阶段土地使用权出让金并非土地使用权商品真正价值的价格表现形态,只是象征性收费而已;第七,从解决争议的方式看,现行体制确认了出让方与受让方形成的行政法律关系〔1〕。我们认为,行政合同是行政主体基于行政目的,而与其他行政机关或公民、法人和其他组织之间在意思表示一致的基础上设立、变更、终止行政法上权利义务关系的协议〔2〕。行政合同说侧重于从行政法的角度认识土地使用权出让合同,过分强调行政性因素在土地使用权出让合同中的作用,没能合理看待私法性因素在其中的应有作用和价值,也没能充分尊重市场规律和市场秩序,因而该说不符合土地使用权出让合同的实质。

3. 民事兼行政合同说。该说认为,土地使用权出让合同的性

〔1〕 史贤英.国有土地使用权出让合同若干法律问题研究.北京房地产,2000,(9);汤艳红.论我国土地使用权出让的法律性质.苏州丝绸工学院学报,2000,(6).

〔2〕 王克稳.经济行政法基本论.北京:北京大学出版社,2004.291.

质具有双重性,既有民事合同的性质,又有行政合同的性质。其基本理由如下:土地使用权出让合同作为国家处分土地使用权的一种法律形式,既有平等主体之间地位平等、权利义务对等的条款,又有国家机关实施行政管理权的条款。前者如双方本着平等、自愿、有偿的愿望订立合同,由于一方的过错给对方造成损失,对方可以依约索赔;后者如国土管理机关有权对合同履行进行监督、检查,对不按合同规定开发利用土地的行为予以纠正和处罚〔1〕。我们认为,民事兼行政合同说表达了土地使用权出让合同兼具契约性和行政性的意思,但这种提法欠科学。土地使用权出让合同作为合同之一种,应当具有类似民事合同的契约性特点,但行政合同也有此性质,"民事兼行政合同"的提法实际上重复了合同的契约性质,存在逻辑矛盾。我们建议以"行政私法合同"的表述取代"民事兼行政合同"。

(二) 应有定位

从上述诸学说中不难发现,主流观点都在一定程度上承认土地使用权出让合同具有民事合同的性质,但对其是否兼具行政性以及行政性因素在土地使用权出让合同中占据多大的比重存在分歧。因而,各说都有一定的道理,但又无法深刻揭示土地使用权出让合同的特有属性。我们认为,土地使用权出让合同并非单纯公法上或私法上的合同,它既不同于行政合同(公法合同),又有别于普通的民事合同(私法合同),而是一种兼具公法性质和私法性质、民事法律关系与行政法律关系交叉的合同,是一种行政私法合同。如前面章节所述,所谓"行政私法合同",是指行政机关或法律、法规授权的组织为了追求行政目的,而与私人主体签订的确立双方权利义务关系的协议。行政私法合同是兼具公法和私法双重

〔1〕 史贤英.国有土地使用权出让合同若干法律问题研究.北京房地产,2000,(9).

性质的合同,其意旨在于以民事契约的形式实现行政法上的目的。

我们将土地使用权出让合同定位为行政私法合同之一种,主要基于如下因素的考量:第一,土地使用权出让合同的主体一方恒定为代表国家的市、县人民政府土地管理部门,其在合同中具有双重身份,即作为土地所有者代表的民事主体身份和作为土地管理者的行政主体身份,但民事主体身份出现的概率比行政主体身份更多些。第二,土地使用权出让合同订立的目的,从国家角度视之,实际上在于实现行政法上的目的,即土地公共利益;从土地使用者角度视之,实际上在于追求其自身的土地私体利益。但从根本上讲,土地使用权出让合同订立的目的在于促进土地公共利益的实现。第三,合同本身不具有公法或私法的性质,只是商品经济发展过程中出现的一种缔约形式而已,只有与某种性质的行为相结合时才产生公法、私法或公私法的特性。土地使用权出让合同作为土地公共利益实现的法律手段或表现形式,由于合同订立、履行、救济以及其他行为的行政性、私法性而相应地具备行政(公法)、私法性质。第四,土地使用权出让合同中既有双方合意达成一致的内容(主要指私法上的权利义务),又有根据相关法律而规定的内容(主要指公法上的权力),从而使得合同内容具有私法和公法的性质。

三、土地使用权出让合同的法律适用

目前,学术界关于土地使用权出让合同适用何种法律规范尚未达成一致意见,究其根源在于对土地使用权出让合同的性质存在不同认识,而这正是土地使用权出让合同法律适用的逻辑前提。如前所述,土地使用权出让合同是一种兼具公法和私法性质的合同,即行政私法合同。根据行政私法合同法律适用的一般原理,行政私法合同复合适用公法和私法,而非单一适用公法或私法。土地使用权出让合同应依据自身的特性,在厘清相关法律关系的基础上,适用相应的法律规范。

土地使用权出让合同公、私兼具的法律性质决定了其在法律适用方面应当结合适用相关的公法与私法。具体而言,土地使用权出让合同首先并优先适用关于土地的特殊法律规范。包括《土地管理法》、《城市房地产管理法》、《城镇国有土地使用权出让和转让暂行条例》、《城市房地产开发经营管理条例》、《土地管理法实施条例》、《确定土地所有权和使用权的若干规定》、《土地权属争议调查处理办法》等。这些法律规范是直接规范土地使用权出让的法律规范,理当优先适用。当然,这些法律规范是属于民事法律规范,还是属于行政法律规范,学界的意见并不统一。我们认为,这些法律规范中既包括民事法律规范,也包括行政法律规范,对这些法律规范的适用在某种程度上确认了土地使用权出让合同的行政私法性质。其次,适用《合同法》等规范土地使用权合同订立与履行的民事法律。

需要说明的是,在适用上述法律规范时,应当注意协调各种规范之间的位阶和效力关系,特别是彼此发生冲突或矛盾时应本着特别法优于普通法、上位法优于下位法的原则选择适用合适的法律规范。

四、土地使用权出让合同的订立

土地使用权出让合同的订立主要涉及订立前提、订立主体、订立原则、订立方式、订立内容等几个方面的问题,以下逐一述之。

(一) 订立前提

根据《城市房地产管理法》的有关规定,土地使用权出让合同的订立必须符合如下前提条件:一是必须有可供出让的国有土地,在城市规划区内的集体土地须经依法征收转为国有土地后方可出让;二是必须符合土地利用总体规划、城市规划和年度建设用地规划;三是必须经有批准权的行政管理机关审批,方能由土地管理部门实施出让。

（二）订立主体

《城市房地产管理法》第14条第2款规定："土地使用权出让合同由市、县人民政府土地管理部门与土地使用者签订。"《城镇国有土地使用权出让和转让暂行条例》第11条规定："土地使用权出让合同应当按照平等、自愿、有偿的原则，由市、县人民政府土地管理部门与土地使用者签订。"由此可见，土地使用权出让合同的订立主体，一方是市、县人民政府土地管理部门，另一方是土地使用者（具体包括法人、非法人组织和自然人）。

（三）订立原则

土地使用权出让合同作为一种兼具行政和私法双重性质的合同，同时受到公法和私法双重法律原则的约束，其既要遵循公平原则、自愿原则、平等原则、合法原则、合意原则、等价有偿原则、契约自由原则、诚实信用原则、公序良俗原则、情事变更原则等私法原则，又受到法律优先原则、法律保留原则、信赖保护原则、比例原则、公益原则等公法原则的约束。

（四）订立方式

《城市房地产管理法》第12条第1款规定："土地使用权出让，可以采取拍卖、招标或者双方协议的方式。"第14条第1款规定："土地使用权出让，应当签订书面出让合同。"由此可见，土地使用权出让合同必须采用书面形式。采用书面形式可以使出让方和受让方的权利义务明确具体，便于双方履行合同，有利于减少和防止合同争议纠纷的出现。

（五）订立内容

土地使用权出让合同的订立内容主要包括：第一，土地使用权出让金及其缴纳方式和期限；第二，出让土地的用途、使用年限和条件；第三，出让的土地及其交付；第四，出让土地的开发利用；第五，出让土地使用权的转让、出租、抵押和作价出资；第六，出让土地使用权年限届满的处理；第七，出让土地灭失的处理；第八，情事变更情况的处理；第九，违约责任；第十，争议纠纷的解决；等等。

五、土地使用权出让合同的履行

土地使用权出让合同成立之后，对合同双方当事人均产生法律效力，双方当事人都有义务按照法律的规定和合同的约定履行土地使用权出让合同规定的内容，同时，由于土地使用权出让合同中的不少内容都是由法律法规明确规定的，当事人双方在订立合同时只是将法律法规的一般规定具体化而已，在法律法规对合同内容已有规定的情形下双方的意思表示受到法律法规的限制，因此，我们结合我国法律法规的规定对土地使用权出让合同的的履行进行讨论。

（一）土地使用权出让金的收缴

《城镇国有土地使用权出让和转让暂行条例》第 14 条规定："土地使用者应当在签订土地使用权出让合同后 60 日内，支付全部土地使用权出让金。逾期未全部支付的，出让方有权解除合同，并可请求违约赔偿。"根据《土地登记规则》的有关规定，成片开发用地使用权出让金可以采取分期付款的方式。由此，作为受让方的土地使用者，应按照土地使用权出让合同约定的出让金的数额、付款币种、支付方式和付款期限履行付款义务；作为出让方的市、县人民政府土地管理部门应按照土地使用权出让合同的约定，及时、积极为受让方付款提供条件，保证受让方能够按时履行付款义务。

（二）出让土地的交付与利用

根据《城市房地产管理法》和《城镇国有土地使用权出让和转让暂行条例》的有关规定，按照土地使用权出让合同约定采取一次性付款方式的，在受让方支付全部土地使用权出让金和法律、法规规定的有关税费后，市、县人民政府土地管理部门有义务给受让方颁发《中华人民共和国国有土地使用权证》,按照合同的约定提供出让的土地;未按照合同约定提供出让土地的,土地使用者有权解除合同,并可以请求土地管理部门返还土地使用权出让金和违约赔偿。根据最高人民法院《关于审理涉及国有土地使用权合同纠纷案件适用法律问题的解释》的有关规定,土地使用权出让合同的出让方因未办理土地使用权出让批准手续而不能交付土地的,受让方有权请求解除合同。另外,双方约定采用分期付款方式取得出让土地使用权的,土地使用者领取临时土地使用权证,只有在全部缴纳土地使用权出让金后,才能领取正式的土地使用权证。

土地使用者在支付全部土地使用权出让金后,应当依照规定办理登记,领取土地使用权证,取得土地使用权,在土地使用权出让合同约定的出让年限内,按照土地使用的规划条件对出让土地进行开发、建设、利用和经营;未按合同约定的期限和条件开发利用土地的,市、县人民政府土地管理部门应当予以纠正,并根据情节给予警告、罚款直至无偿收回土地使用权的处罚。

(三)出让土地规划用途的变更

土地使用权出让合同内容的变更不同于一般民事合同的变更,其必须由合同当事人按照法定程序进行,而不能由合同当事人任意变更。根据《城市房地产管理法》和《城镇国有土地使用权出让和转让暂行条例》的有关规定,土地使用者需要改变土地使用权出让合同约定的土地用途的,必须取得出让方和市、县人民政府城市规划行政主管部门的同意,签订土地使用权出让合同变更协议或者重新签订土地使用权出让合同,相应调整土地使用权出让金,并办理登记。根据最高人民法院《关于审理涉及国有土地使用权合同纠纷案件适用法律问题的解释》的有关规定,受让方经出让方和市、县人民政府城市规划行政主管部门同意,改变土地使用权出让合同约定的土地用途,当事人请求按照起诉时同种用途的土地出让金标准调整土地出让金的,应予支持。受让方擅自改变土地使用权出让合同约定的土地用途，出让方请求解除合同的，应予支持。

（四）出让土地使用权的转让、出租、抵押与作价出资

1. 出让土地使用权的转让。根据《城市房地产管理法》、《城镇国有土地使用权出让和转让暂行条例》和《关于变更土地登记的若干规定》等的有关规定，土地使用权转让是指土地使用者将土地使用权再转移的行为，包括出售、交换和赠与。未按土地使用权出让合同约定的期限和条件投资开发、利用土地的，土地使用权不得转让。出让土地使用权人转让其权利的，应符合如下条件：一是按照出让合同约定已经支付全部土地使用权出让金，并取得出让土地使用权证书；二是按照出让合同约定的期限和条件投资开发、利用土地。属于房屋建设工程开发的，必须完成开发投资额的25%以上；属于成片土地开发的，必须形成工业用地或者其他建设用地条件。出让土地使用权转让时，原土地使用权出让合同载明的权利、义务随之转移。出让土地使用权转移后，需要改变土地使用权出让合同约定的土地用途的，依照有关改变出让土地用途的规定处理。出让土地使用权转让后，受让人有权使用该出让土地的期限为原土地使用权出让合同约定的使用年限减去原土地使用者已经使用年限后的剩余年限。

2. 出让土地使用权的出租。根据《城镇国有土地使用权出让和转让暂行条例》和《关于变更土地登记的若干规定》等的有关规定，土地使用权出租是指土地使用者作为出租人将土地使用权随同地上建筑物、其他附着物租赁给承租人使用，由承租人向出租人支付租金的行为。未按土地使用权出让合同约定的期限和条件投资开发、利用土地的，土地使用权不得出租。出让土地使用权出租后，土地使用权出让合同所规定的权利、义务并不发生转移，出租人必须继续履行原出让合同。租赁期限不得超过土地使用权出让合同约定的土地使用期限，超过出让合同约定的期限，出租人即丧

失其土地使用权,承租人的承租权因基础权利的终止而随之终止。土地使用权和地上建筑物、其他附着物出租,出租人应当依照规定办理登记。

3. 出让土地使用权的抵押。根据《城市房地产管理法》和《城镇国有土地使用权出让和转让暂行条例》等的有关规定,以出让方式取得的土地使用权可以设定抵押权,土地使用权抵押,抵押人与抵押权人应当签订抵押合同。抵押合同不得违背国家法律、法规和土地使用权出让合同的规定。以出让土地使用权设定土地抵押权时,土地使用权人应按土地使用权出让合同约定的期限和条件完成土地的投资、开发和利用。出让土地使用权抵押后,在抵押权实现之前,土地不转移占有,出让土地使用权人必须继续履行出让合同。土地使用权出让合同优先于抵押合同的效力,抵押合同不得设立违反土地使用权出让合同的约定条款;当二者不一致时,以土地使用权出让合同的条款为准;土地使用权出让合同一旦被解除,原有的出让土地使用权即终止,附属于其上的抵押权也随之终止。

4. 出让土地使用权的作价出资。根据《城市房地产管理法》、《公司法》、《合伙企业法》等法律的有关规定,出让土地使用权人可以将其依法取得的土地使用权作价出资或入股,用于合资、合作开发经营。向企业法人投资或者与另一方成立新的企业法人的,视为出让土地使用权的转让,出让土地使用权由企业法人享有,该出资人按照该土地使用权的评估价获得相应的股权或者其他形式的投资者利益。向合伙性质的企业投资的,视为出让土地使用权转让,出让土地使用权成为该合伙企业的共有财产。当事人仅以合同关系合作经营的,其作为合作条件提供的出让土地使用权不视为转让,在合作期间仍由原土地使用权人享有。

(五) 出让土地使用权年限届满的处理

根据《城镇国有土地使用权出让和转让暂行条例》的有关规

定,土地使用权出让最高年限按下列用途确定:居住用地70年;工业用地50年;教育、科技、文化、卫生、体育用地50年;商业、旅游、娱乐用地40年;综合或者其他用地50年。这里的土地使用权出让最高年限是约束土地使用权出让方和受让方双方的,彼此必须在最高年限内订立和履行合同,但这一最高年限不是唯一期限,合同中可以约定低于这一年限的期限。根据《城市房地产管理法》和《城镇国有土地使用权出让和转让暂行条例》等的有关规定,土地使用权出让合同约定的使用年限届满,土地使用者需要继续使用土地的,可以在土地使用权出让合同约定的使用年限届满前一年申请续期。土地使用者申请续期的,除根据社会公共利益需要收回该幅土地的,土地所有者代表应当予以批准。经审批准予续期的,国有土地所有者代表与土地使用者应当重新签订土地使用权出让合同,土地使用者依照规定支付土地使用权出让金和办理登记。土地使用者未申请续期或者申请续期未获批准的,出让土地使用权由国家无偿收回,土地使用者应当交还土地使用权证,并依照规定办理注销登记。

(六)出让土地使用权的收回

出让土地使用权的收回主要包括三种情形:一是出让土地使用权年限届满的正常收回;二是出让土地使用权的提前收回;三是出让土地使用权的强制收回。根据《城市房地产管理法》、《土地管理法》、《城镇国有土地使用权出让和转让暂行条例》的有关规定,国家对土地使用者依法取得的出让土地使用权,在出让合同约定的使用年限届满前不得收回。但是,国家根据社会公共利益的需要,可依照法律程序提前收回,并根据土地使用者使用土地的实际年限和开发土地的实际情况给予相应的补偿。至于补偿的标准,法律、法规有规定的,依规定;无规定的,应按照市场标准由双方协商确定。出让土地使用权人违反关于禁止土地闲置(超过土地使用权出让合同约定的动工开发日期满二年未动工开发)或擅自改变土地用途的规定，国家可以依照法律程序强制无偿收回出让土地使用权。同时，土地使用权出让合同可以约定法定原因以外的提前收回事由，并可约定国家在基于约定事由提前收回土地使用权时，根据土地使用权人开发利用土地的实际情况予以适当补偿。

（七）出让土地灭失的处理

因不可抗力导致土地状况发生重大变故，使得出让土地使用权人无法按既定用途利用土地的，国家可以收回出让土地使用权并退还剩余使用年限的土地使用权出让金。这里的"不可抗力"指在土地使用权出让合同订立后，非因双方当事人的过错，而是由于发生了当事人不能预见、不能克服、不能避免的使合同不能履行或不能完全履行的情形。它一般包括自然现象（如自然原因造成的水灾、火灾、地震、泥石流等）和社会现象（如战争、政府禁令等）。不可抗力的发生不是由于合同双方当事人的过错造成的，不能仅归责于当事人一方，因此产生的法律后果应由双方当事人共同承担。"基于因不可归责的事由而导致用地者预期利益的丧失和出让金已支付的事实，国家退还剩余年限的出让金，已使用年限的出让金抵消土地使用权人已行使的占有、使用、收益权，是比较合理的。"[1]应当注意的是，土地使用权出让合同的双方当事人在发生不可抗力时，都应当及时通知对方，采取一切必要的补救措施，以减少不可抗力造成的损失。

六、土地管理部门在土地使用权出让合同中的特权及其规制

在土地使用权出让合同中，作为出让方的市、县人民政府土地管理部门既代表国家行使土地所有权职能，以所有者代表的身份向相对人出让土地使用权，又以管理者的身份对出让土地的开发

〔1〕 王卫国，王广华. 中国土地权利指南. 北京：中国政法大学出版社，2001. 99.

使用进行监督管理。当土地管理部门以国有土地所有者的身份向相对人出让国有土地的使用权时,这时的土地管理部门享有和承担的是合同法(私法)上的权利和义务,当土地管理部门以管理者的身份对土地的开发使用进行监督管理时,这时的土地管理部门行使的是土地管理法等法律(公法)赋予的权力,由于这种权力是土地管理部门单方面享有和行使的,而且是由公法直接规定的,具有强制性,因此,我们将这些权力称之为“特权”。土地使用权出让合同所追求的土地公共利益是“特权”行使的根本缘由,“特权”的存在和行使体现了国家对出让土地的开发使用的监督,这对于保障土地资源的合理开发使用具有重要作用。

(一)土地管理部门在土地使用权出让合同中特权的表现

土地管理部门在土地使用权出让合同中的特权主要表现在如下几个方面:

1. 选择合同的另一方当事人。土地使用权出让合同的订立主体一方恒定为市、县人民政府土地管理部门,另一方由其依照法律通过协议、招标或拍卖的方式选择。土地使用者无权选择出让方,其欲获得某块土地的使用权,只能与该块土地所在地的市、县人民政府土地管理部门签订土地使用权出让合同。对于划拨土地使用者未经批准擅自转让、出租、抵押、划拨土地使用权的行为,土地管理部门进行处罚后,可责令划拨土地使用者与其签订土地使用权出让合同,对方不得拒绝。

2. 单方面决定合同中的主要权利义务。土地使用权出让合同约定出让的地块、用途、年限和其他条件,由市、县人民政府土地管理部门单方面决定,受让方无权对此与其商量或提出异议。土地管理部门会同城市规划等有关部门,根据城市总体规划和方案制定土地使用条件,供土地使用权出让合同遵循。土地使用者只能根据土地使用权出让合同确定的土地使用条件开发、利用和经营土地,受让方需要改变土地使用条件的,应当征得市、县人民政府土地管理部门的同意,并经城市规划部门批准。

3. 指导和监督合同的履行。为了及时了解和掌握土地使用者履行合同的情况,保证合同的履行符合土地公共利益,市、县人民政府土地管理部门有权通过建议、劝告、引导、警告等方式,指导土地使用者按照合同约定的内容履行合同,并有权对土地使用者是否履行合同以及履行合同是否适当等进行检查、监督。

4. 单方面变更或终止合同。土地使用权出让合同在正常履行中,由于客观情事的变化(如国家法律、法规的修改,国家政策的调整等)或公共利益的需要,市、县人民政府土地管理部门有权在一定范围内单方面变更或终止合同。比如,为了公共利益需要使用土地的,市、县人民政府土地管理部门可以依照法定程序提前收回土地使用权。

5. 对违约行为进行纠正和制裁。土地使用权出让合同的当事人一方违约给另一方造成损失的,违约方应依法承担违约责任;但在土地使用者违约的情形下,市、县人民政府土地管理部门除了可以要求土地使用者承担违约责任外,还享有对违约的土地使用者进行纠正和制裁的权力。譬如,土地使用者未按照土地使用权出让合同规定的期限和条件开发利用土地的,土地管理部门应当予以纠正,并根据情节给予警告、罚款直至无偿收回土地使用权的处罚。

(二) 对土地管理部门特权的规制

与任何行政权力一样,土地管理部门在土地出让合同中的特权也有扩张和滥用的倾向,而且土地使用权出让合同中的特权背后往往隐含着巨大的经济利益,如不对这些特权进行有效的规制,不仅会侵犯相对人的合法权益,而且极易导致腐败。我国经济领域的犯罪案件中,不少经济犯罪案件多与土地使用权的交易有关,因此,对土地管理部门在土地使用权出让中的特权的法律规制十分必要。我们认为,对土地使用权出让中的特权可进行如下规制:

第一，市、县人民政府土地管理部门的行政权力不得随意放弃或转让。市、县人民政府土地管理部门作为特定的国家土地管理机关，代表国家行使土地的管理权能，必须积极、能动地履行自己的职权，促进土地使用权出让合同按照既定的目标订立和履行，而不得随意放弃或转让这种行政权力。倘若市、县人民政府土地管理部门在土地使用权出让合同的订立和履行中随意放弃或转让行政权力，容易造成土地管理秩序的混乱无序和土地资源的浪费，譬如，未经开发的土地不得转让，受让人如果买卖或者以其他形式非法转让土地的，土地管理部门应当没收违法所得，如果土地管理部门放弃这一监管职能，那么，非法炒地行为就无法得到有效的遏制。再譬如，根据规定，对于超出合同约定动工开发日期满一年未动工开发的，应依法征收土地闲置费，并责令受让人限期开工、竣工；满二年未动工开发的，无偿收回土地使用权。倘土地管理部门放弃这一监管职能，那么，就无法有效遏制非法囤地行为，造成土地的抛荒和浪费。第二，“特权”的行使必须符合法定目的和法定条件。如根据土地管理法的规定，在土地已依法出让后，只有符合下列法定情形之一的，土地管理部门方可以提前收回土地使用权：(1) 为了公共利益需要使用土地的；(2) 为实施城市规划进行旧城区改建，需要调整使用土地的；(3) 土地出让合同约定的使用期限届满，土地使用者未申请续期或者申请续期未获批准的。土地管理部门不得越出上述法定情形行使收回土地的特权。第三，特权的行使必须遵循法定程序。如根据土地管理法的规定，土地管理部门决定收回土地使用权的，必须报经原批准用地的人民政府或者有批准权的人民政府批准。如果涉及对受让人进行土地行政处罚的，还应当遵守行政处罚法的规定。第四，因“特权”的行使给土地使用权人的合法权益造成损失或损害的，应当依法给予补偿或赔偿。如根据土地管理法的规定，为了公共利益需要使用土地或者为实施城市规划进行旧城区改建，需要调整使用土地而收回土地使用权的，应当给予土地使用权人适当的经济补偿；土地管理部门因违法行使特权损害土地使用权人的合法权益的，应当依法承担行政赔偿责任（这种赔偿责任不是违约赔偿，而是行政侵权的国家赔偿责任）。

七、土地使用权出让合同争议纠纷及其解决机制

因土地使用权出让引发的争议纠纷大致包括两类：一类是土地使用权出让合同争议纠纷，一类是土地管理部门因特权行使引起的争议纠纷。这两类争议纠纷的解决机制是不同的。

土地使用权出让合同争议纠纷是指双方当事人之间因订立及履行土地使用权出让合同发生的争议纠纷，具体包括：关于合同无效或可撤销引起的争议纠纷；关于合同当事人违约引起的争议纠纷；关于合同变更、解除引起的争议纠纷。

关于合同无效及可撤销引起的争议纠纷，由于土地使用权出让合同适用合同法，而合同法对合同的无效及可撤销的条件作了明确具体的规定，因此，判断土地使用权出让合同的法律效力主要应依据合同法的规定，但最高人民法院在《关于审理涉及国有土地使用权合同纠纷案件适用法律问题的解释》中对土地使用权出让合同的无效的情形又作了补充规定，根据该司法解释，土地使用权出让合同无效的情形包括合同无效和条款无效两种情形，合同无效是指整个合同无效，譬如该司法解释第2条规定，“开发区管理委员会作为出让方与受让方订立的土地使用权出让合同，应当认定为无效”；条款无效是指合同中个别条款无效的情形，如司法解释第3条规定，“经市县人民政府批准同意以协议方式出让的土地使用权，土地使用权出让金低于订立合同时当地政府按照国家规定确定的最低价的，应当认定土地使用权出让合同约定的价格条款无效”。

关于合同违约的争议纠纷是指因合同当事人的违约行为引起

的争议纠纷，就出让方而言，其违约情形大致包括以下方面：第一，出让方未按合同约定向受让方出让国有土地使用权；第二，出让的土地不符合合同的约定；第三，出让方无故违反合同约定提前收回出让土地使用权；第四，出让方违约对受让方造成损失而引起损害赔偿争议；等等。就受让方而言，其违约情形大致也有以下方面：第一，不按合同约定支付土地使用权出让金；第二，擅自改变出让土地的用途；第三，未按照法律规定和土地使用权出让合同约定的期限、条件或城市规划的要求开发利用土地；第四，不按照法律规定和土地使用权出让合同约定，擅自转让、出租、抵押或作价出资土地使用权；第五，在支付土地使用权出让金后，未向有关政府主管部门办理登记、领取土地使用权证；等等。

关于合同变更、解除引起的争议纠纷，同样应适用合同法关于合同变更、解除的规定和合同的约定。但最高人民法院在《关于审理涉及国有土地使用权合同纠纷案件适用法律问题的解释》中对土地使用权出让合同的变更及解除的情形又作了补充规定。关于合同的变更，司法解释规定了一种情形：受让方经出让方和市、县人民政府城市规划行政主管部门同意，改变土地使用权出让合同约定的土地用途，当事人请求按照起诉时同种用途的土地出让金标准调整土地出让金的，应予支持。关于合同的解除，司法解释规定了三种情形：一是以协议方式出让的土地使用权，土地使用权出让金低于订立合同时当地政府按照国家规定确定的最低价，当事人请求按照订立合同时的市场评估价格缴纳土地使用权出让金，而受让人不同意按照市场评估价格补足，请求解除合同的；二是土地使用权出让合同的出让方因未办理土地使用权出让批准手续而不能交付土地，受让方请求解除合同的；三是受让方擅自改变土地使用权出让合同约定的土地用途，出让方请求解除合同的。这里，合同解除的情形中有的争议实际上也是因为当事人的违约引起的，与违约争议有重合之处。

关于土地使用权出让合同纠纷的解决机制,我国大致有两种情形:一是非诉机制,二是诉讼机制。

非诉机制在土地使用权出让合同争议纠纷的解决中主要表现为:协商、调解、仲裁和裁决。(1)协商。在土地使用权出让合同订立、履行的过程中,若发生争议纠纷,应先由合同双方当事人充分协商解决。这样可以调动土地使用者参与合同的积极性,强化其合同主体意识,也能使出让方在合同中以平等的身份、平和的态度对待受让方。(2)调解。合同双方当事人既可以协商解决争议纠纷,也可以请求第三者(非法院和仲裁机关)居中调解,以消弭冲突和对抗。当合同双方当事人在第三者的调解之下对冲突和对抗产生某种共识后,可由双方自行协商或采取其他方式最终解决争议纠纷。(3)仲裁。“所谓仲裁,是指根据双方当事人的合意,由第三者对双方当事人之间发生的纠纷所涉及的是非和权利义务,进行公正评判并作出对双方当事人都有约束力的结论的一种解决纠纷的方式。”〔1〕合同双方当事人可以在土地使用权出让合同中约定或事后书面协议,因土地使用权出让合同的订立及履行所产生的争议纠纷由法定的仲裁机构进行仲裁,仲裁机构作出的仲裁裁决对双方当事人具有约束力。(4)行政裁决。行政裁决指“行政机关依照法律授权,对平等主体之间发生的与行政管理活动有关联的民事纠纷进行审查并作出相应裁决的具体行政行为”〔2〕。土地使用权出让合同争议纠纷,可以由出让方的上一级土地管理部门或者同级人民政府裁决,或者另设专门行使行政权力的土地裁判机构解决。这样做主要考虑到土地争议纠纷的专业性、特殊性,土地管理部门或专门的土地裁判机构能够正确、有效地对争议纠纷的实质问题进行把握和判断。

---

〔1〕 谭兵.中国仲裁制度的改革与完善.北京:人民出版社,2005.2.
〔2〕 杨海坤.中国行政法基础理论.北京:中国人事出版社,2000.228.

诉讼机制即双方当事人通过司法诉讼解决土地使用权出让合同争议纠纷的一种机制。在我国理论界，由于对土地使用权出让合同的性质存有争议，因而，关于土地使用权出让合同争议纠纷的解决机制亦有不同认识，主张土地使用权出让合同为民事合同的学者认为因土地使用权出让合同引发的争议纠纷应当通过民事诉讼机制解决，而主张土地使用权出让合同为行政合同的学者则认为土地使用权出让合同应当通过行政诉讼机制解决。实践中，在最高人民法院《关于审理涉及国有土地使用权合同纠纷案件适用法律问题的解释》出台之前，司法实践中多将土地使用权出让合同作为行政争议处理，但在最高人民法院《关于审理涉及国有土地使用权合同纠纷案件适用法律问题的解释》出台之后，现行的土地使用权出让合同纠纷开始按照民事诉讼的机制解决。但这样的解决机制引起行政法学界普遍的质疑，认为最高人民法院对土地使用权出让合同的定性是完全错误的，我们认为，应当将该争议是什么性质的争议和该争议应当按照什么样的救济机制处理分开看，事实上，最高人民法院在该司法解释中并没有对土地使用权出让合同的性质进行界定，只是规定对这类争议纠纷处理的法律适用作了解释和规定，在我国现行行政合同制度尚未真正建立、行政诉讼目前尚不能有效处理和解决行政合同争议的情形下，司法解释规定按照民事诉讼机制去处理这类争议纠纷并无不可，当然，这类争议纠纷应该是一种什么性质的争议纠纷、应当通过哪一诉讼机制解决更合适在理论上还有进一步讨论的必要。

至于土地管理部门因特权行使引起的争议纠纷，由于特权行为本身并非合同行为，而是土地管理部门以行政主体的身份作出的单方行政行为，如对超出合同约定动工开发日期满一年未动工开发的，土地管理部门依法征收土地闲置费的行为实际上是一种行政征收行为；对于超出合同约定动工开发日期满两年未动工开发的，土地管理部门依法无偿收回土地使用权的行为实际上是一种行政处罚行为。相对人对土地管理部门的这些行政行为不服的,可以根据行政复议法和行政诉讼法的规定提起行政复议或行政诉讼,对于因这些行政行为违法而侵犯了相对人的合法权益的,相对人可以依法请求行政赔偿。

第九章 政府贷款合同

我国社会主义市场经济体制的建立与完善和加入世贸组织所面临的机遇与挑战,都强烈呼唤政府职能的重新定位。2004 年 3 月 22 日,国务院颁布的《全面推进依法行政实施纲要》将我国政府今后的主要职能定位为:经济调节、市场监管、社会管理和公共服务。为了更好地履行基本职能,在更深的程度上与国际社会接轨,我国政府越来越重视服务型行政、合作型行政、阳光型行政、指导型行政、给付型行政、参与型行政、福利型行政、科学化行政、多元化行政、民主化行政等新型行政方式的运用,积极推动社会组织和个人参与市场经济活动和社会公共事务。政府贷款合同作为政府行使行政职权、实现公共利益所采取的一种特殊手段,对政府、社会组织、个人的角色重塑和关系界定,对市场交易、市场监督、社会管理等都具有不可忽视的价值和作用,应当引起学术界和实务界的广泛关注与深入探究。本章拟对政府贷款合同的含义、性质、适用领域、适用条件、履行的监管、争议纠纷的解决机制等基本问题进行初步探讨。

一、政府贷款合同的含义

从广义的角度理解,政府贷款包括外国政府贷款和我国政府贷款。外国政府贷款主要指发达国家和富裕国家政府在与发展中国家和贫困国家政府双边财政合作的形式下,向发展中国家和贫困国家提供的援助性、优惠性贷款。它“是由贷款国用国家预算资金直接与借款国发生的信贷关系”,“是政府间的双边援助贷款,由两国政府机构或政府代理机构出面谈判,签署贷款协议,确定具有契约性偿还义务的外币债务,是国家资本输出的一种形式"[1]。外国政府贷款主要包括三种形式:软贷款、纯赠款、混合贷款。我国政府贷款主要指我国政府向其他发展中国家或国内特定的组织或者个人提供的优惠贷款。从狭义的角度理解,政府贷款仅指我国政府为了特定的公共目的,通过特定的金融机构向国内负责特定项目的组织或者个人提供的优惠贷款。本书仅在狭义的层面讨论政府贷款,即我国政府为了特定的公共目的的实现,由特定的金融机构代表国家作为贷款方,将一定数量的款项在一定的年限内贷给负责特定项目的借款方,并在贷款到期时由借款方向贷款方支付相应本金和利息,从而确立贷款方与借款方权利义务关系的契约。具体而言,可以从以下几个方面理解这一含义:第一,政府贷款合同的贷款方恒定为代表国家的特定金融机构,既包括国有商业银行(中国工商银行、中国农业银行、中国银行、中国建设银行),也包括政策性银行(国家开发银行、中国进出口银行、中国农业发展银行);借款方为负责特定项目的组织或者个人,并非任何组织和个人都能成为政府贷款合同的借款方,只有符合国家产业政策发展方向、国家需要予以鼓励和扶持的领域、行业、项目才有可能获得政府贷款的支持。第二,政府贷款合同签订的目的,就贷款方而言,主要在于实现特定的公共目的(如促进落后地区经济社会的发展,保护生态环境,实现特定领域的科研攻关);就借款方而言,主要在于获得其负责的特定项目的相关成果和经济效益。第三,政府贷款合同的标的是经国家依法批准的符合特定条件的一定数量的款项,而且币种为人民币。第四,政府贷款合同的贷款方与借款方都是符合法律规定条件的合同当事人,在合同关系中的法律地位平等。第五,政府贷款合同的内容是贷款方与借款方各自的权利义务,而且双方之间的权利义务是相互

---

[1] 刘虹.对外国政府贷款项目商务条件衡量的分析研究.经济师,2004,(10).

关联和相互依赖的;政府贷款合同的贷款方除了与借款方同等享有一般民事合同权利外,还具有选择合同另一方当事人、指导和监管合同履行、单方面变更或终止合同、对违约的合同另一方当事人进行纠正和制裁等"特权",而借款方须按照贷款方的要求履行特定的义务,因而双方的权利义务并不完全对等。第六,政府贷款合同是要式合同,并且由于其技术性要求比较高,通常采用格式合同的形式,双方当事人自由协商的余地相对比较少。第七,借款方只能将贷款用于申请贷款的事由和经国家批准的特定项目,不得任意变更贷款的用途。第八,政府贷款合同中必须约定贷款期限,一般分为短期贷款、中期贷款、长期贷款;在贷款期限届满或分期付息期限届满前,借款方可以申请展期,并按合同约定的利率向贷款方支付利息;符合特定条件的,可以减息或免息;在特殊情形下,贷款方可以终止贷款,并要求借款方提前归还相应本金和利息。第九,某些政府贷款合同必须有借款方或者第三方的财产或信用担保,并以担保(保证、抵押、质押等)合同作为政府贷款合同的从合同。

二、政府贷款合同的性质

政府贷款合同是市场经济蓬勃发展的必然产物,是社会事业全面进步的客观要求,是政府贷款的法律依据和表现形式。目前,学界鲜有关于政府贷款合同的论述,对政府贷款合同的性质几无界定。我们认为,由于政府贷款合同系基于特定的行政目的,是政府用以扶持特定领域、特定行业的特定经济活动的一种措施与手段,它有别于一般的商业贷款,同时,它作为一种贷款,在形式上又符合商业贷款的一般特征,因此,政府贷款合同是政府以私法手段实现公法目的的一种手段,它也是一种行政私法合同。作为一种行政私法合同,其特征主要体现在以下几方面:

第一,从合同的主体看,政府贷款合同的主体一方恒定为代表国家的特定金融机构，但其并非仅以民事主体或行政主体的单一身份出现，而是兼具民事主体和行政主体双重身份，即国家特定贷款所有者代表的身份和国家特定贷款管理者的身份，体现私法和公法的双重特性；另一方当事人是负责特定项目的组织或者个人，以民事主体的身份参与政府贷款合同的订立与履行。

第二，从合同的目的看，政府贷款合同的订立，就贷款方而言，主要在于执行国家的经济政策，支持特定地区和特定领域的经济发展，实现特定的公共利益，是实现公法目的的一种私法手段。

第三，从合同的原则看，作为一种民事性质的合同，它应当遵循公平、自愿、平等、合意、等价有偿、诚实信用等合同法上的一般原则；同时，由于其实现的是行政目的，因而，其又受到公法上基本原则的约束，法律优先、法律保留、信赖保护、比例、公益等基本原则对政府贷款合同亦有约束。

第四，从合同的内容看，作为一种兼具公、私法双重性质的合同，在内容上除了体现一般贷款合同的权利义务外，对于代表国家的贷款方，它还享有一般贷款合同当事人所没有的特权。譬如，它有权监督贷款的使用，在当事人违约的情形下可以对当事人实施处罚直到提前收回贷款等；对于借款方，它可以享有一般借款人所不具有的优惠。譬如，可以享受无息或低于商业贷款利息的贷款。因此，这类合同往往体现了贷款方特权与借款方优惠的结合。

三、政府贷款合同的适用领域

政府贷款合同是我国政府扶持特定领域的特定项目所采用的私法手段，是公共事务管理和公共利益实现的新型途径和形式，其主要适用于基础产业、公用事业、社会发展、扶贫开发、生态环保、科技研发等领域。

（一）基础产业领域

这里所称的“基础产业”，主要是指农业，包括种植业、林业、牧业、渔业。基础产业是我国经济发展和社会进步的基本条件，是我国综合国力和国际竞争力的基本体现。经过改革开放近30年来的发展，我国的基础产业取得了长足进步，为国民经济和其他产业的发展提供了重要的物质保障。然而，由于我国幅员十分辽阔、地区差异巨大、客观条件制约等因素的影响，我国基础产业的发展呈现出明显的不平衡性（地区不平衡、内部结构不合理、与其他产业不协调），自我更新能力不强，对国民经济的贡献率相对降低。国家为了支持和加快基础产业的发展，促进基础产业的综合生产力和增值能力的提高，推动基础产业的结构调整、设备更新、技术升级和增长方式转变，采取了一系列惠及"三农"的政策，特别是"社会主义新农村建设"方略的提出与推行，为基础产业的全面发展提供了契机。在这些政策、方略的贯彻过程中，政府可以对基础产业领域的特定项目，通过采用与特定项目的组织或者个人签订政府贷款合同的形式，向其提供专项贷款。譬如，政府可以与粮食企业签订粮食收购贷款合同、粮食流转贷款合同、粮食调控贷款合同、地方储备粮食贷款合同，可以与农业产业化龙头企业签订粮棉油生产、流通、加工、转化、基建、技改贷款合同，可以与特定的企业签订农田水利、农产品深加工、林业开发、牧业治理、渔业捕捞贷款合同，等等。

（二）公用事业领域

公用事业是现代城市发展的重要支撑，其发展程度和状态对城市现代化和经济社会的全面现代化具有十分重大的影响。公用事业的基本载体是公共资源，服务对象是社会公众。为了降低服务成本，改善服务质量，扩大服务范围，提升服务效能，改变公用事业由国家垄断经营的做法、逐步实现公用事业的民营化，由非国有的企业及个人进行公用事业的经营已成为我国公用事业经营管理体制改革的重要方向，由于不少领域公用事业经营所需要的投入比较大，利润比较低，收回投资的期限比较长，风险比较高，因此，非政府的组织及个人从事公用事业的经营需要政府的扶持与帮助，而政府贷款正是政府鼓励、扶持非政府组织、个人经营公用事业的重要手段与措施。比如，政府可以与供水、供气、供热企业签订供水、供气、供热贷款合同，以支持其设备改造与更新；与公交公司、邮电企业签订政府贷款合同，以支持其重大项目的实施；等等。政府贷款合同广泛适用于公用事业领域，能够为借款方提供宽松的资金环境，调动借款方发挥专业、信息优势的积极性，从而使其为社会公众提供高效、优质的公共服务。

（三）社会发展领域

社会发展与经济发展相依相伴，不可偏废。我国改革开放以来，一直以经济建设为中心，始终抓住发展这一中心要务，使得我国的整体经济实力和人民生活水平有了很大提高，但是这种发展是低水平的、不平衡的，尤其是忽视了社会发展。在我国进入全面建设小康社会的新时期，战略机遇与矛盾凸显并存，社会发展仍然滞后。为此，党中央及时提出以人为本、全面协调可持续的科学发展观和构建社会主义和谐社会的重大战略思想。在教育、住房、卫生、就业、养老、医疗等领域，政府可以通过政府贷款合同的方式，向特定的社会组织或者个人提供贷款，充分汇聚社会力量并使其参与社会事业的建设与发展，努力促进社会和谐进步。譬如，民办学校、就业帮扶组织、私营医疗机构等非国有社会组织都可以通过与政府签订政府贷款合同而获得政府贷款的支持。

（四）扶贫开发领域

改革开放以来，特别是实施《国家八七扶贫攻坚计划》以来，我国农村贫困现象明显缓解，贫困人口大幅度减少。然而，当前尚未解决温饱的贫困人口数量虽然不多，但是解决的难度很大；从根本上改变贫困地区社会经济的落后状况，缩小地区差距，更是一项长期的历史性任务。为此，国家在对贫困地区采取优惠性、倾斜性政策措施时，可以通过政府贷款合同的形式，向扶贫开发领域的特定项目提供贷款，支持能够带动贫困人口增加收入的种养业、劳动密集型企业、农产品加工企业、市场流通企业等的发展。在保障资金安排的前提下，适当放宽贫困地区扶贫贷款项目的条件；根据产业和项目具体情况，适当延长贷款期限；执行统一优惠利率，优惠利率与基准利率之间的差额由中央财政据实补贴。扶贫开发领域的政府贷款合同的借款方原则上是国务院确定的贫困县范围内的进行固定资产投资以及为该项目配套的有生产流动资金需求的企业。

（五）生态环保领域

生态环境是人类赖以生存的基本条件，对人类社会的可持续发展具有十分重要的意义。但是，我国由于人口、工业和市场压力，生态环境不断恶化、生态赤字巨大：水土流失严重，沙漠化迅速，草原退化加剧，森林资源锐减，生物物种加速灭绝，地下水位下降，湖泊面积减少，水体污染明显加重，大气污染严重，废渣存放量过大等。为了果断遏制生态环境恶化的趋势，国家除了采取最强有力的生态恢复和环境保护措施外，还可以通过政府贷款合同的方式，向特定的生态环保组织或者个人提供政府贷款，以吸引社会多方参与生态环保事业。由于政府贷款合同相较于其他行政强制手段更具柔性，更加易于被相关生态环保组织或者个人所接受，而且能够在合同中将贷款方与借款方的权利、义务和责任予以明确，使得借款方在合同履行前就能够明确所贷款项的用途和自己所应承担的义务以及违反合同的法律责任，同时使得贷款方能够按照国家意志管理、监督生态环保措施的落实。因此，政府贷款合同在生态环保领域具有广阔的适用前景。

（六）科技研发领域

科学技术是第一生产力，是先进生产力的集中体现和主要标志。我国作为一个发展中国家，虽然科技成就显著，但是加快科学技术发展、缩小与发达国家的差距，还需要较长时期的艰苦努力。

新世纪新阶段，我国制定了《国家中长期科学和技术发展规划纲要(2006－2020年)》，强调要增强自主创新能力、努力建设创新型国家。适应科技迅速发展的趋势，政府贷款合同在科技研发领域可以发挥独特作用。科研院所、大专院校、科技开发单位和企业，因科技研发和科技成果转化所需资金不足，可以向国家申请科技研发贷款。政府贷款合同主要适用于新产品、新技术、新材料、新工艺的研究、试制和开发，科技成果转化过程中的中间试验和工业化试验生产，引进国外技术的消化吸收，所需购置的技术软件、检测手段、样品样机、仪器设备、材料及试验，也可适用于科技成果转化为商品项目〔1〕。

此外，政府贷款合同还可以适用于其他领域。比如，为了扶持和促进中小企业的健康发展，发挥中小企业在国民经济和社会发展中的重要作用，国家可以与中小企业签订政府贷款合同，向其提供贷款；为了鼓励和支持特定产品的出口，提高我国特定产品在国际市场上的竞争力，在不违背国际规则的前提下，国家可以与特定产品的企业签订政府贷款合同，向其提供贷款；为了加快小城镇的改造，国家可以向参与小城镇改造的组织提供贷款支持。

四、政府贷款合同的适用条件

政府贷款合同作为政府实现公共利益所采用的私法手段，并非在任何情形下都适用，而应当符合如下条件。

第一，符合国家的发展方略和政策导向。政府贷款合同的适用应当符合科学发展观、构建社会主义和谐社会、建设创新型国家、建设社会主义新农村等重大方略，符合区域发展总体战略(如推进西部大开发，振兴东北地区等老工业基地，促进中部地区崛起，鼓励东部地区率先发展，支持革命老区、民族地区和边疆地区

〔1〕 来奇. 借款合同. 北京：中国民主法制出版社，2003. 13－14.

发展等)，符合宏观调控政策、经济政策、产业政策、投资政策、财政政策、信贷政策、外贸政策等。现阶段，政府贷款主要围绕"国民经济和社会发展第十一个五年规划纲要"组织和实施。

第二，遵循国家现行的法律规范。政府贷款合同作为贷款方与借款方确立权利义务关系的法律依据，应当遵循我国现行的法律规范，否则无效；尤其是有关公权因素的内容应当在法律规范规定的范围内规定，贷款方不得超越职权与借款方约定相关内容，否则贷款方的行为将受到行政内部机制和外部机制的纠正和制裁。贷款方与借款方在遵循国家现行法律规范的前提下达成合意，政府贷款合同能够得到法律规范的承认和保护，双方的权利义务能够产生法律效力。

第三，符合正当、法定的程序要求。正当程序是基于公平、正义等基本自然准则，无论有无法律明确规定都应当遵循的程序。法定程序与正当程序并非等同，它是法律规范确定的程序，是明确化、具体化的正当程序，操作性较强。贷款方与借款方在签订和履行政府贷款合同时，应当符合正当、法定的程序要求。若无法定程序可供遵循，应当在符合公共利益的前提下，遵循双方都能接受的程序规则；若存在法定程序可供遵循，应当严格遵循法定程序。

第四，确保提升经济效益和社会效益。政府运用政府贷款合同进行社会管理和公共服务，应当确保提升经济效益和社会效益，而且这种经济社会效益应当更多地惠及社会公众；不仅追求短期的经济社会效益，而且应当为经济社会的长远发展提供可能和条件。值得注意的是，政府贷款合同的签订和履行所带来的经济效益和社会效益不能局限于某一方面，而应当是全面的、全方位的；经济效益与社会效益不是孤立存在的，彼此应当协调共进。

第五，借贷双方应当具备相应的资质。政府贷款合同的贷款方应当是依法经中国人民银行批准的承担政府贷款职责的特定金融机构，具体包括国有商业银行和政策性银行；借款方应当是符合一定条件的负责特定项目的组织或者个人。借款方应当能够为其所负责的特定项目筹集配套资金，提供相关设施和条件，具备项目组织实施和贷款本息归还能力。作为组织的借款方应当符合我国关于法人、非法人组织的有关条件。作为个人的借款方应当符合贷款方确立的相关条件，要求相对于组织更为严格。

此外，某些项目的政府贷款合同还要求借款方或者第三方与贷款方签订书面担保合同，为政府贷款合同约定的贷款本金、利息及逾期违约金的偿付提供担保。

五、特定金融机构对政府贷款合同履行的监管

政府贷款合同的成立，对贷款方和借款方均产生法律效力，双方当事人都应当按照合同的约定实际、正确、诚信、协作履行合同。政府贷款合同既有一般民事合同的私法因素，也有一般民事合同所没有的基于公共利益而存在的权力因素。这种权力因素主要表现为代表国家行使公权的特定金融机构在政府贷款合同中所享有的"特权"。这里，我们主要针对特定金融机构对政府贷款合同履行的监管进行简要分析。

（一）贷款使用监管

负责特定项目的借款方履行了相关申请手续，并通过了贷款方的贷前调查和贷时审查，即取得特定贷款的使用权。特定金融机构应当对借款方所取得的贷款的使用情况进行监管，跟踪分析贷款是否按既有规划使用、是否按合同约定使用、是否合理有效使用。对于借款方不将贷款用于既有规划项目，或不按合同约定使用贷款，或挪用贷款，或滥用贷款，特定金融机构应当及时纠正，情节严重的给予制裁，甚至解除合同、提前收回贷款，并要求借款方承担违约责任。

（二）配套资金监管

借款方所负责的特定项目在申请或使用政府贷款时，应当由

借款方自筹一定数量的款项作为政府贷款的配套资金。特定金融机构在合同履行中,应当对配套资金是否真正到位、是否真正用于该特定项目、是否正当有效使用等进行检查;对贷款使用过程中分批投入的配套资金尤其要严格监管。若借款方未能及时、足额配备和使用配套资金,特定金融机构应采取相应措施促使其履行此义务;若经过催促,借款方仍不履行的,贷款方可以对其进行制裁。

(三) 采购实施监管

特定项目的建设、运转,需要采购一系列基本材料、设施、工艺等,特定金融机构应当对利用政府贷款所采购的相关生产要素、生产资料等进行指导、监督和检查,建立公正、透明、科学的评估体系或聘请专业的中介机构对采购的成本、方式、程序、效益等进行全面评估,以确保贷款在采购环节正确、充分利用。借款方或其委托的第三方的采购活动不符合合同约定或行业标准的,特定金融机构应当及时指出,并要求采购活动的实施者严格按合同约定或行业标准进行采购。

(四) 项目风险监管

政府贷款所支持的特定项目经过科学分析和可行性研究之后,在实施过程中不可避免地遇到各种风险。特定金融机构应当对项目风险进行跟踪监测,对借款方的抗风险能力进行评估,定期审查借款方的项目风险评估报告,要求借款方建立风险预警、监控和补偿机制,并尽可能为借款方提供相关风险信息。对于抗风险能力较弱的借款方,特定金融机构可以基于公共利益的考量中止或终止贷款,并要求借款方提前归还贷款本息。由此给借款方造成的损失,应给予适当补偿。

(五) 担保能力监管

某些特定项目的政府贷款,需由借款方或第三方以一定的财产或信用作担保,在借款方不履行偿付本金、利息及逾期违约金的义务时,以担保的财产或信用承担责任。特定金融机构应当密切关注借款方或第三方用作担保的财产或信用状况。若借款方或第三方用作担保的财产灭失、毁损或面临重大变故，特定金融机构应及时要求借款方或第三方恢复用作担保的财产的原状或重新约定以其他财产作担保；若借款方或第三方用作担保的信用发生危机，特定金融机构应要求借款方或第三方给以新的信用担保或以财产担保代替。

（六）本息偿还监管

在政府贷款合同签订时，特定金融机构应当要求负责特定项目的借款方建立还贷保障机制；在政府贷款合同履行届满时，特定金融机构可以建立还贷通报和奖励机制。当政府贷款合同约定的贷款期限届满，借款方可以申请展期，展期申请获得批准的需重新签订政府贷款合同；借款方未申请展期或展期申请未获批准或展期届满时，特定金融机构应当主动通知借款方及时偿还贷款本息。对于逾期未偿还的贷款，除了收回正常的本息外，还应当按照合同的约定或有关规定收取逾期违约金或者罚息。

需要指出的是，由于特定金融机构对政府贷款合同履行的监管属于"特权"的范畴，监管不当或怠于监管必然给借款方的私体利益和社会公共利益造成损害，因而对监管进行行政法的制约显得很有必要；同时要通过强化对监管行为的司法审查力度，健全行政赔偿、补偿机制，来实现特定公共利益与借款方私体利益的统一、和谐与最大化。

六、政府贷款合同争议纠纷及其解决机制

因政府贷款引发的争议纠纷大致包括两类：一类是政府贷款合同争议纠纷，一类是侵权争议纠纷。这两类争议纠纷的解决机制是不同的。

政府贷款合同争议纠纷是指双方当事人之间因订立及履行政府贷款合同发生的争议纠纷，其核心是合同当事人因违约引起的

争议纠纷。对于贷款方来说,其违约行为主要表现为:在合同订立后未按合同约定向借款方提供贷款;违反合同约定,提前收回贷款本息;对于借款方来说,其违约行为主要表现为:借款方未按合同约定的规划和用途使用贷款或擅自挪用贷款;未按合同的约定按期归还贷款;未按合同约定完成特定的项目或建设;贷款期限届满,借款方不申请展期或展期申请未获批准或展期届满,拒不偿付贷款本息;等等。

对于政府贷款合同订立、履行过程中出现的争议纠纷,可以采用如下解决机制:(1) 和解。所谓"和解",是指发生合同争议以后,合同各方当事人直接进行磋商,在互相谅解的基础上解决争议的一种方式〔1〕。政府贷款合同争议纠纷出现后,贷款方与借款方之间可以本着平等、自愿的精神对争议纠纷进行和解。这样可以弥合双方的情感和心理冲突,为合同的顺利订立和切实履行提供条件。(2) 调解。政府贷款合同双方当事人除了可以自行和解之外,还可选择彼此都接受的第三方(非法院或仲裁机构)就合同争议纠纷进行调解。(3) 仲裁。政府贷款合同双方当事人不愿和解、调解或者和解、调解失败,可根据合同约定或事后达成的仲裁协议,向仲裁机构申请仲裁,仲裁裁决对双方当事人具有法律效力。(4) 行政裁决。对于政府贷款合同争议纠纷,双方还可以约定由专业行政裁决机构或者国务院专门设立的行政裁决机构解决(双方当事人对行政裁决不服,可以提起行政复议或行政诉讼)。(5) 民事诉讼。对于政府贷款合同争议纠纷,合同双方当事人均可以向人民法院提起民事诉讼,通过诉讼解决双方之间的合同争议。

对于贷款方因行使监督特权引起的争议纠纷,因该类争议纠纷本质上属于公权力的行使,因而,这类争议不属于合同争议,而

〔1〕 来奇.借款合同.北京:中国民主法制出版社,2003.142.

是一种行政争议,借款方如对该权力的行使有异议,应当通过行政复议与行政诉讼解决该争议,由于贷款方的行为违法而侵犯了借款方的合法权益的,贷款方应当根据《国家赔偿法》的规定承担相应的行政赔偿责任。

附：我国主要政府合同示范文本

一、《城市供水特许经营协议》示范文本

第一章 总 则

为加强城市供水企业管理，保证城市用水安全和供水企业的合法权益特签订本协议。（注：请根据项目具体情况，简单介绍本协议签署的目的、原则、过程，及本协议的主要内容）

第一条 根据（注：请填入本协议的法律依据），和本协议第二条所述双方于________年____月____日在中国________省（自治区）________市（县）签署本协议。

第二条 协议双方分别为：经中国________省（自治区）________市（县）人民政府授权（注：该授权可以通过以下两种形式，(1) 该人民政府发布规范性文件；(2) 该人民政府就本协议事项签发授权书），中国________省（自治区）________市（县）人民政府________局（委）（下称甲方），法定地址：________，法定代表人：________，职务：________；和________公司（下称乙方），注册地点：________，注册号：________，法定代表人：________，职务：________，国籍：________。

第二章 定义与解释

第三条 名词解释：

中国：文本中的中国仅指中国大陆，不包括中国的香港特别行政区、澳门特别行政区和台湾地区。

法律：指所有适用的中国法律、行政法规、地方性法规、自治条例和单行条例、规章、司法解释及其他有法律约束力的规范性文件。

供水工程：是指以管道及其附属设施向单位和居民的生活、

生产及其他各项建设提供用水的工程设施，包括：专用水库、引水渠道、取水口、泵站、井群、输(配)水管网、净(配)水厂、水站、进户总水表等，详见本协议第十二条和十三条的规定。(注：本定义是假设乙方负责取水、净水、送水和出厂输水给终端用户而规定的，请根据具体情况进行相应修改)

特许经营权：是指本协议中甲方授予乙方的、在特许的经营期限和经营区域范围内设计、融资、建设、运营、维护供水工程、向用水户提供服务并收取费用(注：请根据乙方是否负责向终端用户供水而相应修改)的权利。

生效日：指本协议条款中双方约定的本协议生效日期。

特许经营期：是指从本协议生效日开始的________年期间，可根据本协议延长。

特许经营区域范围：是指实施本协议时附件________《工程和特许经营区域范围》规定的经营和服务区域范围。

不可抗力：是指在签订本协议时不能合理预见的、不能克服和不能避免的事件或情形。以满足上述条件为前提，不可抗力包括但不限于：

(1) 雷电、地震、火山爆发、滑坡、水灾、暴雨、海啸、台风、龙卷风或旱灾；

(2) 流行病、瘟疫；

(3) 战争行为、入侵、武装冲突或外敌行为、封锁或军事力量的使用，暴乱或恐怖行为；

(4) 全国性、地区性、城市性或行业性罢工；

(5) 由于不能归因于乙方的原因引起的供水工程供电中断；

(6) 由于不能归因于乙方的原因造成的原水水质恶化或供应不足。

日、月、季度、年：均指公历的日、月份、季度和年。

建设期：是指从本协议生效日至最终完工日的期间。

运营期：是指从最终完工日（注：适用于新建项目）或开始运营日（注：适用于已经投产项目）起至移交日的期间。

工程综合设计供水能力：是指按供水设施取水、净化、送水、出厂输水干管等环节设计能力计算的综合生产能力。计算时，以四个环节中能力最小的环节确定工程综合设计供水能力。

移交：是指乙方根据本协议的规定向甲方或其指定机构移交供水工程。

移交日：是指特许经营期届满之日（适用于本协议期满终止）或根据本协议第一百二十七条规定确定的移交日期（适用于本协议提前终止）。

营业日：是指中国除法定节、假日之外的日期，若支付到期日为非营业日，则应视支付日为下一个营业日。

批准：指乙方为履行本协议需从政府部门获得的许可、执照、同意、批准、核准或备案。

法律变更：指中国立法机关或政府部门颁布、修订、修改、废除、变更和解释的任何法律；或者甲方的任何上级政府部门在本协议签署日之后修改任何批准的重要条件或增加任何重要的额外条件，并且上述任何一种情况导致：

（1）适用于乙方或由乙方承担的税收、税收优惠或关税发生任何变化；

（2）对供水工程的融资（包括有关外汇兑换和汇出）、设计、建设、运营、维护和移交的要求发生任何变化。

建设：指按本协议建设供水工程。（注：适用于包含或将来可能发生的新建项目或工程）

环境污染：指供水工程、供水工程用地或其任何部分之上、之下或周围的空气、土地、水或其他方面的污染，且该等污染违背或不符合有关环境的适用法律或国际惯例。

最终完工证书：指根据第________条颁发或视为颁发的

证书。

最终完工日：指最终完工证书颁发或视为颁发之日。

计划最终完工日：详见附件________《工程进度》。

最终性能测试：指第________条所述的确认供水工程具有安全、可靠、稳定性能的测试。

融资交割：当下述条件具备时，为完成融资交割：

(1) 乙方与贷款人已签署并递交所有融资文件，融资文件要求的获得首笔资金的每一前提条件已得到满足或被贷款人放弃；

(2) 乙方收到融资文件要求的股权投资人的认股书或股权出资。

融资文件：指经有关政府部门依适用法律批准的并报甲方备案的、与项目的融资或再融资相关的贷款协议、票据、契约保函、外汇套期保值协议和其他文件，及担保协议，但不包括：（注：如乙方的水价或提前终止补偿条款与贷款文件有密切联系，则应规定"贷款文件应取得甲方同意"）

与股权投资者的认股书或股权出资相关的任何文件，或

与提供履约保函和维护保函相关的文件。

贷款人：指融资文件中的贷款人。

维护保函：指乙方根据第________条向甲方提供的维护保函。

进度日期：指附件________《工程进度》中所述的日期。

终止通知：指根据第________条发出的通知。

计划开始运营日：指双方确定的、预计供水工程可以开始运营的日期，即________年________月________日。（注：适用于已经投产的项目，对于新建项目，该日期应与计划最终完工日为同一日期）

开始运营日：指乙方根据第________条向甲方发出供水工程已准备就绪可以开始运营的书面通知中明确之日。（注：适用于

已经投产的项目，对于新建项目，该日期应与最终完工日为同一日期）

履约保函：指乙方按照第________条向甲方提供的履约保函。

前期工作：指第________条所述的工作。

初步完工通知：指根据第________条发出的通知。

初步完工证书：指根据第________条颁发或视为颁发的证书。

初步性能测试：指第________条所述的确保项目设施达到技术标准、规范和要求及设计标准的测试。

谨慎运营惯例：指在熟练和有经验的中国的供水企业在运营类似于本供水工程的项目中所采用或接受的惯例、方法和做法以及国际惯例和方法。

担保协议：指由乙方与贷款人签订的、有关政府部门依适用法律批准、并经甲方同意的向贷款人提供的在乙方股东持有的乙方公司股权或乙方拥有的任何财产、权利或权益之上设置抵押、质押、债权负担或其他担保权益的任何协议。

项目合同：指本协议、融资文件、与本供水工程项目的设计、重要设备原材料采购、施工建设、监理、运营维护及其他相关合同。

允许供水通知：指根据第________条发出或视为发出的通知。

允许供水日：指允许供水通知发出或视为发出之日。

项目：指乙方根据本协议设计、融资、建设、运营、维护供水工程，向用水户提供服务并收取费用。

第三章　协议的应用

第四条　各方同意本协议是乙方在特许经营期内进行项目融资、设计、建设、运营、维护、服务的依据之一，也是甲方按照本协议对乙方在特许经营期内的经营行为实施监管的依据之一。

第五条 本协议并不构成甲方和乙方之间的合营或合伙关系。

第六条 本协议并不限制或以其他方式影响甲方行使其法定权力。

第七条 当以下先决条件满足或被甲方书面放弃时,甲方开始履行本协议项下义务:

(1) 乙方已向甲方提交了符合本协议要求的履约保函;

(2) 融资交割完成;

(3) 有关项目合同依适用法律获得批准;

(4) 乙方已经按第十四章购买保险;

(5) 已营运的城市供水企业还应当:

① 依法清产核资、产权界定、资产评估、产权登记,并依适用法律获本城市人民政府相关部门批准;

② 职工安置方案按法定程序获得批准;

③ 按附件________《项目和企业相关批准文件》的约定交割完资产资金,须担保、质押等文件依适用法律获得批准;

④ 已经取得依法应当取得的其他批准文件。

如果因乙方原因未能在生效日后____日内满足前述先决条件,则甲方有权提取履约保函项下的所有款项,并有权终止本协议。

第八条 甲方和乙方声明和保证如下:

(1) 他们有权签署本协议并按本协议履行义务,所有为授权其签署和履行本协议所必需的组织或公司内部行动和其他行动均已完成;

(2) 本协议构成甲方和乙方的有效、合法、有约束力的义务,按其条款依适用法律对其有强制执行力;

(3) 签署和履行本协议不违反甲方或乙方应遵守的任何适用

法律或对甲方或乙方有约束力的其他任何协议或安排。

第九条 未经甲方书面同意,乙方不得:

(1) 从事本协议规定特许经营权以外的任何经营活动;

(2) 将依本协议所取得的土地使用权用于供水工程以外的任何其他用途。

第十条 乙方有义务且必须就由于建设、运营和维护供水工程设施而造成的环境污染及因此而导致的任何损害、费用、损失或责任,对甲方予以赔偿。但若所要求的损害、费用、损失或责任是由甲方违约所致或依本协议乙方不承担责任的环境污染除外。

第十一条 本协议自双方法定代表人或授权代表人签字并加盖公章之日起生效,特许经营期限为________年,即自____年____月________日起至________年____月____日止。如果出现下述情况影响到本协议的执行,有关的进度日期应相应延长,同时,甲方应选择支付补偿金,或调整供水价格,或相应延长特许经营期:

(1) 不可抗力事件;

(2) 因甲方违约而造成延误;

(3) 在供水工程建设用地上发现考古文物、化石、古墓及遗址、艺术历史遗物及具有考古学、地质学和历史意义的任何其他物品;

(4) 因法律变更导致乙方的资本性支出每年增加______元人民币或收益性支出每年增加______元人民币。

第四章 供水工程项目

第十二条 供水工程名称为________,规模为________万万立方米/日。

第十三条 供水工程项目包括(净(配)水厂、管网及相关附属设施等)。工程位于________国________省________市______地区,其确切位置见附件____《工程和经营服务范围》。(注:该

表述是假设乙方负责取水、净水、送水和出厂输水给终端用户而规定的，请根据具体情况进行相应修改)

第十四条 工程项目最终批复的施工设计文件为工程建设和竣工的依据。(注：只适用于新建项目)

第十五条 工程造价为________万元人民币，建设期利息为________万元人民币，工程总造价为________万元人民币，见附件____《工程和特许经营区域范围》，如有追加，应经甲方批准。(注：只适用于新建项目)

第十六条 除本协议规定的其他义务外，乙方在特许期内负责：

(1) 工程项目的设计与工程技术服务、采购、建造、运营和维护；(注：本项只适用于新建项目)

(2) 建设工程项目的所有费用及所有必要的融资安排；(注：本项只适用于新建项目)

(3) 承担供水工程前期工作和永久性市政设施建设和其他工作的费用。(注：请根据具体情况进行相应修改)

第十七条 除本协议规定的其他义务外，在遵守、符合中国法律要求的前提下，甲方负责协助、监督、检查乙方实施以下工作，但甲方并不因其承担有关协助、监督、检查工作而承担任何责任，且并不解除或减轻乙方应承担的任何义务或责任：

(1) 监督和检查供水工程的设计、建造、运营和维护；

(2) 协助乙方获得设计、建造、运营和维护供水工程所需的所有批准；

(3) 协助乙方取得供水工程场地的土地使用权；

(4) 协助乙方完成前期工作和永久性市政设施建设和其他工作，包括：① 安置受建设影响的居民和其他人，拆除需要建设供水工程场地上的任何建筑物或障碍物；② 供水工程建设所需的临时或永久用电、供水、排水、排污和道路。(注：本条只适用于新建

项目）

第十八条 在生效日后七(7)个营业日内，乙方必须向甲方提交格式为附件____

《履约保函和维护保函格式》的或甲方同意的其他格式的履约保函。

履约保函必须由甲方可接受的金融机构出具，金额为______万元人民币。（注：本条只适用于新建项目）

第十九条 乙方必须确保于生效日后七(7)个营业日之内实现融资交割，并在融资交割时向甲方交付所有已签署的融资文件复印件，以及甲方可能合理要求的表明融资交割已实现的任何其他文件。

第五章 供水工程设计和建设

（注：本章只适用于新建工程）

第二十条 乙方必须按照经投资管理部门核准的项目申请报告、附件________《工程和特许经营区域范围》所述项目范围、附件________《技术规范和要求》所述技术标准、规范和要求、附件________《设施维护方案》所述维护方案、附件________《工程技术方案》所述技术方案，自费完成供水工程的初步设计。

第二十一条 未经有关政府部门书面批准，不对经批准的初步设计进行实质性修改。

第二十二条 乙方必须按照初步设计和初步设计批复文件、附件________《工程和特许经营区域范围》所述项目范围、附件______《技术规范和要求》所述技术标准、规范和要求、附件________《设施维护方案》所述维护方案、附件________《工程技术方案》所述技术方案，自费完成供水工程设施的施工图设计。

第二十三条 乙方必须随时将施工图设计已编制的部分提交甲方审查,并且在提交施工图设计之后的________工作日内未经甲方批准,不得将施工图设计文件用于建设。

第二十四条 乙方必须按照提交给甲方的施工图设计、附件________《工程和特许经营区域范围》所述项目范围、附件________《技术规范和要求》所述技术标准、规范和要求、附件________《设施维护方案》所述维护方案、附件________《工程技术方案》所述技术方案,自费建设供水工程设施。

乙方可以将供水工程设计和施工分包给具有相应资质的设计、施工机构,完成供水工程设施的建设。但乙方在本协议项下的任何义务不因分包行为而免除、减轻或受其他影响。

第二十五条 乙方必须按附件________《工程进度》规定的日期开始工程建设和实现最终完工并向甲方提交工程建设方案,工程建设方案应合理、详细地反映为实现最终完工日而计划的活动、活动次序和期限。

乙方若修改工程建设方案,则必须将修改稿提交给甲方,修改稿应合理详细地反映对活动、活动次序和期限的修改。

第二十六条 对用于建设的材料和主要设备在离开制造厂前,乙方必须按适用法律安排测试和检验。

乙方应在对材料和主要设备进行每次测试和检验前合理的时间内通知甲方。

甲方的代理人或代表有权参加测试和检验,但是如果甲方未提出书面反对,或未对乙方通知予以答复,并且在通知测试和检验的时间没有到场,则测试和检验可以在甲方的代理人或代表缺席的情况下进行。

乙方在完成测试和检验后,应立即向甲方提交关于测试和检验程序和结果的报告。

甲方在收到上款所述报告后,可书面通知乙方:

(1) 对测试和检验结果满意；或者

(2) 说明测试和检验的程序或结果不符合规定或要求的情形。

甲方检验并接受用于建设的材料和主要设备的任何部分，并不解除或减轻乙方在供水工程设施建设过程中应承担的所有义务或责任。

第二十七条 乙方必须将有关供水工程设计和建设的所有技术数据，包括设计报告、计算和设计文件，随进度在编制完成后立即提交给甲方，以使甲方能监督项目设施的设计和建设进度。

乙方向甲方保证，乙方对其用于供水工程设施的设计、建设且作为知识产权客体的初步设计、施工图设计和任何其他文件，拥有所有权或使用权。

乙方给予甲方不可撤销的、非独占的许可，使用本条第二款所述的任何文件：

(1) 用于供水工程的目的，包括但不限于本协议因任何原因终止、移交后，甲方继续对供水项目进行建设、运营和维护；

(2) 参加与本供水工程类似的供水工程的设计和建设方面的会议。

第二十八条 工程开工之日的下一月起，每月的第一天(如遇节假日顺延)，乙方应向甲方供水工程建设进度报告。报告应详述：上一个月已完成的和在建的供水工程情况；预计本月完成建设情况；距离计划最终完工日期的进展情况；预计完成建设的时间；以及甲方合理要求的其他事宜。

第二十九条 除政府部门依照适用法律进行的监督检查以外，甲方的代理人或代表可在建设期间经合理的通知，在乙方代理人或代表参加的情况下对建设进行监督检查。

甲方的代理人或代表监督和检查的费用由甲方承担，除非监督和检查的结果表明建设、材料、设备或机器存在任何重大缺陷，在此情况下,乙方应承担监督和检查的费用。

第三十条 乙方必须:

(1) 确保甲方的代理人或代表可以进入供水工程设施、供水工程设施用地,但该等进入不应妨碍建设;并且

(2) 应甲方的代理人或代表要求,提供图纸和设计资料。

第三十一条 甲方有权在最终完工日之前的任何时候,要求乙方改正或更换不符合下列条件的任何建设工程、材料或机器设备:

(1) 提交给甲方的施工图设计;

(2) 附件________《工程和特许经营区域范围》所述的项目范围;

(3) 附件________《技术规范和要求》所述的技术标准、规范和要求;或

(4) 附件________《设施维护方案》所述的维护方案。

并且,甲方必须书面通知乙方,并说明理由。

第三十二条 在收到第三十一条所述通知后,乙方必须在合理期限内采取所有必要措施改正建设工作或更换合适的材料和机器设备,并且乙方必须承担费用和支出,并对改正措施造成的工期延误负责。

第三十三条 乙方必须在建设初步完工前合理时间内提前向甲方发出初步完工通知,告知预计可以开始初步性能测试的日期(并且初步性能测试日期必须在发出通知后的________工作日后)。

第三十四条 乙方必须按照附件________《技术规范和要求》在出具初步完工通知后,进行初步性能测试。

甲方的代理人或代表有权参加初步性能测试,但如果甲方未对初步完工通知提出书面异议或作出回复,并且在通知的初步性能测试的时间没有到场,则初步性能测试可在甲方的代理人或代

表缺席的情况下进行。

第三十五条 初步性能测试完成之后，乙方必须立即向甲方提交一份报告，列明初步性能测试的程序和结果。

第三十六条 甲方收到第三十五条所述报告之后：

(1) 如初步性能测试的结果符合本协议要求，应发出初步完工证书；或者

(2) 如初步性能测试的结果不符合本协议要求，应书面通知初步性能测试的程序或结果不符合规定或要求的情形。

如果甲方在收到第三十五条所述报告之后________工作日之内不向乙方发出上述有关不符合情况的通知，应视为甲方对初步性能测试结果表示满意（或认可）。

第三十七条 如果供水工程设施未通过初步性能测试，乙方必须：

(1) 采取所有必要的改正措施补救不符合情况；并

(2) 至少提前________工作日向甲方发出书面通知，重复初步性能测试。

乙方必须承担费用和支出并对因上述改正措施和重复初步性能测试而发生的延误负责。

第三十八条 以有关政府部门和机构依适用法律完成项目工程各项验收为前提，在甲方发出初步完工证书或按第三十六条测试结果被视为满意（或认可）之后________工作日内，乙方必须书面通知甲方有关完工检查的日期和时间（完工检查日期应在发出初步完工通知________工作日后）。

甲方的代理人或代表有权参加完工检查，但如果甲方未对通知提出书面异议或作出回复，并且在通知的完工检查的时间没有到场，则完工检查可在甲方的代理人或代表缺席的情况下进行。

第三十九条 在完工检查之后________工作日内，甲方应将供水工程的建设工作、材料、设备或机器中存在的所有缺陷详细列

明并书面通知乙方。

如果甲方不参加完工检查,或者未在完工检查结束后______工作日之内向乙方发出有关缺陷的通知,则应视为供水工程的建设工作、材料、设备和机器已令甲方满意(或认可)。

第四十条 如果甲方向乙方发出上述有关缺陷的通知且乙方无异议,乙方必须改正所有缺陷。

甲方可对有关缺陷通知中列明的缺陷进行进一步的完工检查。

第四十一条 在完工检查后的________工作日内,如果初步性能测试和完工检查的结果令甲方满意(或认可)或视为令甲方满意(或认可),甲方应发出允许供水通知。

第四十二条 只有在以下各项均已发生之后,乙方方可向甲方和有关政府部门发出供水工程可以开始试运营的书面通知:

(1) 甲方已发出允许供水通知;

(2) 甲方书面通知乙方其已收到或放弃收取以下各项: ① 运营供水工程所需的所有批准均充分有效的书面证明;② 证明运营保险完全有效并符合本协议要求的证明的复印件;③ 乙方已签署项目设施运营维护所需的化学品和零件供应合同的书面证明。

第四十三条 在开始试运营日后________日内,乙方必须按照附件________《技术规范和要求》进行最终性能测试。

甲方的代理人或代表有权参加最终性能测试,但如果甲方不提出书面反对,或未作回复并且在通知的最终性能测试的时间没有到场,则最终性能测试也可在甲方代理人或代表不参加的情况下进行。

第四十四条 在完成最终性能测试且办理完毕竣工验收备案手续后,乙方必须立即向甲方提交有关最终性能测试的程序和结果的报告(包括但不限于竣工验收备案文件)。

收到上款所述报告后,甲方可以书面通知乙方,表示最终性能测试的结果符合本协议要求并发出最终完工证书,或认为与报告中所述的最终性能测试的程序或结果不符合规定或要求的情形。

如果甲方未在收到报告后________工作日内向乙方发出上述不符合通知,则最终性能测试结果视为符合本协议要求。

第四十五条 如果供水工程未通过最终性能测试,则乙方必须采取所有必要的改正措施来补救不符合情况,并应在至少提前________工作日向甲方发出书面通知后,重复最终性能测试。

乙方必须承担上述改正措施和重复最终性能测试的费用和支出,并对因上述改正措施和重复最终性能测试而发生的延误负责。

第四十六条 如果最终性能测试符合本协议要求且乙方办理完毕竣工验收备案手续,但甲方不按照第四十四条第二款发出最终完工证书,则最终完工证书在上述________工作日期满时视为发出。

第四十七条 如果甲方① 检查和验收供水工程建设工作、材料、机器或设备的全部或任何部分;② 颁发允许供水证书;或③ 颁发最终完工证书,这些行为均不得解除乙方对供水工程的设计和建设所应承担的任何义务或责任。

第四十八条 供水工程最终完工后,乙方应当将供水工程项目外所受工程影响的地上和地下建筑物恢复到工程施工前的相应状态;乙方不能实施的,甲方可指定机构代为实施,所需费用由乙方承担。

第四十九条 在最终完工日后一个月内,乙方必须向甲方提交下列资料(并按照适用法律归档):(1) 供水工程有关的图纸(包括打印件和电脑磁盘)一式三份;

(2) 所有设备的技术资料和图纸(包括设备随机图纸、文件、说明书、质量保证书、安装记录、质量监督和验收记录)一式三份;

(3) 甲方合理要求的与本供水工程有关的其他技术文件或资料一式三份。

第五十条 甲方和乙方承认政府有关部门可依适用法律参加

供水工程的测试和检查。

第五十一条 如果由于乙方违约造成的延误,使供水工程开始运营日或最终完工日延误,则乙方必须按________元人民币/日向甲方支付预定违约金直至开始运营日或最终完工日或本协议终止日(以先发生者为准)。

甲方获得这些预定违约金的权利,并不影响其终止本协议的权利。

第五十二条 如果除甲方违约事件或不可抗力事件以外的任何原因,乙方出现下列情况之一,则建设应视为已被放弃:

(1) 书面通知甲方终止建设,且并不打算重新开始建设的决定;

(2) 未在生效日期后________日内开始建设;

(3) 未在任何不可抗力事件结束后________日内恢复建设;

(4) 停止建设连续或累计达________日;

(5) 在允许供水日前直接或通过建设承包商从供水工程设施用地撤走全部或大部分的工作人员,并且在建设停止之日后________日内未更换建设承包商;

(6) 未在允许供水日后________日内达到最终完工日;及

(7) 未在计划最终完工日后________日内实现最终完工。

第五十三条 如果由于除甲方违约事件或不可抗力以外的任何原因,乙方放弃或被视为放弃建设,乙方必须向甲方支付第五十一条项下应付的金额,且甲方有权提取履约保函项下未提取的金额,作为乙方放弃或被视为放弃建设的预定违约金。

甲方行使该等权利不影响其终止本协议的权利。

第五十四条 为获取预定违约金的支付,甲方可以从履约保函中提款,直至履约保函金额全部提取完。

在履约保函的金额全部提取完后,乙方就延误到达最终完工日或开始运营日或放弃建设,对甲方不再有进一步的责任。

第五十五条 在下述日期中较迟的日期到来时，甲方应解除尚未提取的履约保函项下的金额：

(1) 最终完工日后的________个月届满之时；

(2) 乙方根据第______条向甲方提交维护保函之日。

如果在解除履约保函之前本协议终止，则履约保函应在本协议终止后________个月期限内保持有效。

第五十六条 乙方对于为移走在供水工程设施用地上发现的考古文物、化石、古墓及遗址、艺术历史遗物及具有考古学、地质学和历史意义的任何物品而发生的任何额外费用不承担责任。

第六章 供水工程的运营与维护

第五十七条 在特许经营期内，

(1) 乙方享有以下权利和义务：① 依据适用法律独家向特许经营区域范围内用户供水，合法经营并取得合理回报；② 根据社会和经济发展的情况，保障特许经营区域范围内水厂的运行、供水管网的正常维护以及特许经营区域范围内用户供水服务；③ 根据中国法律和本协议的要求满足用户用水水质、水量、水压、供水服务需求；④ 履行协议双方约定的社会公益性义务；⑤ 除本协议另有规定外，应当将项目合同报甲方备案；⑥ 法律和本协议规定的其他权利和义务。

(2) 甲方享有以下权利和义务：① 对乙方的供水服务进行监督检查；② 结合经济社会发展需要，制定供水服务标准和近、远期目标，包括水质、水量、水压以及维修、投诉处理等各项服务标准；③ 制订年度供水水质监督检查工作方案，对乙方的供水水源、出厂水及管网水质进行抽检和年度综合评价；④ 受理用户对乙方的投诉；⑤ 维护特许经营权的完整；⑥ 法律、规章和本协议规定的其他权利和义务。

第五十八条 乙方经营的供水工程目前净(配)水能力为__

______万立方米/日。见附件________《工程和特许经营区域范围》。

第五十九条　乙方应按照城市规划和供水规划的要求制订经营计划(包括供水计划、投资计划),并经甲方同意后方可实施。经营计划的修改须经甲方同意。

第六十条　乙方于开始运营日起________日内向甲方呈报第一个五年和年度经营计划。每个五年计划执行到期前六个月应向甲方提交下一个五年经营计划,每年十月底以前向甲方提交下一年度的经营计划。

甲方在收到乙方五年经营计划后三个月内、在收到年度经营计划后一个月内作出审查实施决定。

第六十一条　乙方应在每年第一季度向甲方提交上一年度的经营情况报告并保证报告内容准确真实。报告内容应包括投资和经营计划的执行情况、运营状况、财务报告、规范化服务和供水服务承诺实施以及本年度服务目标等。

乙方应将经营报告的主要内容以适当方式向社会公布。

第六十二条　在履约保函到期或解除之前,乙方必须向甲方提交不可撤销的、独立于本协议的有效的维护保函。其格式应为附件________《履约保函和维护保函格式》规定的格式,或可为甲方接受的其他格式。

第六十三条　维护保函的出具人为可为甲方接受的金融机构,并且保函金额为________万元,作为乙方履行本协议项下义务的保证。

第六十四条　如果甲方在特许经营期提取维护保函项下的款项,乙方必须在提取后________工作日内将维护保函的数额恢复到第六十三条所述之金额,并向甲方提供维护保函已恢复至该数额的证据。

乙方必须在特许经营期结束前________个月将维护保函增加

至________万元。

第六十五条 如果乙方没有遵守第六十四条的规定，并且乙方在收到甲方有关未遵守的书面通知后________个营业日内未予以纠正，甲方有权提取维护保函下的剩余款额和终止本协议。

第六十六条 甲方行使提取维护保函金额的权利不损害其在本协议项下的其他权利，并且不应解除乙方不履行本协议义务而对甲方所负的任何进一步的责任和义务。

第六十七条 乙方应对取水设施、净水厂、加压泵站、主干供水管网等主要供水工程的状况及性能进行定期检修保养，并于每年________月和________月向甲方提交设施运行情况报告。

第六十八条 乙方必须在特许经营期内按照附件________《设施维护方案》所述维护方案和附件________《工程技术方案》所述技术方案运营维护供水工程设施。

第六十九条 在运营期内如供水工程设施的任何部分需要替换，乙方必须支付必要的额外金额用以购买和安装替换部分，并将替换情况说明报甲方备案。

第七十条 在特许经营期内如乙方需要建造新的供水工程时，必须经________市政府书面批准，其建设费用应由乙方承担。并应由双方根据本协议下第五章所述条款规定的原则签署补充协议。

第七十一条 乙方必须保证水净化处理设备、设施满足净水工艺的要求。在净化处理各工序（车间），应配备相应的水质检测手段。

第七十二条 乙方必须制定保障设备、设施正常运行及保证人身安全的技术操作规程、岗位责任制以及相关的安全制度，并负责组织实施。

第七十三条 乙方的运行操作人员必须按国家有关规定持证上岗。

第七十四条 乙方必须具备保证供水设施设备完好的定期检查、维护和故障抢修程序及手段。

第七十五条 乙方必须保证从事制水的人员按国家规定经过严格体检,无任何传染疾病。

第七十六条 乙方必须建立完整齐全的主要设备、设施档案并与实物相符。管网应具有大比例区切块网图,有完整阀门卡。

第七十七条 乙方必须建立生产、经营、服务全过程规范的原始记录、统计报表及台帐。

第七十八条 乙方保证出厂水量、电耗、物耗准确计量,并按适用法律及时校准相关计量器具。

第七十九条 为确保乙方履行本协议的义务,在不妨碍乙方正常运营和维护项目设施的情况下,甲方的代理人或代表有权在任何时候进入供水工程用地和接近相关设备进行监督检查。

第八十条 甲方或其代理人或代表可要求乙方提供下列资料:

(1) 净水和原水质量的检测分析报告;

(2) 设备和机器的状况及设备和机器的定期检修情况的报告;

(3) 财务报表;

(4) 重大事故报告;

(5) 计量器具校核证明文件;

(6) 甲方认为需要提供的其他资料。

第八十一条 如果乙方违反其在本协议项下运营和维护供水工程的义务,甲方可就该违反行为向乙方发出书面通知。乙方在接到上述通知后应:

(1) 对供水工程设施进行必要的纠正性维护;或者

(2) 书面通知甲方其对通知内容有异议,争议应按照补偿与争议解决程序的规定解决。

第八十二条 如果根据争议解决程序，认定乙方未能按照本协议维护供水工程和履行本协议项下其他义务（包括但不限于第一百一十四条所规定的情形），并且乙方在补偿与争议解决程序规定的期限内未能补救，则甲方可以自行或指定第三方进行维护和运营供水工程，与维护和运营有关的风险和费用由乙方承担。乙方必须允许甲方及其指定的第三方的雇员、代理人和/或承包商及必要的工具、设备和仪器进入供水工程用地。

甲方应确保维护和运营工作尽量减少对供水工程运营的干扰。

第八十三条 如果乙方违反其运营维护供水工程的义务，则有关费用和开支必须由乙方承担。甲方有权提取维护保函金额，但是需将所发生的费用和开支的详细记录提交给乙方。

第八十四条 甲方有权对城市供水工程安全保护范围内危害供水工程安全的活动实施处罚。

第八十五条 经甲方同意，需要改装、拆除或迁移乙方经营的城市供水设施，甲方需与乙方进行协商并达成共识方可进行。

第八十六条 乙方应按照甲方的要求，制定保证在紧急情况下的基本供水的应急预案。并在供水紧急情况下，严格执行供水应急预案，服从甲方的调度。

第八十七条 乙方有权因启动供水应急预案而增加的合理成本向甲方提出补偿要求，甲方应选择支付补偿金，或调整水价，或延长特许经营期限给予补偿。

第八十八条 乙方应按照适用法律定时向甲方提供生产以及经营的统计数据。为了核实某些情况，甲可要求乙方对供水系统的性能和运转情况提供统计资料。

第八十九条 乙方应无条件地向甲方提供有关供水服务和成本的信息和相关解释。并应按甲方的要求，在甲方或其代理人或代表在场的情况下，对设备进行试验和检测，以核实设备的实际运转状况。

第七章 供水服务

第九十条 乙方应按照适用法律在特许经营区域范围内从事供水服务。

第九十一条 由于城市规划要求,甲方需要乙方提供另外供水服务,甲、乙双方应进行协商,努力就修改本协议达成共识。

第九十二条 乙方应保障每日24小时的连续供水服务,在因扩建及设施检修需停止供水服务时,应提前24小时通知用水户,因发生紧急事故或不可抗力,不能提前通知的,应在抢修的同时通知用水单位和个人,尽快恢复正常供水。停水时间必须在附件________《供水服务标准》规定的期限内。出现或可能出现下列情况时:

(1)一次暂停供水时间超过十二小时的,应当提前________日报告并取得甲方同意;

(2)需要对直径________毫米以上市政主干管道进行维修、造成供水影响较大的,应当提前________日报告并取得甲方同意;

(3)直接影响供水的重要设施、设备发生事故的,应当在发生事故后一小时内报告;

(4)由于不可抗力或者突发事故造成临时停水超过十二小时的,应当在发生事故后一小时内报告并采取临时供水措施。

第九十三条 乙方应按照本协议附件________《供水服务标准》,实施规范化供水服务,向社会公开水质、水量、水压等涉及供水服务的各项服务指标,接受社会的监督。

第九十四条 乙方必须建立、健全水质监测制度,保证城市供水水质符合中国国家标准和其他相关标准。

第九十五条 乙方应建立原水水质监测制度。对取用地表水原水的浊度、PH值、温度、色度等项目应每________日进行检测;对取用地下水的原水水质应每________日进行检测。对本地区原水需要特别监测的项目，也可列入检测范围，根据需要增加监测次数。

第九十六条 乙方应对出厂水和管网水进行检测。水质的检测项目、检测频率及采样点的设置应符合中国国家标准和其他相关标准。

第九十七条 乙方发现水质问题，应及时通知甲方。

第九十八条 甲方对乙方的供水水质进行全面监督检查并进行评估。乙方必须允许甲方代理人或代表进入供水工程，并配合甲方代理人或代表进行水质监督和检查活动。

第九十九条 乙方必须按照适用法律设置管网测压点，保证供水管网压力符合相应标准。

第一百条 乙方提供的供水服务，必须全部按表计量收费。乙方可以委托物业管理单位对用户实行抄表服务，但不免除自己应承担的供水责任。在同一供水服务范围内，乙方应保证同类用户交纳同一水费、接受同一供水服务。

第一百零一条 乙方应按有关规定与用户签订《城市供水用水合同》。

第一百零二条 中国法律另有规定的除外，乙方不得拒绝或停止向特许经营区域范围内符合城市规划及用水地点具备供水条件的用户供水。

第一百零三条 按照适用法律，乙方应向社会公布用水申请程序，并有义务向办理用水申请手续的用户提供咨询服务。

第一百零四条 除水费及政府明文规定的收费外，乙方不得向用户收取其他任何费用。

第一百零五条 乙方须建立营业规章并报甲方备案。

第一百零六条 按照甲方的要求，乙方应随时向甲方提供有关供水服务的书面报告，并作详细的说明。

第八章 收　费

第一百零七条 乙方向公众用户供水的价格实行政府定价。乙方按照________市人民政府批准的收费标准向其服务范围内的用水户收取费用。

本协议生效日时的综合水价是每立方米________元。生活用水每立方米________元,行政事业用水每立方米________元,工业用水每立方米________元,经营服务用水每立方米________元,特种行业用水每立方米________元。(注:本条适用于乙方直接向公众供水的情况)

第一百零八条 不同用水性质的用水共用一只计量水表时,除另有规定外,按从高使用水价计收水费。(注:本条适用于乙方直接向公众供水的情况)

第一百零九条 水费结算方式按照适用法律,实行周期抄验水表并结算水费。

第一百一十条 按照适用法律,双方同意水价调整原则、程序、时限在附件________《水价调整协议》中具体约定。

第一百一十一条 甲方协助有关部门按照适用法律制订城市供水收费标准、收费监督政策的调整计划。调整计划作为本协议的组成部分。

第一百一十二条 甲方有权对乙方经营成本进行监管,并对乙方的经营状况进行评估。(注:具体监管协议,各地根据实际情况在附件________《水价调整协议》中约定)

乙方因非乙方原因造成的经营成本发生重大变动时,可提出城市供水收费标准调整申请。甲方核实后应向有关部门提出调整意见。

第九章　特许经营权的终止与变更

第一百一十三条　特许经营期满，甲方授予乙方的特许经营权终止。

第一百一十四条　在特许经营期内，乙方有下列行为之一且未在收到甲方通知后________日内纠正的，甲方有权提前通知乙方提前终止本协议：

（1）擅自转让、抵押、出租特许经营权的；

（2）擅自将所经营的财产进行处置或者抵押的；

（3）因管理不善，发生重大质量、生产安全事故的；

（4）未根据本协议规定提供、更新、恢复履约保函或维护保函的；

（5）擅自停业、歇业，严重影响到社会公共利益和安全的；

（6）乙方出现第五十二条规定的放弃建设或视为放弃建设；及

（7）严重违反本协议或法律禁止的其他行为。

第一百一十五条　在特许经营期内，乙方拟提前终止本协议时，应当提前向甲方提出申请。甲方应当自收到乙方申请的 3 个月内作出答复。在甲方同意提前终止协议前，乙方必须保证正常的经营与服务。

第一百一十六条　甲方有权在乙方没有任何违约行为的情况下提前________日通知乙方提前终止本协议，但是应按照本协议支付补偿款项。

第一百一十七条　在特许经营期内，如甲方严重违反本协议规定且未在收到乙方通知后________日内纠正，则乙方有权通知甲方提前终止本协议。

第一百一十八条　未经乙方事先的书面同意，甲方不得转让或让与其在本协议项下的全部或任何部分权利或义务。但前述规定不得妨碍甲方的分立、或其同中国政府部委、部门、机构，或代理机构，或其同中国的任何行政下属机构，或任何中国国有企业或国有控股企业联合、兼并或重组，并且只要受让方或继承实体具有履行甲方在本协议项下义务的能力，并接受对履行甲方在本协议项下的权利和义务承担全面责任，不得妨碍甲方将其权利和义务移交给上述机构和公司。

第一百一十九条 未经甲方书面同意的情况下，乙方不得转让其在本协议下的全部或任何部分权利和义务。

第一百二十条 除下述第一百二十一条外，乙方不得对下列各项进行抵押、质押、设置任何留置权或担保权益，或以其他类似方式加以处置：

(1) 供水工程用地的土地使用权；

(2) 供水工程设施；

(3) 本协议项下权利；

(4) 供水服务所需的乙方的任何其他资产和权利。

第一百二十一条 为安排供水工程项目融资，乙方有权依适用法律以其在本协议项下的权利给贷款人提供担保，并且为贷款人的权利和利益在供水工程用地的土地使用权、供水工程设施或供水工程和服务所需的乙方的任何其他资产和权利上设抵押、质押、留置权或担保权益。但此类抵押、质押、担保权益设置（包括此类权益设置的变更）均须取得甲方书面同意。

第一百二十二条 乙方在开始运营日起________年后才能进行股东变更。（注：请协议各方根据具体情况协商确定，建议一般为 5 年）

第一百二十三条 如因任何原因乙方主要股东发生变更（实际持股数列前 2 位的股东变更，包括通过关联方持股使列前 2 位的股东发生变更），乙方必须书面通知甲方。

第十章　特许经营权终止后的移交

第一百二十四条　在第一百一十三条所述情况下，乙方在移交日应向甲方或其指定机构移交其全部固定资产、权利、文件、材料和档案，并确保该等固定资产、权利附件________《技术规范和要求》和附件________《工程技术方案》规定的功能标准要求。乙方在未正式完成交接前，应善意履行看守职责，保障正常生产和服务。

如本协议根据第一百一十四条和第一百一十五条终止，甲方应在乙方完成第一百二十七条规定的移交后________日内按照乙方在融资文件项下尚未偿还的贷款人的本金、利息、罚息和其他债务的金额补偿乙方，在任何情况下，该补偿金额应不超过按照甲方、乙方共同委托的资产评估机构对乙方移交的全部固定资产、权利所做评估的评估值。（注：(1) 甲方应视项目情况要求乙方的注册资本金应达到一定的比例；(2) 如项目公司是外商投资企业，其外资比例应符合国家外资准入政策。）

如本协议根据第一百一十六条或第一百一十七条终止，甲方应在乙方完成第一百二十七条规定的移交后________日内按照甲方、乙方共同委托的资产评估机构对乙方移交的全部固定资产、权利所做评估的评估值和乙方从移交日起________年的预期利润补偿乙方。（注：评估时应考虑乙方已经提取的固定资产折旧等因素）

第一百二十四条　在特许经营期满之前不早于________个月，乙方应对供水工程进行一次最后恢复性大修，并应在甲方在场时进行供水工程性能测试，测试所得性能数据应符合附件________《技术规范和要求》和附件________《工程技术方案》规定的功能标准要求。

第一百二十五条　乙方保证在移交日后十二个月内，修复由乙方责任而造成供水工程任何部分出现的缺陷或损坏。如果修理达不到附件________《技术规范和要求》和附件________《工程技术方案》规定的功能标准要求,甲方有权就供水设施性能降低而从维护保函中提取相应金额获得赔偿。

除非乙方的行为构成严重不当,乙方对甲方在上述保证期承担的责任应限于维护保函。

第一百二十六条 因法律变更导致任何一方根据第十三章提前终止本协议,甲方应在乙方完成第一百二十七条规定的移交后________日内按照下述金额或标准向乙方支付补偿:(注:双方根据项目具体情况公平合理地确定补偿金额或标准)

因不可抗力导致任何一方根据第十三章提前终止本协议,甲方应在乙方完成第一百二十七条规定的移交后________日内按照下述金额或标准向乙方支付补偿:(注:双方根据项目具体情况公平合理地确定补偿金额或标准)

第一百二十七条 如本协议提前终止,乙方应在收到甲方通知后____工作日内向甲方或其指定机构移交其全部固定资产、权利、文件和材料和档案,并确保这些固定资产和权利处于提前终止发生日的状态。乙方在未正式完成交接前,应善意履行看守职责,保障正常生产和服务。

因第一百一十四条和第一百十五条所述情况下的本协议提前终止给甲方增加的任何合理成本或费用,乙方应给予补偿。

第十一章　违约与赔偿

第一百二十八条 除本协议另有规定外,当协议一方发生违反本协议的行为而使非违约方遭受任何损害、损失、增加支出或承担额外责任,非违约方有权获得赔偿,该项赔偿由违约方支付。

上款所述赔偿不应超过违约方在签订本协议时预见或应当预见到的损害、损失、支出或责任。

如果违反本协议是由于不可抗力事件造成的，则甲方和乙方对此种违反不承担责任。

第一百二十九条　对于是否发生违反本协议的情况有争议，应按照在补偿与争议解决程序中规定的争议解决程序解决。

第一百三十条　非违约方必须采取合理措施减轻或最大程度地减少违反本协议引起的损失，并有权从违约方获得为谋求减轻和减少损失而发生的任何合理费用。

如果非违约方未能采取上款所述措施，违约方可以请求从赔偿金额中扣除本应能够减轻或减少的损失金额。

第一百三十一条　如果损失是部分由于非违约方的作为或不作为造成的，或产生于应由非违约方承担风险的另一事件，则应从赔偿的数额中扣除这些因素造成的损失。

第十二章　文　　件

第一百三十二条　甲方和乙方对获取的有关本协议和供水工程的所有资料和文件，必须保密。保密期至本协议期满或终止后________年。

第一百三十三条　对以下情况，第一百三十二条不适用：

(1)已经公布的或按本协议可以其他方式公开取得的信息；

(2)一方以不违反保密义务的方式已经取得的信息；

(3)以不违反保密义务的方式从第三方取得的信息；

(4)按照适用法律要求披露的信息；

(5)为履行一方在本协议项下义务而披露的行为。

第十三章　不可抗力和法律变更

第一百三十四条　由于不可抗力事件或法律变更不能全部或部分履行其义务时，任何一方可中止履行其在本协议项下的义务（在不可抗力事件或法律变更发生前已发生的应付且未付义务除外）。

如果甲方或乙方按照上款中止履行义务，其必须在不可抗力事件或法律变更结束后尽快恢复履行这些义务。

第一百三十五条 声称受到不可抗力或法律变更影响的一方必须在知道不可抗力事件或法律变更发生之后尽可能立即书面通知另一方，并详细描述有关不可抗力事件或法律变更的发生和可能对该方履行在本协议义务产生的影响和预计影响结束的时间。同时提供另一方可能合理要求的任何其他信息。

第一百三十六条 发生不可抗力事件时，任何一方必须各自承担由于不可抗力事件造成的支出和费用。

第一百三十七条 受到不可抗力事件影响或法律变更的一方必须尽合理的努力减少不可抗力事件或法律变更的影响，包括：

（1）根据合理判断采取适当措施并为此支付合理的金额；

（2）与另一方协商制定并实施补救计划及合理的替代措施以消除不可抗力的影响，并确定为减少不可抗力事件或法律变更带来的损失应采取的合理措施；

（3）在不可抗力事件或法律变更结束之后必须尽快恢复履行本协议义务。

第一百三十八条 如果不可抗力事件是由于不可抗力定义中第(6)项原水恶化或供应不足，且该不可抗力事件全部或部分阻止乙方按本协议履行义务的时间，

（1）从第一个原水恶化或供应不足之日起计算的连续______个月期间内连续或累计超过________日；

（2）如在紧接着的________个月期间该情形再次阻止乙方按本协议履行其义务超过________个连续或累计日，则甲方和乙方应通过协商决定继续履行本协议的条件或双方同意终止本协议。

如果甲方和乙方不能按上款所述就终止条件达成协议，甲方或乙方的任何一方可在上款(2)所述的________之后不少于____

日后的任何时间给予另一方书面通知后终止本协议。

第一百三十九条 如果不可抗力事件是由于不可抗力定义中第(6)项原水供应不足，且该不可抗力事件全部或部分阻止乙方按本协议履行义务的时间，从第一个原水恶化或供应不足之日起计算的连续________个月期间内连续或累计超过________日，则，如果融资文件要求，乙方可以在________日期满后不少于________日后的任何时间书面通知甲方终止本协议。

第一百四十条 如果任何其他不可抗力事件或法律变更全部或部分阻止甲方或乙方履行其在本协议义务的时间，在某一连续________个月期间连续或累计超过________日，双方必须协商决定继续履行本协议的条件。

第一百四十一条 如果甲方和乙方不能按第一百四十条所述就继续履行本协议的条件达成协议，则甲方或乙方可在第一百四十条所述的________日期满后不少于________日的任何时间，给予另一方书面通知后终止本协议。

第十四章 保　　险

第一百四十二条 在特许经营期内，乙方必须自费购买和维持附件________《保险》所述的保险。

未经甲方书面同意，乙方不得变更该等保险。

乙方必须使甲方列为保险单上的共同被保险人(受益人)和使所有保险单均注明保险商在取消保险或对之进行重大改变之前至少________日书面通知甲方。

第一百四十三条 乙方必须促使其保险公司或代理人向甲方提供保险证明，以证实按照第一百四十二条获得的保险及相关文件。

第一百四十四条 乙方未能按第一百四十二条、第一百四十三条要求投保或获得保险证明，不得减轻或以其他方式影响乙方依本协议应承担的义务和责任。

第一百四十五条 如果乙方不购买或维持根据第一百四十二条、第一百四十三条所要求的保险,则甲方有权购买该保险,并且有权根据本协议从履约保函或维护保函款项中提取需支付的保险费金额。

第十五章 通 知

第一百四十六条 本协议的任何通知应以中文书面形式给予,应派人送达或挂号邮寄、电传或传真发送,地址如下:甲方地址:________,电话:________,传真:________,邮政编码:________,收件人:________;乙方地址:____________,电话:________,传真:________,邮政编码:________,收件人:________。

任何一方如需改变上述通讯方式应提前________天书面通知另一方,另一方收到通知后这种改变即生效。

第十六章 争议解决

第一百四十七条 在本协议有效期限内,双方代表应至少每半年开会一次讨论供水工程的建设、运行以便保证双方的安排在互相满意的基础上继续进行。

第一百四十八条 对于甲方可能在任何司法管辖区主张的其自身、其资产或其收益对诉讼、执行、扣押或其他法律程序享有的主权豁免,甲方同意不主张该等豁免并且在法律允许的最大限度内不可撤销地放弃该等豁免。

第一百四十九条 双方同意,如在执行本协议时产生争议或歧义,双方应通过协商努力解决这种争议,如不能解决,双方同意按下述第________种方式解决:(注:只能选择一种方式)

(1) 任何一方应将该争议提交中国国际经济贸易仲裁委员会由其根据其届时有效的仲裁规则在________(注:可在北京、上

海、深圳中选择）进行仲裁；或

（2）任何一方应就该争议向人民法院提起诉讼。

第十七章 适用法律及标准语言

第一百五十条 本协议用中文书写，一式________份，双方各执________份。所有协议附件与本协议具有同等效力。

第一百五十一条 本协议受中华人民共和国法律管辖，并根据中华人民共和国法律解释。

第十八章 附 件

附件一、《工程和特许经营区域范围》（注：根据项目情况，分别确定工程情况和范围、经营服务范围）

附件二、《工程进度》

附件三、《履约保函和维护保函格式》

附件四、《项目和企业相关批准文件》（建设用地规划许可证、土地使用证、初步设计审批、建设工程规划许可证、外国设计商的资质审查及设计合同、设计承包合同的批准、外国建设承包商资格审批和资质证书、建设施工合同备案、建设工程施工许可证、环保设施的验收、竣工验收、卫生许可证、土地复垦验收、供水设施产权登记及其他权利登记、公司登记和营业执照、税务登记、财政登记、统计登记、海关登记备案、劳动管理有关事项、项目融资的批准和登记等）（注：请协议各方根据项目具体情况相应修改）

附件五、《技术规范和要求》（注：对于新建项目，应考虑包括初步性能测试和最终性能测试的要求）

附件六、《设施维护方案》

附件七、《保险》

附件八、《工程技术方案》

附件九、《原水供应协议或取水协议》

附件十、《水价调整协议》(注：各地可根据实际情况，考虑在财政监管和水价调整方面具体约定)

附件十一、《供水服务标准》

双方各自授权代表于________年____月____日签署本协议，以兹为证。

甲方：　　　　　　　　乙方：

______________________　　______________________

签字：　　　　　　　　签字：

法定代表人/授权代表　　法定代表人/授权代表

(公章)　　　　　　　　(公章)

二、《南京市政府(货物类)采购合同》示范文本

签订《南京市政府采购合同》须知

一、《南京市政府采购合同》是南京市财政局、南京市工商行政管理局根据《中华人民共和国合同法》和《中华人民共和国政府采购法》共同监制的合同示范文本。凡在本市范围内的委托集中采购机构(政府采购中心)通过招标方式(包括公开招标和邀请招标)采购纳入政府集中采购目录以内的货物,签订政府采购合同时,推荐使用本合同。

二、采购人或采购代理机构应在采购合同签订后7个工作日内将合同副本及补充协议报送政府采购监督管理部门备案。

三、本合同一旦签订即具有法律约束力,双方当事人应严格按照政府采购合同的约定全面履行合同,未经同意,不得擅自变更、中止和终止合同。

南京市政府采购合同
合同编号:
政府采购计划号:

采购人: （以下称甲方） 供应商: （以下称乙方）

住所地: 住所地:

采购代理机构:南京市政府采购中心

根据《中华人民共和国政府采购法》、《中华人民共和国合同法》等法律法规的规定,甲乙双方按照南京市政府采购中心的招

标结果签订本合同。

第一条 合同标的

乙方根据甲方需求提供下列货物：

货物名称、规格及数量详见“供货一览表”。

第二条 合同总价款

本合同项下货物总价款为________（大写）人民币，分项价款在“投标报价表”中有明确规定。

本合同总价款是货物设计、制造、包装、仓储、运输、安装及验收合格之前及保修期内备品备件发生的所有含税费用。

本合同总价款还包含乙方应当提供的伴随服务/售后服务费用。

本合同执行期间合同总价款不变。

第三条 组成本合同的有关文件

下列关于南京市政府采购________号的招投标文件或与本次采购活动方式相适应的文件及有关附件是本合同不可分割的组成部分，与本合同具有同等法律效力，这些文件包括但不限于：

（1）乙方提供的投标文件和投标报价表；

（2）供货一览表；

（3）交货地点一览表；

（4）技术规格响应表；

（5）投标承诺；

（6）服务承诺；

（7）中标或成交通知书；

（8）甲乙双方商定的其他文件。

第四条 权利保证

乙方应保证买方在使用该货物或其任何一部分时不受第三方提出侵犯其专利权、版权、商标权或其他权利的起诉。一旦出现侵权，乙方应承担全部责任。

第五条　质量保证

1. 乙方所提供的货物的技术规格应与招标文件规定的技术规格及所附的“技术规格响应表”相一致；若技术性能无特殊说明，则按国家有关部门最新颁布的标准及规范为准。

2. 乙方应保证货物是全新、未使用过的原装合格正品，并完全符合合同规定的质量、规格和性能的要求。乙方应保证其提供的货物在正确安装、正常使用和保养条件下，在其使用寿命内具有良好的性能。货物验收后，在质量保证期内，乙方应对由于设计、工艺或材料的缺陷所发生的任何不足或故障负责，所需费用由乙方承担。

第六条　包装要求

1. 除合同另有规定外，乙方提供的全部货物均应按标准保护措施进行包装。该包装应适应于远距离运输、防潮、防震、防锈和防野蛮装卸，以确保货物安全无损运抵指定地点。由于包装不善所引起的货物损失均由乙方承担。

2. 每一包装单元内应附详细的装箱单和质量合格凭证。

第七条　交货和验收

1. 乙方应按照本合同或招投标文件规定的时间和方式向甲方交付货物，交货地点由甲方指定。

如招标文件对交货时间未明确规定，则乙方应当在________（期间）前将货物交付甲方。

2. 乙方交付的货物应当完全符合本合同或者招投标文件所规定的货物、数量和规格要求。乙方不得少交或多交货物。乙方提供的货物不符合招投标文件和合同规定的，甲方有权拒收货物，由此引起的风险由乙方承担。

3. 货物的到货验收包括：型号、规格、数量、外观质量、及货物包装是否完好。

4. 乙方应将所提供货物的装箱清单、用户手册、原厂保修卡、随机资料及配件、随机工具等交付给甲方；乙方不能完整交付货物及本款规定的单证和工具的，视为未按合同约定交货，乙方负责补齐，因此导致逾期交付的，由乙方承担相关的违约责任。

5. 甲方应当在到货后的(　　)个工作日内对货物进行验收；需要乙方对货物或系统进行安装调试的，甲方应在货物安装调试完毕后的(　　)个工作日内进行质量验收。验收合格的，由甲方签署验收单并加盖单位公章。招标文件对检验期限另有规定的，从其规定。

6. 货物和系统调试验收的标准：按行业通行标准、厂方出厂标准和乙方投标文件的承诺（详见合同附件载明的标准，并不低于国家相关标准）。

第八条　伴随服务/售后服务

1. 乙方应按照国家有关法律法规规章和"三包"规定以及合同所附的"服务承诺"提供服务。

2. 除前款规定外，乙方还应提供下列服务：

（1）货物的现场安装、调试和/或启动监督；

（2）就货物的安装、启动、运行及维护等对甲方人员进行免费培训。

3. 若招标文件中不包含有关伴随服务或售后服务的承诺，双方作如下约定：

（1）乙方应为甲方提供免费培训服务，并指派专人负责与甲方联系售后服务事宜。主要培训内容为货物的基本结构、性能、主要部件的构造及处理，日常使用操作、保养与管理、常见故障的排除、紧急情况的处理等，如甲方未使用过同类型货物，乙方还需就货物的功能对甲方人员进行相应的技术培训，培训地点主要在货物安装现场或由甲方安排。

（2）所购货物若为电脑则由乙方提供至少3年的整机保修和系统维护；若为其他货物则按生产厂家的标准执行，但不得少于1

年（请分别列出：　　　　　）；保修期自甲方在货物质量验收单上签字之日起计算，保修费用计入总价。

（3）保修期内，乙方负责对其提供的货物整机进行维修和系统维护，不再收取任何费用，但不可抗力（如火灾、雷击等）造成的故障除外。

（4）货物故障报修的响应时间为：工作期间（星期一至星期五 8：00－18：00）为________小时；非工作期间为________小时。

（5）若货物故障在检修 8 工作小时后仍无法排除，乙方应在 48 小时内免费提供不低于故障货物规格型号档次的备用货物供甲方使用，直至故障货物修复。

（6）所有货物保修服务方式均为乙方上门保修，即由乙方派员到货物使用现场维修，由此产生的一切费用均由乙方承担。

（7）保修期后的货物维护由双方协商再定。

第九条　履约保证金

1. 卖方在签订本合同之日，向甲方或甲方指定的机构提交履约保证金________元。

2. 履约保证金的有效期为甲乙双方签署验收单后的____天。

3. 如乙方未能履行合同规定的义务，甲方有权从履约保证金中取得补偿。

4. 履约保证金扣除甲方应得的补偿后的余额在有效期满后________天内退还乙方。

第十条　货款支付

1. 本合同项下所有款项均以人民币支付。

2. 如本合同项下的采购资金系甲方自行支付，乙方向甲方开具发票，甲方在签署验收单后的 15 个工作日内付款。

3. 如合同项下的采购资金系财政拨款资金，在乙方向南京市政府采购中心提交下列文件后的 15 个工作日内由南京市财政局拨付款项：

（1）经甲方盖章确认的发票复印件；

（2）经甲方签署的验收单。

（3）合同副本。

4. 以上2、3款款项的支付进度以招标文件的有关规定为准。如招标文件未作特别规定，则付款进度应符合如下约定：

上述第2或第3款均仅支付至合同总价的____%，余款____%作为质量保证金于货物或系统运行满一年后的____个工作日内付清。

第十一条　违约责任

1. 甲方无正当理由拒收货物、拒付货物款的，由甲方向乙方偿付合同总价的5%违约金。

2. 甲方未按合同规定的期限向乙方支付货款的，每逾期1天甲方向乙方偿付欠款总额的5‰滞纳金，但累计滞纳金总额不超过欠款总额的5%。

3. 如乙方不能交付货物，甲方有权扣留全部履约保证金；同时乙方应向甲方支付合同总价5%的违约金。

4. 乙方逾期交付货物的，每逾期1天，乙方向甲方偿付逾期交货部分货款总额的5‰的滞纳金。如乙方逾期交货达(　　)天，甲方有权解除合同，解除合同的通知自到达乙方时生效。

5. 乙方所交付的货物品种、型号、规格不符合合同规定的，甲方有权拒收。甲方拒收的，乙方应向甲方支付货款总额5%的违约金。

6. 在乙方承诺的或国家规定的质量保证期内（取两者中最长的期限），如经乙方两次维修或更换，货物仍不能达到合同约定的质量标准，甲方有权退货，乙方应退回全部货款，并按第3款处理，同时，乙方还须赔偿甲方因此遭受的损失。

7. 乙方未按本合同第九条的规定向甲方交付履约保证金的，应按应交付履约保证金的____%向甲方支付违约金，该违约金的支付不影响乙方应承担的其他违约责任。

8. 乙方未按本合同的规定和“服务承诺”提供伴随服务/售后服务的，应按合同总价款的____%向甲方承担违约责任。

9. 乙方在承担上述4—7款一项或多项违约责任后，仍应继续履行合同规定的义务（甲方解除合同的除外）。甲方未能及时追究乙方的任何一项违约责任并不表明甲方放弃追究乙方该项或其他违约责任。

第十二条 合同的变更和终止

除《政府采购法》第49条、第50条第二款规定的情形外，本合同一经签订，甲乙双方不得擅自变更、中止或终止合同。

第十三条 合同的转让

乙方不得擅自部分或全部转让其应履行的合同义务。

第十四条 争议的解决

1. 因货物的质量问题发生争议的，应当邀请国家认可的质量检测机构对货物质量进行鉴定。货物符合质量标准的，鉴定费由甲方承担；货物不符合质量标准的，鉴定费由乙方承担。

2. 因履行本合同引起的或与本合同有关的争议，甲、乙双方应首先通过友好协商解决，如果协商不能解决争议，则采取以下第（ ）种方式解决争议：

（1）向甲方所在地有管辖权的人民法院提起诉讼；

（2）向（ ）仲裁委员会按其仲裁规则申请仲裁。

3. 在仲裁期间，本合同应继续履行。

第十五条 合同生效及其他

1. 本合同自签订之日起生效。

2. 本合同一式________份，甲乙双方各执________份，________份交政府采购中心存档，________份报送政府采购监督管理部门备案。

3. 市政府采购中心为甲方的采购代理机构，根据甲方的授权代其采购确定乙方为中标单位，但不承担本合同规定的甲方的权利和义务。

4. 本合同应按照中华人民共和国的现行法律进行解释。

甲方(采购人): (盖章) 乙方(供应商): (盖章)

法定代表人: 法定代表人:

委托代理人: 委托代理人:

电话: 电话:

开户银行: 开户银行:

帐号: 帐号:

单位地址: 单位地址:

日期: 年 月 日

日期: 年 月 日

采购代理机构:南京市政府采购中心

项目负责人:

日期: 年 月 日

三、《国有土地使用权出让合同》示范文本

国有土地使用权出让合同

第一章 总 则

第一条 本合同当事人双方：

出让人：中华人民共和国______________省（自治区、直辖市）______________市（县）______________；

受让人：____。

根据《中华人民共和国土地管理法》、《中华人民共和国合同法》和其他法律、行政法规、地方性法规，双方本着平等、自愿、有偿、诚实信用的原则，订立本合同。

第二条 出让人根据法律的授权出让土地使用权，出让土地的所有权属中华人民共和国，国家对其拥有宪法和法律授予的司法管辖权、行政管理权以及其他按中华人民共和国法律规定由国家行使的权力和因社会公众利益所必需的权益。地下资源、埋藏物和市政公用设施均不属于土地使用权出让范围。

第二章 出让土地的交付与出让金的缴纳

第三条 出让人出让给受让人的宗地位于____________________________，宗地编号为______________，宗地总面积为大写________________平方米（小写________平方米）。

宗地四至及界址点座标见附件《出让宗地界址图》。

第四条 本合同项下出让宗地的用途为____。

第五条 出让人同意在________年____月____日前将出让宗地交付给受让人,出让方同意在交付土地时该宗地应达到本条第____款规定的土地条件:

(一) 达到场地平整和周围基础设施__________通,即通______________________________。

(二) 周围基础设施达到__________通,即通______________________________,但场地尚未拆迁和平整,建筑物和其他地上物状况如下:______________________________。

(三) 现状土地条件。

第六条 本合同项下的土地使用权出让年期为________,自出让方向受让方实际交付土地之日起算,原划拨土地使用权补办出让手续的,出让年期自合同签订之日起算。

第七条 本合同项下宗地的土地使用权出让金为每平方米人民币大写________元(小写________元);总额为人民币大写________元(小写________元)。

第八条 本合同经双方签字后________日内,受让人须向出让人交付人民币大写________元(小写________元)作为履行合同的定金,定金抵作土地使用权出让金。

第九条 受让人同意按照本条第____款的规定向出让人支付上述土地使用权出让金。

(一) 本合同签认之日起________日内,一次性付清上述土地使用权出让金。

(二) 按以下时间和金额分________期向出让人支付上述土地使用权出让金。

第一期 人民币大写________元(小写________元),付款时间：________年____月____日之前。

第二期 人民币大写________元（小写________元），付款时间：________年________月____日之前。

第 期 人民币大写________元（小写________元），付款时间：________年____月____日之前。

第 期 人民币大写________元（小写________元），付款时间：________年____月____日之前。

分期支付土地出让金的，受让人在支付第二期及以后各期土地出让金时，按照银行同期贷款利率向出让人支付相应的利息。

第三章 土地开发建设与利用

第十条 本合同签订后________日内，当事人双方应依附件《出让宗地界址图》所标示座标实地验明各界址点界桩，受让人应妥善保护土地界桩，不得擅自改动，界桩遭受破坏或移动时，受让人应立即向出让人提出书面报告，申请复界测量，恢复界桩。

第十一条 受让人在本合同项下宗地范围内新建建筑物的，应符合下列要求：

主体建筑物性质________________________；

附属建筑物性质________________________；

建筑容积率________________________；

建筑密度________________________；

建筑限高________________________；

绿地比例________________________；

其他土地利用要求________________________。

第十二条 受让人同意在本合同项下宗地范围内一并修建下列工程，并在建后无偿移交给政府：

（1）________________________

（2）________________________

（3）________________________________

第十三条　受让人同意在________年________月________日之前动工建设。

不能按期开工建设的，应提前30日向出让人提出延建申请，但延建时间最长不得超过一年。

第十四条　受让人在受让宗地内进行建设时，有关用水、用气、污水及其他设施同宗地外主管线、用电变电站接口和引入工程应按有关规定输送。

受让人同意政府为公用事业需要而敷设的各种管道与管线进出、通过、穿越受让宗地。

第十五条　受让人在按本合同约定支付全部土地使用权出让金之日起30日内，应持本合同和土地使用权出让金支付凭证，按规定向出让人申请办理土地登记，领取《国有土地使用证》，取得出让土地使用权。

出让人应在受理土地登记申请之日起30日内，依法为受让人办理出让土地使用权登记，颁发《国有土地使用证》。

第十六条　受让人必须依法合理利用土地，其在受让宗地上的一切活动，不得损害或者破坏周围环境和设施，使国家或他人遭受损失的受让人应负责赔偿。

第十七条　在出让期限内，受让人必须按照本合同规定的土地用途和土地使用条件利用土地，需要改变本合同规定的土地用途和土地使用条件的，必须依法办理有关批准手续，并向出让人申请，取得出让人同意，签订土地使用权出让合同变更协议或者重新签订土地使用权出让合同，相应调整土地使用权出让金，办理土地变更登记。

第十八条　政府保留对本合同项下宗地的城市规划调整权，原土地利用规划如有修改，该宗地已有的建筑物不受影响，但在使用期限内该宗地建筑物、附着物改建、翻建、重建或期限届满申请续期时，必须按届时有效的规划执行。

第十九条 出让人对受让人依法取得的土地使用权，在本合同约定的使用年限届满前不收回；在特殊情况下，根据社会公共利益需要提前收回土地使用权的，出让人应当依照法定程序报批，并根据收回时地上建筑物、其他附着物的价值和剩余年期土地使用权价格给予受让人相应的补偿。

第四章 土地使用权转让、出租、抵押

第二十条 受让人按照本合同约定已经支付全部土地使用出让金，领取《国有土地使用证》，取得出让土地使用权后，有权将本合同项下的全部或部分土地使用权转让、出租、抵押，但首次转让（包括出售、交换和赠与）剩余年期土地使用权时，应当经出让人认定符合下列第____款规定之条件：

（一）按照本合同约定进行投资开发，完成开发投资总额的25%以上；

（二）按照本合同约定进行投资开发，形成工业用地或其他建设用地条件。

第二十一条 土地使用权转让、抵押时，双方应当签订书面转让、抵押合同；土地使用权出租期限超过六个月的，出租人和承租人也应当签订书面出租合同。

土地使用权的转让、抵押及出租合同，不得违背国家法律、法规和本合同的规定。

第二十二条 土地使用权转让，本合同和登记文件中载明的权利、义务随之转移，转让后，其土地使用权的使用年限为本合同约定的使用年限减去已经使用年限后的剩余年限。本合同项下的全部或部分土地使用权出租后，本合同和登记文件中载明的权利、义务仍由受让人承租。

第二十三条 土地使用权转让、出租、抵押，地上建筑物、其他

附着物随之转让、出租、抵押；地上建筑物、其他附着物随之转让、出租、抵押，土地使用权随之转让、出租、抵押。

第二十四条 土地使用权转让、出租、抵押的，转让、出租、抵押双方应在相应的合同签订之日起30日内，持本合同和相应的转让、出租、抵押合同及《国有土地使用证》，到土地行政主管部门申请办理土地登记。

第五章 期限届满

第二十五条 本合同约定的使用年限届满，土地使用者需要继续使用本合同项下宗地的，应当至迟于届满前一年向出让人提交续期申请书，除根据社会公共利益需要收回本合同项下土地的，出让人应当予以批准。出让人同意续期的受让人应当依法办理有偿用地手续，与出让人重新签订土地有偿使用合同，支付土地有偿使用费。

第二十六条 土地出让期限届满，受让人没有提出续期申请或者虽申请续期但依照本合同第二十五条规定未获批准的，受让人应当交回《国有土地使用证》，出让人代表国家收回土地使用权，并依照规定办理土地使用权注销登记。

第二十七条 土地出让期限届满，受让人未申请续期的本合同项下土地使用权和地上建筑物及其他附着物由出让人代表国家无偿收回，受让人应当保持地上建筑物、其他附着物的正常使用功能，不得人为破坏，地上建筑物、其他附着物失去使用功能的，出让人可要求受让人移动或拆除地上建筑物、其他附着物，恢复场地平整。

第二十八条 土地出让期限届满，受让人提出续期申请而出让人根据本合同第二十五条之规定没有批准续期的，土地使用权由出让人代表国家无偿收回，但对于地上建筑物及其他附着物，出让人应当根据收回时地上建筑物，其他附着物的残余价值给予受让人相应补偿。

第六章　不可抗力

第二十九条　任何一方对由于不可抗力造成的部分或全部不能履行本合同不负责任，但应在条件允许下采取一切必要的补救措施以减少因不可抗力造成的损失。当事人迟延履行后发生不可抗力的，不能免除责任。

第三十条　遇有不可抗力的一方，应在________小时内将事件的情况以信件、电报、电传、传真等书面形式通知另一方，并且在事件发生后____日内，向另一方提交合同不能履行或部分不能履行或需要延期履行理由的报告。

第七章　违约责任

第三十一条　受让人必须按照本合同约定，按时支付土地使用权出让金。如果受让人不能按时支付土地使用权出让金的，自滞纳之日起，每日按迟延支付款项的________‰向出让人缴纳滞纳金，延期付款超过6个月的，出让人有权解除合同，收回土地，受让人无权要求返还定金，出让人并可请求受让人赔偿因违约造成的其他损失。

第三十二条　受让人按合同约定支付土地使用权出让金的，出让人必须按照合同约定，按时提供出让土地。由于出让人未按时提供出让土地而致使受让人对本合同项下宗地占有延期的，每延期一日，出让人应当按受让人已经支付的土地使用权出让金的________‰向受让人给付违约金。出让人延期交付土地超过6个月的，受让人有权解除合同，出让人应当双倍返还定金，并退还已经支付土地使用权出让金的其他部分，受让人并可请求出让人赔偿因违约造成的其他损失。

第三十三条　受让人应当按照合同约定进行开发建设，超过合同约定的动工开发期满 1 年未动工开发的，出让人可以向受让人征收相当于土地使用权出让金 20% 以下的土地闲置费；满 2 年未动工开发的，出让人可以无偿收回土地使用权；但因不可抗力或者政府、政府有关部门的行为或者动工开发必需的前期工作造成动功开发迟延的除外。

第三十四条 出让人交付的土地未能达到合同约定的土地条件的，应视为违约。受让人有权要求出让人按照规定的条件履行义务，并且赔偿延误履行而给受让人造成的直接损失。

第八章 通知和说明

第三十五条 本合同要求或允许的通知和通讯，不论以何种方式传递，均自实际收到时起生效。

第三十六条 当事人变更通知、通讯地址或开户银行、帐号的，应在变更后 15 日内，将新的地址或开户银行、帐号通知另一方。因当事人一方迟延通知而造成的损失，由过错方承担责任。

第三十七条 在缔结本合同时，出让人有义务解答受让人对于本合同所提出的问题。

第九章 适用法律及争议解决

第三十八条 本合同订立、效力、解释、履行及争议双方协商解决，协商不成的，按本条第________款规定的方式解决。

第三十九条 因履行本合同发生争议，由争议双方协商解决，协商不成的，按本条第________款规定的方式解决：

（一）提交________________仲裁委员会仲裁；

（二）依法向人民法院起诉。

第十章 附 则

第四十条 本合同依照本条第________款之规定生效。

（一）本合同项下宗地出让方案业经________人民政府批准，本合同自双方签订之日起生效。

（二）本合同项下宗地出让方案尚需经________人民政府批准，本合同自________人民政府批准之日起生效。

第四十一条 本合同一式________份，具有同等法律效力，出让人、受让人各执________份。

第四十二条 本合同和附件共________页，以中文书写为准。

第四十三条 本合同的金额、面积等项应当同时以大、小写表示，大小写数额应当一致，不一致的，以大写为准。

第四十四条 本合同于________年________月________日在中华人民共和国________省（自治区、直辖市）________市（县）签订。

第四十五条 本合同未尽事宜，可由双方约定后作为合同附件，与本合同具有同等法律效力。

出让人（章）：

住所：

法定代表人（委托代理人）（签字）：

电话：

传真：

电报：

开户银行：

帐号：

邮政编码：

受让人（章）：

住所：

法定代表人（委托代理人）（签字）：

电话：

传真：

电报:

开户银行:

帐号:

邮政编号:

二〇　　年　　月　　日